本书受国家社会科学基金青年项目（13CGL078）资助

中国旅游地产
投资过热及规制研究

蒋艳霞 ◎ 著

中国社会科学出版社

图书在版编目(CIP)数据

中国旅游地产投资过热及规制研究/蒋艳霞著. —北京：中国社会科学出版社，2020.7
ISBN 978-7-5203-6808-7

Ⅰ.①中⋯ Ⅱ.①蒋⋯ Ⅲ.①旅游城市—房地产企业—房地产投资—研究—中国 Ⅳ.①F299.233.44

中国版本图书馆 CIP 数据核字(2020)第 124166 号

出 版 人	赵剑英	
责任编辑	王　曦	
责任校对	李斯佳	
责任印制	戴　宽	

出　　版	中国社会科学出版社
社　　址	北京鼓楼西大街甲 158 号
邮　　编	100720
网　　址	http://www.csspw.cn
发 行 部	010-84083685
门 市 部	010-84029450
经　　销	新华书店及其他书店

印刷装订	北京君升印刷有限公司
版　　次	2020 年 7 月第 1 版
印　　次	2020 年 7 月第 1 次印刷

开　　本	710×1000　1/16
印　　张	16.25
插　　页	2
字　　数	201 千字
定　　价	96.00 元

凡购买中国社会科学出版社图书，如有质量问题请与本社营销中心联系调换
电话：010-84083683
版权所有　侵权必究

热点问题冷思考

——序蒋艳霞同志《中国旅游地产投资
过热及规制研究》

自 2008 年中国旅游研究院建院以来,"服务产业,报效国家"都是全体职工的学术信念和行动指针。无论是产业发展策略还是国家旅游方略,只要是以应用为导向的研究,就绕不开地产投资这样的热点问题。收集一些案例和数据,访谈几位企业,在行业媒体和互联网上表个态是容易的。事实上,很多行业专家就是这样炼成的。但是对于受过专业训练的高层次学者,对于旅游政策研究的国家队来说,这是远远不够的。

好的应用研究开始之前,学术团队就必须明确认同的学术信念。这些信念包括但不限于:站在国家的、长期的、全局的而非企业的、短期的、局部的立场,为旅游产业的健康、稳定和可持续发展做研究。这是一个经由长期教育、实践而自我认同的结果。有这个视野和信念,我们才不会陷入细节和利益而不能自拔。学者与专家的另一重区别是在对某一个具体的问题展开研究之前,是否具有系统的知识储备和研究方法。这样才能以科学的理论去剖析材料,建立起逻辑自洽的解释框架,而不是把问题简化为是与否、对与错的学术脱口秀。蒋艳霞同志正是这样有学术信念、学术坚守和治学方法的青年学者，也是一位看得见热问题、做得了冷思考的厚积薄发者。

好的应用研究应当对研究对象有系统的数据扫描，好比医生给病人做会诊，往往需要在常规化验、CT 扫描、核磁共振等多种理性指标的基础上，结合自己的经验判断，给出科学的结论。做旅游投资这样广泛涉及经济政策、旅游市场、企业创新、地方利益等复杂因素的主题研究，需要的数据支撑就更大了。蒋艳霞同志不仅利用《中国统计年鉴》《中国地产统计年鉴》《中国旅游统计年鉴》等宏观数据库，还去国家图书馆等文献中心专业查阅，更是利用互联网调查平台、会议、专访等机会获得了大量宝贵的一手资料和行业数据。有了这些基础数据，再结合她的财务专业背景，就可以建模测算并给出旅游地产投资的规模和结构描述，以及动因解释的政策建议。

好的应用研究还可以促进专业领域中科学问题的发现和理论体系的建构。地产投资是旅游供给侧改革的现实问题，也是旅游产业体系完善和体验场景化研发的理论问题，还可以是区域旅游均衡发展的深化课题。蒋艳霞同志在国家社科基金项目的基础上完成的专著，已经触及当代旅游发展理论的动能转化、政策促进和产业规制等更宏观层面的叙事。希望艳霞同志在未来的研究中继续关注热点问题，强化冷思考，做出大文章。

中国旅游研究院院长　戴斌博士
2020 年 3 月 28 日

摘　要

近年来，我国旅游产业高速发展，迎来"全民休闲时代"。在房地产调控政策和国民休闲旅游市场发展的推动下，我国旅游地产蓬勃发展，逐渐从小规模、单一形态转向大规模、综合体形态，涉及的市场范围也从国内延伸至国外。2010年以来，在旅游经济和地产资本的双重驱动下，我国旅游地产迎来了全面发展，有些地方甚至出现了投资过热迹象，迫切需要政府对旅游地产开发加以规制，促进产业可持续发展。当前我国旅游地产投资是否过热，驱动我国旅游地产投资的因素有哪些，应该怎样对旅游地产投资进行规制，以上便是本书所要解决的主要问题。本书的内容主要分为以下五部分。

（1）理论研究框架。我们对国内外已有的旅游地产文献进行了归纳和计量分析，并针对目前我国旅游地产理论研究中存在的问题和不足，构建了体现中国特色的旅游地产理论研究框架体系：以经济社会环境为起点、旅游地产投资为主线，研究旅游地产运作及其经济后果的交互作用关系，最终传递到公司和社会价值的形成。在此基础上，提出了未来我国旅游地产理论研究的若干建议，为本书相关模型的提出奠定了基础。

（2）旅游地产投资热点区域分析。

笔者分析了我国旅游地产发展历程，把旅游地产发展划分为两个阶段：快速发展阶段（1992—2009年）和全面发展阶段（2010年至今）。在此基础上，我们以50个重点旅游城市的住宅地产为研究对象，采用景气指数分析了我国旅游地产投资状况。我们选取了7项指标，作为计算扩散指数的基础参数：住宅投资占固定资产投资比重、住宅投资占GDP比重、住宅房价收入比、住宅商品房销售面积、房地产开发企业住宅竣工房屋面积、房地产开发企业购置土地面积、住宅商品房待售面积。

实证研究结果发现，目前我国旅游地产投资比较活跃（70%的旅游城市房地产投资比较景气），但现阶段旅游地产投资整体并没有过热。个别城市因气候、地理位置原因，吸引了大量开发商，景气指数较高，说明我国旅游地产投资存在局部过热现象。

（3）旅游地产投资过热形成机理分析。笔者系统分析了驱动旅游地产投资（开发）的因素，并运用问卷调查法对投资驱动因素和投资行为进行了调查和分析。笔者认为，驱动旅游地产投资的因素主要有五个方面：宏观经济、基础设施、市场规模、政策规划、盈利优势。

探索性因子分析结果表明：项目自身优势是驱动旅游地产投资过热的核心因素；企业外部宏观环境是导致旅游地产投资过热的重要背景；旅游地产的行业发展趋势是驱动旅游地产投资过热的直接诱因。投资行为的调研结果表明，学者普遍认为我国旅游地产投资（开发）仅局部地区存在投资（开发）过热现象，大部分地区旅游地产的投资和开发尚处于理性阶段。相较于前几年，旅游地产的开发和投资开始步入去热化周期，投资开发渐趋理性，有利于旅游地产的可持续发展和内涵式升级。随着国家对土地监管力度的不断加强以及财税制度的健全和完善，借助发展旅游来圈地进行住宅项目开发的现象将逐渐减少，旅游地产的旅游属性将得以更多体现。

（4）旅游地产投资行为规制体系。我国旅游地产市场有着广阔的发展前景，但在旅游地产快速发展的同时，其开发过程中也存在诸多问题。主要问题有：局部投资过热、开发模式单一、反哺形式严重依赖地产等。此外，我国旅游地产还存在结构性矛盾、市场管理比较混乱、土地开发不规范、利益主体间法律关系复杂、度假屋产权混乱等多个方面的问题。因此，需要政府对旅游地产市场进行适度干预和合理引导。

在本书前述各部分内容的基础上，我们提出了如下规制建议：先铺路、再规制（先养育、再教育）；优化旅游业用地政策环境；鼓励和支持旅游投资企业创新、倡导企业家精神、总结推广成功模式；分类施策、加强事中事后监管。

（5）典型案例分析。当前，我国旅游地产成功的案例比较少，大部分项目仍饱受各种开发和运营问题困扰。本部分我们选取了五个典型的案例（华侨城、曲江新区、恒大、开元旅业集团、阿那亚），通过对这些案例的开发和经营模式的研究，总结不同项目模式在实践中的实施经验，以期对我国旅游地产的可持续发展有所贡献，也为后续企业投资者提供借鉴。在案例选取上，我们综合考虑了全面性和代表性原则，既有企业案例，也有城市新区；既有"旅游+地产"企业，也有"地产+旅游"企业；既有传统龙头，也有新锐品牌。

本书的贡献主要体现在以下四个方面。

（1）在研究方法上，本书采用了定量和定性相结合的方法，对相关问题进行了深入剖析。科学的研究方法是顺利完成学术研究的前提和基础。当前有关旅游地产的文献数量较多，但定量研究较少。我们不仅运用了定性方法，还采用了公开数据查询、问卷调查、深度访谈等方法，以期使我们的研究结果更加科学合理。

（2）在文献综述的基础上，提出了旅游地产理论研究框架，丰富和拓展了商业地产投资理论，为旅游地产的下一步研究提供了方向和参考。在梳理文献时，我们在定性总结的基础上，还运用CiteSpace可视化文献分析工具绘制知识图谱，对国内外旅游房地产的研究热点、演化趋势进行分析。受时间和能力所限，我们提出的旅游地产理论研究框架可能尚不够成熟和完善，但目前仍是一项开创性的研究成果。今后我们将继续加强专业知识储备，进一步丰富和拓展旅游地产理论研究框架。

（3）运用大样本数据分析论证了我国旅游地产投资是否过热，为投资者提高投资决策水平和投资效益提供帮助。我们搜集了全国和50个旅游城市的2002—2018年的相关数据，用于构建景气指数。数据主要来源于各城市年度统计年鉴、国家统计局官网、国信房地产信息网、中国知网—中国经济社会大数据研究平台、《中国区域经济统计年鉴》、《中国统计年鉴》、《中国城市统计年鉴》、《中国房地产统计年鉴》、《中国固定资产投资统计年鉴》等。公开渠道查询不到的数据，我们持单位公函去国家图书馆和当地统计局申请查阅。目前50个旅游城市中尚有9个城市的数据不够完整，我们将继续通过各种途径补充数据，并进一步完善指标设计，以期使景气指数更加客观全面。

（4）采用问卷调查法，探讨了我国旅游地产投资的驱动因素和相关投资行为，为监管部门进行科学决策、提高监管效率提供了参考。为了更全面地了解业界人士对旅游地产投资的经验和看法，我们设计了专业调查问卷，在旅游地产开发和投资界人士中进行发放。问卷包括两部分内容：一是旅游地产投资驱动因素调查，二是旅游地产投资行为调查。

  在问卷调查环节，有效问卷的回收是本书研究的难点。我们采用三种渠道发放问卷：一是通过旅游和地产的相关协会，在会员企业中发放电子问卷；二是通过中国旅游研究院官网发放电子问卷；三是在专业会议现场发放纸质问卷，以保证问卷结果的专业性和准确性。电子问卷回收后，通过开放性问题和陷阱题进行甄别筛选。近期我们将进一步完善问卷设计和分析方法，并将在专业会议上继续发放纸质问卷，以期尽可能全面深入地了解我国现阶段旅游地产投资行为。

目 录

第一章 绪论 …………………………………………………（1）
  第一节 研究背景 ……………………………………………（2）
  第二节 研究问题的提出 ……………………………………（5）
  第三节 基本概念界定 ………………………………………（7）
  第四节 研究内容与组织框架 ………………………………（15）

第二章 旅游地产理论框架构建 ……………………………（18）
  第一节 研究述评 ……………………………………………（18）
  第二节 基于 CiteSpace 知识图谱的文献分析 ……………（31）
  第三节 理论框架 ……………………………………………（48）
  第四节 研究方向 ……………………………………………（53）

第三章 我国旅游地产投资现状分析 ………………………（57）
  第一节 我国旅游地产发展历程 ……………………………（57）
  第二节 我国旅游地产投资热点区域 ………………………（69）

第四章　我国旅游地产投资过热驱动机制研究 ………… （87）
第一节　理论模型 …………………………………… （87）
第二节　研究设计 …………………………………… （94）
第三节　数据分析 …………………………………… （96）
第四节　结果讨论 …………………………………… （113）

第五章　旅游地产投资行为规制 ………………………… （115）
第一节　旅游地产投资存在的问题 ………………… （115）
第二节　政府规制方式 ……………………………… （118）
第三节　规制建议 …………………………………… （121）

第六章　旅游地产案例 …………………………………… （125）
第一节　华侨城——旅游地产"开路人" ………… （125）
第二节　曲江新区——全域旅游、地产开发并驾齐驱 …… （145）
第三节　恒大——旅游地产的后起之秀 …………… （168）
第四节　开元旅业集团——复合旅游地产开创者 ……… （191）
第五节　阿那亚——"始于度假，终于社区" ……… （216）

参考文献 …………………………………………………… （226）
后　记 ……………………………………………………… （248）

第一章　绪论

旅游地产是伴随着休闲度假的热潮而逐步发展起来的一种地产形式。近年来，随着度假市场的快速扩容，我国旅游地产发展迅猛。目前，我国已形成世界上规模最大的国内旅游市场，并成为世界最大出境游客源市场，旅游产业由观光型向观光度假型转变。不过度假旅游在我国仍处于起步阶段，尚未成为主流旅游方式，度假旅游者的需求和行为特征与西方旅游者也有所不同。我国地产市场虽起步较晚，但发展迅猛，房价波动幅度也比较大。为了遏制房价过快上涨，国家出台了一系列宏观调控政策。随着一、二线城市住宅市场调控收紧，商用地产在稳健的经济增长和强劲的国内消费需求的带动下，表现亮眼，渐成市场新宠。政府调控和市场调节相结合的"双轨"运行模式是我国地产市场的一个显著特征。正是在旅游经济和地产资本的双重驱动下，我国旅游地产迎来了全面发展，有些地方甚至出现了投资过热迹象，迫切需要政府对旅游地产开发加以规制，促进产业可持续发展。

第一节 研究背景

一 实践背景

2010年4月17日,《国务院关于坚决遏制部分城市房价过快上涨的通知》下发,提出十条举措(简称"国十条")。2010年4月30日,北京出台"国十条"实施细则,率先规定"每户家庭只能新购一套商品房"。2010年9月国务院发布《关于促进房地产市场平稳健康发展的通知》,提出五条措施(简称"国五条"),随后上海、广州、天津、南京、杭州等17个一、二线城市推出限购政策。2011年一共有48个城市出台了限购令,高压调控使楼市跌入"冰点"。2015年12月,中央经济工作会议提出要化解房地产库存,稳定市场。各地限购政策开始出现定向宽松的措施,很多地市在实际操作中不再限购,不过一线城市仍在坚守。2016年十一长假期间,为了抑制房价过快上涨,中国楼市迎来新一轮的收紧调控大潮。2016年国庆黄金周前后,北京、广州、深圳、苏州、合肥等城市先后出台楼市调控政策。国内限购城市重新扩围至21个。2016年12月,中央经济工作会议强调要坚持"房子是用来住的,不是用来炒的"的定位,让住房回归其居住属性,明确了楼市发展方向。住宅调控政策的持续出台,使得开发商纷纷转型开发商业综合体,旅游地产开始成为开发商的"避风港",也成为地方政府招商引资的重要方向。

近年来,我国旅游产业高速发展,迎来"全民休闲时代"。根据国际规律,当人均GDP达到5000美元时,步入成熟的度假旅游经济,休闲需求和消费能力日益增强并出现多元化趋势。我国人均

GDP 在 2011 年已经超过 5000 美元，2016 年有 9 个省份的人均 GDP 超过 1 万美元，已接近国际上中等收入国家水平。2016 年我国国内旅游人数约 44.4 亿人次，同比增长 10%，国内旅游收入约 3.9 万亿元，同样保持两位数增长。2015 年，全国旅游直接投资突破万亿元大关；2016 年，全国旅游直接投资达到 12997 亿元，同比增长 29.05%，高出全国固定资产投资增速 20 个百分点。在高速发展的旅游市场环境下，旅游地产项目消费与投资需求猛增。华侨城、万达、恒大、保利、宋城、龙湖等开发商纷纷抢滩旅游地产，"旅游+地产"模式渐成新宠，旅游地产投资呈现"炙手可热"的态势。

在房地产调控政策和国民休闲旅游市场发展的推动下，我国旅游地产蓬勃发展，逐渐从小规模、单一形态转向大规模、综合体形态，涉及的市场范围也从国内延伸至国外。在投资规模方面，几年前国内旅游地产项目投资力度大都还集中在 100 亿元以下，如今，数百亿元乃至上千亿元的项目屡见不鲜，如广州万达文化旅游城耗资 500 亿元、富力红树湾项目投入超 600 亿元、恒大海南海花岛投资超 1600 亿元。随着国内市场不断被开发、旅游地产的利润被摊薄，具备实力的房企开始拓军海外，寻找新的蓝海。从 2012 年开始，万科、碧桂园、万达、绿地、新华联、雅居乐、富力等大型房企均在海外拿地，投资金额从 2 亿元、3 亿元到上千亿元不等。2012 年绿地集团以 9 亿元的投资拿下济州岛 1500 万平方米的土地，开发汉拿山小镇，修建别墅、度假酒店。2013 年 5 月，项目一期海景别墅开盘，很快销售一空。在东南亚国家中，马来西亚是国内开发商最喜欢的国度，且所启动项目大都以旅游度假项目为主。目前在马来西亚的主要项目有碧桂园森林城市、富力公主湾、雅居乐满家乐等。2013 年 8 月，碧桂园·金海湾（马来西亚）开盘，9000 套房屋预售达 60% 以上，开盘热销约 94 亿元人民币，打破了当时马来西亚房产销售纪录，项目1/4房子被中国买家买走，很多人把它看成了海南的替代选择。

二 理论背景

旅游地产是由旅游和房地产两个主流产业融合形成的交叉产业，涵盖了地产、度假、生活、休闲娱乐等各大方面，在某种意义上是一种经济综合体。旅游地产的发展联动多个产业，涉及系统理论、旅游空间结构理论、环城游憩带理论、外部性理论等。旅游地产在我国起步较晚，相关研究还不深入，理论尚未成熟。国外无专门的旅游地产概念，研究比较多的是分时度假（Timeshare），然而由于国情和法律的限制，分时度假在我国发展缓慢，拥有完全产权的旅游地产产品（如产权酒店和旅游住宅）则比较受欢迎。当前，我国旅游地产发展仍处于探索期，在某种程度上处于"野蛮发展"阶段，旅游地产的投资、开发、营销、运营管理等方面尚未形成可供借鉴的普适模式，缺少系统性研究，旅游地产的理论基础、开发模式和法律法规都有待完善。

1. 缺少关于旅游地产整体理论框架的研究

国内外的学者已经围绕旅游地产进行了很有价值的研究，相关研究涉及内部资本市场的多个层面，丰富了旅游地产的研究内容。但目前的研究大都侧重于旅游地产的某一个方面，多是规范分析和对现象的解释。国内外文献中尚未有从整体视角讨论旅游地产的理论框架，研究缺乏系统性指导，不利于理论的拓展和深入。

2. 旅游地产运营模式的相关研究比较少

当前我国旅游地产蓬勃发展，呈现一派繁荣景象。旅游地产作为地产行业的新引擎和突破口，已经成为民间资本最青睐的投资品之一。不过我国旅游地产发展起步较晚，除了华侨城欢乐谷、碧桂园十里银滩等极少数几个知名项目成功落地之外，很多旅游地产项目仍处于探索期，缺少一种可供借鉴的普适模式，迫切需要相关理论研究和指导。与传统住宅项目不同，可感受的体验是旅游地产产品的重要层面，因此旅游地产需要将长期运营视为旅游地产项目产品的有机组成部分。目前关于旅游地产运营模式的研究比较少（陈俊彬，2011；周建成，2012），如何在实务中营造出良好的旅游度假氛围，做好商业、酒店、主题公园等业态的运营，使旅游与房地产形成良性互动，是目前我国理论界迫切需要解决的问题之一。

3. 缺乏对投资过热规制的系统研究

对投资过热规制的讨论多停留在直观层面，缺少深度系统性分析。旅游地产之所以备受欢迎，主要在于其以优美环境和景观资源为依托，倡导了一种健康的生活方式。开发商选择"旅游+地产"的模式，则是由于旅游项目投资资金大，回收期长，销售房产项目回收资金较快，可以平衡现金流。这是一种多赢的模式。但过去几年，一些开发商打着旅游的旗号，进行房地产开发。部分地区出现了"假旅游，真地产"的乱象，一些旅游项目过度房地产化，旅游业态粗制滥造甚至烂尾，同质化现象严重，甚至破坏当地景观和生态。因此应对旅游地产的投资和开发进行引导和规制，以避免无序和盲目开发。目前国内外探讨投资规制的研究数量偏少，文献较为零散，对旅游地产运作模式的研究也不够重视，缺乏系统性。

第二节 研究问题的提出

近年来，由于住宅地产持续受到宏观政策调控，利润空间受限，地产企业开始转向旅游地产开发，地方政府也借此大举进行招商引资。另外，我国旅游市场蓬勃发展，呈现旅游消费和投资两旺的良好态势，旅游地产持续升温，社会资本纷纷涌入。

旅游地产投资是顺应经济发展的高端产物。随着社会经济的发展和消费者的需求变化，旅游业将会成为房地产商投资的热点（Woods，2001）。中国是发展中国家，人民生活水平持续提高，旅游地产的发展空间非常广阔，旅游地产投资日益火热，不过同时一些负面效应和风险也逐渐显现。因此，旅游地产投资过热的形成机理及规制问题越来越受到政府、学者和业界的重视。

旅游地产是我国近年来出现的一个新概念，学者们对旅游地产是否"过热"问题争论较为激烈。但是针对旅游地产投资过热的形成机理及其规制的研究不够深入，研究方法单一。另外，在国际上并没有明确的旅游地产概念或定义，相对应的研究比较少。而且由于中国的特殊国情，国外类似的研究其指导意义也有限。结合我国经济结构调整和消费转型升级的大势，我们认为有必要进一步研究影响我国旅游地产投资的因素，同时考虑如何更好地对旅游地产投资过热进行规制和指导。

基于以上分析，本书确定了研究方法和研究主题。本书将采用多样化的方法研究中国旅游地产投资过热的形成机理及规制问题。本书的主要研究问题是：我国旅游地产投资过热的形成机理是什么，如何对其进行规制。具体而言，本书将着重分析以下三个方面的问题。

1. 我国旅游地产投资过热的判定

本书将从我国实际情况出发，从投资规模、开发模式和投资收益等方面分析我国旅游地产的现状，并对投资是否过热进行判定。我们将以旅游地产发展比较成熟的三亚、青岛、昆明等旅游城市为对象，综合考虑制度变量和经济变量两个层面，建立一套系统涵盖旅游地产投资、开发、交易、制度等各个方面的中国旅游地产周期衡量指标体系，采用扩散指数方法，编制中国旅游地产周期波动趋势图，判断目前我国旅游地产投资所处的阶段。

2. 我国旅游地产投资过热的形成机理

旅游经济和地产资本的双重驱动是旅游地产蓬勃发展的主要原因。本书将对旅游地产投资过热的形成机理进行系统分析。除了宏观层面的影响因素，房地产开发商和旅游经营商受自身利益的驱动，也争相开发旅游地产项目。旅游地产的地价远远低于周边商品房的用地成本，目前整个旅游地产领域实现盈利的案例非常稀少，很多企业投资的动机主要在于低价圈地。我们将对此进行实证研究，以期打开旅游投资过热背后的黑箱。

3. 我国旅游地产投资过热的规制体系

在对旅游地产投资过热形成机理进行量化分析的基础上，本书将进一步构建我国旅游地产投资的政府规制体系。根据目前我国旅游地产投资过热的形成动因及作用机制，提出从产业政策、土地、环境、交易等方面对我国旅游地产投资进行规制和优化，以促进我国旅游地产行业可持续发展。

第三节　基本概念界定

旅游地产的概念比较宽泛，从旅游地产的相关研究文献来看，存在对其含义的不同理解。另外，关于投资过热的评价指标，相关讨论也很多，不同学者对其有不同的界定。

一 旅游地产的概念

国外没有旅游地产的专属概念，类似的表述有分时度假（Resort Timesharing; Interval Resort Sharing）、产权酒店（Time Sharing Hotel）、度假地房地产（Resort Real Estate）、度假地不动产（Resort Property）、休闲房地产（Recreational Real Estate）、休闲不动产（Recreational Property）等。其中，分时度假是国外学术研究和业界使用频率最高的术语。关于分时度假的定义，目前国际上流传较广的分别来自美国佛罗里达州《分时度假房产法案》（*Real Estate Timesharing Act*）（FLA. STAT. ch. 721, 1983）和《欧洲联盟分时度假指令》（*European Union Timeshare Directive*）（94/47/EC）。《分时度假房产法案》中对"分时度假"的定义是："所有以会员制、协议、租契、销售或出租合同、使用许可证、使用权合同或其他方式做出的交易设计和项目安排，交易中购买者获得了对于住宿和其他设施在某些特定年度中低于1年的使用权，并且这一协约有效期在3年以上。"《欧盟分时度假指令》中对"分时度假"的定义是："所有的有效期在3年以上、规定消费者在按某一价格付款之后，将直接或间接获得在1年的某些特定时段（这一期限要在1周以上）使用某项房产的权利的合同，住宿设施必须是已经建成使用、即将交付使用或即将建成的项目"（薛诗清，2010）。

我国的旅游地产在概念上要比分时度假范围大很多，界定的空间涉及旅游业的吃、住、行、游、购、娱等众多要素，甚至包括旅游环境。学者们从不同的角度对旅游地产进行了解释和定义。

沈飞（2001）、刘艳红（2002）、宋丁（2003）、黄亮和李刚（2011）、张金山（2013）等从房地产开发的角度对旅游地产进行了定义。沈飞是最早对旅游地产进行定义的学者之一，他认为旅游地产是指以旅游度假为目的的房地产开发、营销模式，开发项目全部或部分实现了旅游功能。宋丁（2003）指出，直接服务于旅游业或在空间上与旅游区有高度密切关联的房地产开发都属于旅游地产，并把旅游地产分为四类：旅游景点地产、旅游商务地产、旅游度假地产和旅游住宅地产。

徐翠蓉（2004）、祝晔和黄震方（2006）、周春香（2011）、黎兴强（2012）、任唤麟（2013）等从旅游开发的角度对旅游地产进行了概念界定。周春香（2011）认为旅游地产是指借助周边的景观资源、生态环境、地区文脉及人气等方面的资源进行开发的旅游项目，其目的是为消费者提供休闲、旅游、商务、疗养以及居住等功能，项目形式包括各类型的旅游景点、产权（分时度假）酒店、度假村以及住宅项目等。任唤麟（2013）采用"属加种差"方法，把旅游地产简要定义为以旅游为主导功能的房地产。

很多学者对旅游地产概念进行了广义和狭义的划分，如吴老二等（2003），司成均（2008），王洁和黄华（2009），姜媛媛等（2011），杨义和卜炜玮（2012）等。吴老二等（2003）认为，从广义上讲，所有同旅游相结合的物业都可称为旅游地产；从狭义上讲，特指引入分时度假模式的与传统相区别的新旅游地产。王洁、黄华（2009）则认为广义的旅游地产是以休闲度假为目的，直接销售给旅游者的住宿设施和间接为旅游服务的房地产设施。狭义的旅游地产则是指"分时度假"型、"产权酒店"型或常规购房置业型的住宅房地产（第二居所）。从以上讨论可知，目前国内外学者对旅游地产尚未形成统一的定义。近几年来，国家在信贷、税收等方面对住宅市场实施了一系列限购调控政策，房地产开发商积极转向商业地产，旅游住宅地产开发成为热点。另外，从数量上来看，旅游住宅地产也占了旅游地产项目的大多数。因此，从学术研究的角度，我们更倾向于狭义的旅游地产定义。我们认为，旅游地产是指依托旅游项目拿地（土地价格一般低于市场价格），需要配套公建，拥有产权可以买卖的住宅地产。

二 旅游地产投资过热

我国旅游地产近年来发展势头强劲，成为旅游城市规划开发中的新热点，但高速增长也容易出现波动，影响经济发展的稳定性。因此，需要用科学的指标来衡量旅游地产所处的经济周期阶段，准确判断旅游地产总体经济运行态势和局部特征变化，预防投资过热。

房地产预警系统常被用来监测房地产市场的运行情况，并对未来走势进行预测预报。学者们对房地产预警系统的研究主要集中在预警方法和预警指标体系。预警方法作为经济预警的根本手段，常用的主要是景气指数预警法。张守一等（1991）认为，景气指数法是用有关经济变量相互之间的时差关系来指示景气的动向，通过构建合成和扩散指数来达到对经济运行情况进行监测预警的目的。这种方法分为四步：第一步是确定时差关系的参照系——基准循环；第二步是选择构成指标体系；第三步是划分先行、同步、滞后指标；第四步是对先行、同步、滞后指标分别编制扩散指数和合成指数。扩散指数和合成指数是目前国内外普遍采用的综合指数。

1. 扩散指数

扩散指数（Diffusion Index，DI）是指一定时间范围内扩张指标个数占全部有效指标个数的百分比，它能准确反映房地产市场热度，并有效地预测出房地产周期波动的转折点。设扩散指数在 t 时

刻的取值为 DT_t，扩散指数的计算公式为：

$$DI_t = \sum_{i=1}^{I} w_i I\left[x_{i,t} > x_{i,t-1}\right] \times 100\% \qquad (1-1)$$

其中，$\{x_{i,t}\}$ 为预处理后的指标序列，w_i 为权数，I 为示性函数。

$$I = \begin{cases} 0, & x_{i,t} < x_{i,t-1} \\ 0.5, & x_{i,t} = x_{i,t-1} \\ 1, & x_{i,t} > x_{i,t-1} \end{cases} \qquad (1-2)$$

景气指标可以分为先行、同步和滞后指标，可以据此编制先行、同步和滞后扩散指数。在房地产经济的扩张阶段，先行指标数值上升，先行扩散指数达到极大值。当房地产进入过热状态后，同步指标中上升指标增多，从而使同步扩散指数达到极大值点。在房地产收缩阶段，同步指标中的下降指标增加，另一部分指标仍要持续上升一段时间才开始下降，这些指标被称为滞后指标。

2. 合成指数

扩散指数虽然能综合各个变量的波动，但没有考虑指标扩张程度对扩散指数的影响，不能明确表示景气循环变化的强弱。为了弥补扩散指数的缺点，Shiskin（1967）主持开发了新的景气指数——合成指数（Composite Index，CI）。合成指数不仅能反映景气变动的方向，而且能反映景气循环的振幅。合成指数和扩散指数一样，也是从表示各种经济活动的主要经济指标中选取一些对景气敏感的指标，用合成各指标变化率的方式，把握景气变动的大小。合成指数的指标组也分为先行、一致、滞后指标组，各指标组的功能与扩散指数的相同（曹锦文，2011）。

合成指数的计算步骤如下。

第一步，设指标 $Y_{ij}(t)$ 为第 j 指标组的第 i 个指标，$j=1, 2, 3$，分别代表先行、同步、滞后指标组，$i=1, 2, \cdots, k_j$，k_j 是第 j

指标组的指标个数。对称变化率 $C_{ij}(t)$ 为：

$$C_{ij}(t) = 200 \times \frac{Y_{ij}(t) - Y_{ij}(t-1)}{Y_{ij}(t) + Y_{ij}(t-1)}$$

其中，$t = 2, 3, \cdots, n$ （1 – 3）

当指标 $Y_{ij}(t)$ 中有零或负值时，或者指标是比率序列时，取一阶差分：

$$C_{ij}(t) = Y_{ij}(t) - Y_{ij}(t-1)$$

其中，$t = 2, 3, \cdots, n$ （1 – 4）

为了防止变动幅度大的指标在合成指数中占支配地位，各指标的对称变化率 $C_{ij}(t)$ 需要被标准化，使其平均绝对值等于 1。标准化因子 A_{ij} 为：

$$A_{ij} = \sum_{i=2}^{n} \frac{|C_{ij}(t)|}{n - 1}$$ （1 – 5）

用 A_{ij} 将 $C_{ij}(t)$ 标准化，得到标准化对称变化率 $S_{ij}(t)$：

$$S_{ij}(t) = \frac{C_{ij}(t)}{A_{ij}}$$

其中，$t = 2, 3, \cdots, n$ （1 – 6）

第二步：计算各指标组的标准化平均变化率。

求出先行、同步、滞后三组指标的组内、组间平均变化率 $R_j(t)$，使得三类指数可比。

$$R_j(t) = \frac{\sum_{i=1}^{k_j} S_{ij}(t) w_{ij}}{\sum_{i=1}^{k_j} w_{ij}}$$

其中，$j = 1, 2, 3$；$t = 2, 3, \cdots, n$ （1 – 7）

w_{ij} 是第 j 组的第 i 个指标的权数。

计算指数标准化因子 F_j：

$$F_j = \left[\sum_{t=2}^{n} |R_j(t)| / (n-1) \right] / \left[\sum_{t=2}^{n} |R_2(t)| / (n-1) \right]$$

（1 – 8）

其中，$F_2 = 1$。

计算标准化平均变化率 $V_j(t)$：

$$V_j(t) = \frac{R_j(t)}{F_j}$$

其中，$t = 2, 3, \cdots, n$ （1 – 9）

第三步：计算合成指数。

①求初始合成指数，令 $I_j(1) = 100$，则：

$$I_j(t) = I_j(t-1) \times \frac{200 + V_j(t)}{200 - V_j(t)}$$

其中，$j = 1, 2, 3$；$t = 2, 3, \cdots, n$ （1 – 10）

求同步指标组的平均增长率：

$$G_r = \frac{\sum_{i=1}^{k_2} r_i}{k_2} \qquad (1-11)$$

其中：

$$r_i = \left(\sqrt[m_i]{\frac{C_{L_i}}{C_{I_i}}} - 1 \right) \times 100 \qquad (1-12)$$

$$C_{I_i} = \frac{\sum_{t \in 最先循环} Y_i(t)}{mI_i} \qquad (1-13)$$

$$C_{L_i} = \frac{\sum_{t \in 最后循环} Y_i(t)}{mL_i} \qquad (1-14)$$

C_{I_i} 与 C_{L_i} 分别是同步指标组第 i 个指标最先与最后循环的平均值，mI_i 与 mL_i 分别是同步指标组第 i 个指标最先与最后循环的月数，k_2 是同步指标个数，m_i 是最先循环的中心到最后循环的中心之间的月数。

对先行、同步、滞后指标组的初始合成指数 $I_j(t)$ 分别求出其各自的平均增长率：

$$r'_j = \left(\sqrt[m_j]{\frac{C_{L_j}}{C_{I_j}}} - 1 \right) \times 100 \qquad (1-15)$$

$$C_{I_j} = \frac{\sum_{t \in 最先循环} I_j(t)}{mI_j} \qquad (1-16)$$

$$C_{L_j} = \frac{\sum_{t \in 最先循环} I_j(t)}{mL_j} \qquad (1-17)$$

对先行、同步、滞后指标组的标准化平均变化率 $V_j(t)$ 分别做趋势调整：

$$V'_j(t) = V_j(t) + (G_r - r'_j)$$

其中，$j = 1, 2, 3$；$t = 2, 3, \cdots, n$ （1-18）

②计算合成指数：

令 $I'_j(1) = 100$，则：

$$I'_j(t) = I'_j(t-1) \times \frac{200 + V'_j(t)}{200 - V'_j(t)}$$

其中，$j = 1, 2, 3$；$t = 2, 3, \cdots, n$ （1-19）

以基准年份为 100 的合成指数为：

$$CI_j(t) = \frac{I'_j(t)}{\overline{I'_j}} \times 100 \qquad (1-20)$$

其中 $\overline{I'_j}$ 是 $I'_j(t)$ 在基准年份的平均值。

合成指数与扩散指数各有优势，常常被结合起来加以运用。二者主要用于景气波动的分析与预测，特别是用于经济周期波动转折点的分析预测。

旅游地产是旅游经济的有机组成部分，景气指数预警法同样适用于旅游地产投资过热的监测，为宏观调控提供警报和排警的建议。由于合成指数既能监控整体经济活动的波动，还反映各指标的波动，并明确指出调控的目标和方向，因此我们选择合成指数作为衡量旅游地产投资过热的基础。

景气指数的表示范围为 0—200。100 为景气指数的临界值，表明景气状况变化不大；100—200 为景气区间，表明经济状况趋于上升或改善，越接近 200 越景气；0—100 为不景气区间，表明经济状况趋于下降或恶化，越接近 0，表示越不景气（陆岷峰、王虹，2011）。根据经济预警理论，景气区间可划分为 11 个等级：0—20，严重不景气；20—50，较重不景气；50—80，较为不景气；80—90，相对不景气；90—100，微弱不景气；100 为景气临界点；100—110，微景气；110—120，相对景气；120—150，较为景气；150—180，较强景气；180—200，非常景气（戴斌、周晓歌、李仲广，2013）。我们认为，当合成指数 >150 时，旅游地产投资进入过热状态。

第四节　研究内容与组织框架

一　研究目标与内容

基于当前中国旅游地产投资过程中存在的重要问题及相应理论研究存在的不足，本书以我国重点旅游城市为样本，以知名旅游地产企业为调查对象，研究中国旅游地产投资过热的形成机理及其规制问题，希望通过研究达到以下几个主要目标：①提出科学有效的判断旅游地产投资过热的方法；②揭示对我国旅游地产投资具有显著影响的因素；③系统分析我国旅游地产投资的规制体系。

针对以上问题，本书重点利用合成指数法、系统分析法、问卷调查法来探索中国旅游地产投资过热的形成机理。本书主要从以下几个方面来研究中国旅游地产投资过热的形成机理及其规制：①在分析影响旅游地产投资的因素时，我们在初始变量集里既包括了微观因素（企业自身变量），也包括了宏观因素，既包括同步指标，也包括先行指标和滞后指标,以使得分析更加全面;②在研究旅游地产投资过热影响因素时,综合考虑它们对旅游地产投资的驱动作用,问卷调查兼顾广度和深度;③在构建旅游地产投资过热规制体系时,将政策的可操作性和可执行性作为选择的重要指标,另外,充分考虑了我国旅游市场的快速发展特性。

二 研究方法

在研究方法上,本书采用理论分析和实证研究相结合的方法。首先,在相关理论研究的基础上,提出了判断旅游地产是否投资过热的方法——合成指数法;其次,根据 50 个旅游城市的相关指标数据,进行实证分析;最后,我国旅游地产发展现状,采用问卷调查方法筛选出旅游地产投资过热的影响因素。本书的技术路线如图 1-1。

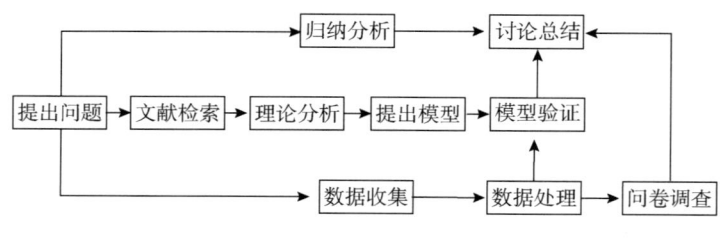

图 1-1 技术路线

三 组织框架

本书的组织结构为:第一章从我国现实背景角度和国内外理论研究现状角度阐明研究我国旅游地产投资过热形成机理及其规制的必要性。第二章分别就旅游地产开发模式、开发风险、分时度假、营销、规制等相关历史研究文献进行综述,明确已有研究存在的问题及借鉴意义并提出旅游地产理论研究框架，为本书相关模型的提出奠定基础。第三章首先阐述了我国旅游地产发展历程，然后引入景气指数和合成指数，判断出我国旅游地产投资热点区域。第四章围绕旅游地产投资过热问题，讨论了旅游地产投资的影响因素。第五章在前两章理论分析和实证研究的基础上，提出旅游地产投资过热的规制建议。第六章我们选取了五个典型的案例（华侨城、曲江新区、恒大、开元旅业集团、阿那亚），通过对这些案例的开发和经营模式的研究，总结不同项目模式在实践中的实施经验，以期对我国旅游地产的可持续发展有所贡献，也为后续企业投资者提供借鉴。

本书的研究结构如图 1-2 所示。

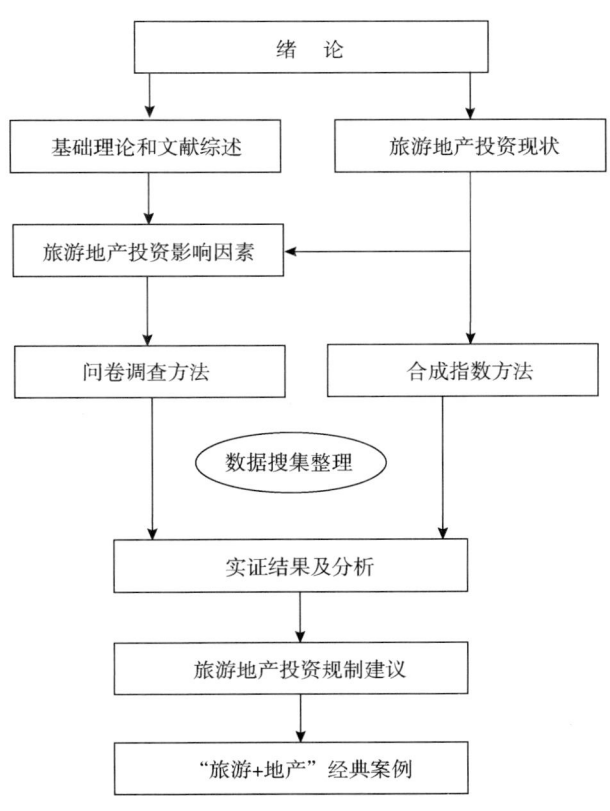

图 1-2 研究结构

第二章 旅游地产理论框架构建

基于第一章提出的主要研究问题，本章对国内外已有的旅游地产文献进行了归纳和梳理，并针对目前我国旅游地产理论研究中存在的问题和不足，构建了体现我国特色的旅游地产理论研究框架体系：以经济社会环境为起点、旅游地产投资为主线，研究旅游地产运作及其经济后果的交互作用关系，最终传递到公司和社会价值的形成。在此基础上，提出了未来我国旅游地产理论研究的若干建议，为本书相关模型的提出奠定基础。

第一节 研究述评

旅游地产起源于法国地中海沿岸，地中海沿岸的国家历来是旅游爱好者的优选。20世纪初，地中海沿岸开发了大量的滨海别墅和度假服务设施，欧洲、北美的贵族、富商蜂拥而至，地中海一时成为欧洲乃至世界的休闲度假中心。此后，随着一批地产开发商、酒店投资管理机构的加入，旅游地产的内容和形式得到不断的丰富和创新。20世纪60年代，法国阿尔卑斯山的别墅度假村率先以分时销售的方式招徕客户，旅游地产市场由此形成。20世纪70年代中期，美国从欧洲引入"时权酒店"概念，并逐渐形成了较为成熟的分时度假交换系统，旅游地产得到迅速发展。国外学者对旅游地产的研究也主要集中在分时度假方面。

我国旅游地产在 20 世纪八九十年代开始萌芽。当时，海南出现了大量的空置房，为了消化这些空置房，"分时度假"和"产权酒店"概念被开发商引入国内。进入 21 世纪以来，随着人们收入水平的提高和闲暇时间的增加，国内度假旅游规模逐渐形成，我国旅游地产进入快速发展阶段。旅游地产开发成为房地产业和旅游业共同关注的热门话题，也引起了专家学者们的关注。我国学者的研究领域比较广泛，主要涉及旅游地产的概念界定、开发模式、营销、风险、规制等方面。

一 研究现状

1. 分时度假

国外没有关于旅游地产的专门概念，分时度假是国外学术研究和业界使用频率较高的术语。分时度假在国外已经发展得相当成熟，也取得了丰硕的研究成果，相关文献主要涉及分时度假产品、消费者、法律保障等方面。从停留时间来看，分时度假产品介于酒店住宿和第二居所之间（Upchurch & Gruber，2002）。为了满足不同层次消费者的需求，分时度假运营商开发出了灵活多样的产品：豪华型（luxury）、高档型（up-market）、优质型（quality）、价值型（value）和经济型（economy）（McMullen & Welch，1999）。各种产品属性对顾客满意度的影响也是不同的，比如在销售过程中配备销售指导、购买激励政策、酒店式服务、休闲设施、协助制订度假计划的咨询顾问等属性都有助于提升消费者的满意度（Gregory

等，2015）。

消费者研究对分时度假的营销、产品设计、财务分析、度假管理、社区利益等各个方面都具有指导意义（Rezak，2002）。消费者的特征、认知、购买动机、购买方式等也是大家关注的问题（Crotts & Ragatz，2002；Huang 等，2011）。分时度假的消费群体多为中产阶层，经济状况良好、综合素质较高，购买的目的是交换机会和节约未来休闲成本（Crotts & Ragatz，2002）。分时度假行业的消费者价值受多种因素影响，比如休闲机会、礼物赠送、品质、灵活性、娱乐性、新的体验、财务收益等（Sparks 等，2008；Sparks 等，2011）。而且随着时间的推移，消费者对分时度假项目的价值感知会发生变化（Bradley & Sparks，2012）。

为了促进销售，开发商往往在分时度假产品的营销方面投入很多人工和费用，消费者经常受到营销违规行为的侵害。这种现状促使许多新法律法规的制定（Scavo，1999）。美国佛罗里达州在 1983 年率先出台了《分时度假房产法案》，明确规定了冷静期，消费者在冷静期内可以退货并收回所付款项。欧盟也在 1994 年签署了《欧洲联盟分时度假指令》，要求分时度假产品销售中有 14 天的冷静期。然而，执行力弱是既有法律法规面临的一个共同问题。提升市场信心不仅需要完善的合同条款和充分的信息披露，还需要强化法律法规制度的执行力，从根本上体现权利的公平（Downes，2008）。

中国分时度假的相关研究比国外起步晚，主要集中于对分时度假在中国本土化面临的问题与对策（罗守贵等，2002；陈超、郭鲁芳，2003；王婉飞，2003；黄健雄，2006；高永臻、徐德兵，2007；蒋文品，2012），以及相关法律法规的探讨。虽然中国国内旅游休闲度假消费逐步成熟，但由于受总体消费水平、休假时间、信用制度、法律法规政策等的限制，分时度假在我国仍处于初步发展阶段，需要解决诸多问题。加快完善相关法律法规、培育适合我国市场的分时度假产品是促进我国分时度假市场持续健康发展的重中之重。

2. 开发模式

在国外，旅游地产主要以分时度假的形式出现。分时度假产品具有适用性广、灵活性强的特点，因此在以美国为代表的西方国家得到了迅速发展，并衍生出了很多不同的开发形式（Upchurch & Gruber，2002）。根据财产所有权拥有程度的不同，所有权多元化的旅游住宿综合体（MOTA）可以分为三类：合同制分时度假（比如度假俱乐部、大部分欧洲分时度假模式）、过户式分时度假（比如3—14周的分时度假、私人公寓俱乐部）、权益不可分割式（比如公寓式酒店、酒店式公寓、第二居所）（Warnken & Guilding，2009）。

我国旅游地产包含的范围比较广，开发模式呈多元化趋势，学者们对旅游地产开发模式的关注也比较多。依据组织方式不同，旅游地产开发可以分为随意型、规划型和混合型（陈卫东，1996）。根据开发目的的不同，旅游地产有以下几种比较成型的开发模式：以提供第一居所为主要目的的景区住宅开发、以旅游度假为目的的度假房地产开发、以旅游接待为目的的自营式酒（饭）店、与旅游相关的写字楼、以大盘形式出现的综合性旅游房地产开发（朱大贤，2003）。根据依托旅游资源的不同，可以分为五种模式：自然资源型借景开发、文化体验型借景开发、主题公园型造景开发、会议赛事型造景开发、主题街区型造景开发（董莹，2013）。随着我国旅游发展由观光旅游向休闲度假旅游转变，产生了"旅游导向型土地综合开发"（TOLD）模式，根据土地利用总体特征，TOLD综合体的开发模式又可分为生态导向型低密度开发、文化导向型主题开发、娱乐导向型多元开发三种类型（吴必虎、徐小波，2010）。

影响旅游地产开发的因素很多，政策法规、经济环境、旅游资源、基础设施状况等都影响旅游地产开发模式的选择。在构建评价指标体系时，要尽量保障指标的独立性和代表性，可采用德尔菲专家咨询法对指标进行筛选。旅游地产开发模式选择评价的模型主要有SWOT分析法（白浩，2009）、BP神经网络评价法和模糊综合评价法（郝彦苹，2008；赵伟佳，2013）。

3. 风险

房地产风险是系统风险，具有普遍性和不可分散性（Tuzel, 2010）。旅游地产的开发又与一般住宅建设不同，需要长期的资金、人力和管理投入，后期运营成本较高，对开发商的资金实力和专业运作能力要求较高。另外，旅游地产是一种高档消费品，受经济和市场环境变化影响较大，因此旅游地产投资和开发风险相对较大。例如，酒店企业的价值往往随房地产市场的波动而波动，融资约束的企业尤其如此。相对于经营租赁物业，融资租赁或自有物业的酒店面临的风险更大（Lee & Jang, 2012）。也有学者发现，旅游地产业务与企业风险之间并不存在显著的相关关系。Nabawanuka 和 Lee（2009）的研究表明，酒店经营分时度假业务对酒店的风险并没有影响。

我国经济仍处在较快发展的历史时期，机遇与风险并存，旅游地产面临的风险因素尤其复杂，投资决策、建设阶段、租售阶段、物业管理过程中都伴随着各种不确定性因素，主要包括经济环境风险、产业政策风险、模式选择风险、策划设计风险、管理保护风险、商业营销、不可抗力风险等（丘伟萍，2011；中国人民银行桂林市中心支行课题组，2007；耿松涛、陈文玲，2013）。

在风险识别的基础上，需要对风险进行量化，以便有针对性地提出风险防范建议。学者们常用的风险评价方法有风险矩阵模型

(刘睿，2011）和模糊灰色综合评价法（张丽峰，2008；耿松涛、陈文玲，2013）。一般而言，旅游地产开发面临的较大风险主要是政策风险、市场风险，其次是投资决策风险（包括投资时机、物业位置、物业类型）、营销等。因此，项目开发要特别关注宏观政策变化和市场供求现状，加强市场分析（岳婷婷，2009）。

4. 营销

国外关于住宿业营销的研究主要集中在酒店和餐饮行业，分别占文献总量的40.1%和31.8%，旅游地产营销相关的文献比较少，仅占15%左右，主要涉及旅游服务、私人俱乐部、节庆、温泉、分时度假、会议、主题公园等（Line & Runyan，2012）。在研究主题方面，最受学者们关注的是消费者感知，如感知价值、满意度、服务质量等；其次是营销管理和战略、网络营销领域。网络营销已经成为一种重要的营销方式，房地产行业也不例外，相关研究增长迅速。相对于采用线下营销渠道的房产，在互联网上销售的房产往往会获得较高的成交价格，但销售周期也随之拉长（Ford、Ruthterford & Yavas，2005）。

国内学者关于旅游地产营销的研究主要集中在三个方面：营销策略、分销渠道和网络营销。旅游地产的客源经常遍布全国各地，面临客源地和房源地分离的问题，因此营销渠道选择和拓展难度比较大，项目信息覆盖有限。客源地营销可以采取三个策略：一是依据旅游地产项目的资源特性选择合理的客源地城市；二是按照目标客源地确立实用的传播手段；三是根据出行习惯设立准确的销售渠道（余茂生，2015）。房地产是城市的重要组成部分，城市营销需要载体，旅游地产营销需要平台，旅游地产的营销战略应与城市营销相结合，以提升核心价值点、扩大影响力（吕琨，2011）。旅游地产分销渠道一般存在分销商渠道模式雷同和渠道成员冲突问题，因此应创新旅游地产产品和分销渠道模式，制定渠道冲突预警机制（曹晓雪，2013）。随着互联网技术的快速发展，我国网络营销越来越普及，互联网对消费习惯的改变也影响着旅游地产营销模式（张萍，2014）。网络营销不受时间、地域、语言的限制，可以实现全球营销，尤其适合旅游地产企业，是旅游地产项目的主要宣传工具。精准营销离不开大数据的支持，地方可以成立一个大数据房地产交易平台，把房地产商的产品全部放到平台上，然后建立一个大数据营销平台，为房地产网上交易提供支持（操文，2015）。

5. 投资

旅游地产既有居住功能，又有投资功能。房地产信托基金（REITs）作为一种金融创新，使二者价值得到了完美的结合和体现，同时也为地产开发商提供了一种退出机制（Case，2012）。REITs在海外已经发展得非常成熟，学者们的研究也多集中于此。房地产信托基金的投资收益受宏观经济因素影响，货币政策、经济增长和通货膨胀的震荡一般会降低房地产信托基金的预期收益，违约风险的增加则会使得房地产信托基金的未来收益提高（Ewing & Payne，2005）。另外，房地产信托基金和股票市场之间的关系也非常密切，有时甚至相互影响。房地产信托基金的规模和业务类型是影响股票市场的重要因素（Lee、Chien & Lin，2012）。为了减少因所有权分散造成的代理问题，REITs要将90%的收益分配给投资者，自身收益积累受到影响，经营发展更加依赖外部融资。研究表明，与其他饭店类公司相比，饭店类REITs在进行投资时，更容易遭受融资约束，因此如果公司在未来有较大的投资计划，应慎重选择REITs（Kim & Jang，2012）。

与传统城市地产开发周期短、资金流转快不同，旅游地产选址多在偏离市区的经济低洼地，项目价值需要较长时间的培养，投资金额巨大、开发周期相对较长。不过，随着国内房地产市场深度调控，越来越多的企业开始涉足旅游地产投资，旅游地产投资呈现快速增长势头。国内学者对旅游地产投资的研究主要集中在投资过热、投资模式、投资策略三个方面。近年来，我国旅游地产开发不断升温，究其原因，主要有三个方面：国家政策扶持与住宅地产行业景气度下降；我国休闲旅游发展态势良好；我国旅游产业基金发展迅猛，部分地产企业资本积累完成（王宇平，2013）。旅游地产是资本密集型产业，旅游地产的投融资对旅游地产的成功与否起着至关重要的作用。我国旅游企业可以运用的投融资模式有以下几种：①成立旅游股份有限公司，上市筹集资金；②产业投资基金；③旅游资产证券化；④PPP（Private Public Partnership）融资；⑤BOT（Build Operate Transfer）融资（兰英英，2011）。随着越来越多投资主体的加入，旅游地产面对的市场竞争和投资环境日趋激烈和复杂，为了最大限度地实现企业的资本增值，我国旅游地产的发展可从全价值链的角度出发，探索合适的投资策略：以资产价值提升为基石、以功能价值创新为源泉；以品牌价值塑造为核心；以文化价值彰显为支点；以情感价值融入为纽带（马勇、王宏坤，2011）。

6. 规制

旅游地产是旅游城市旅游经济活动的重要组成部分，旅游地产的建造、维修和使用可以为所在地区提供就业和收入，产生直接的经济效益。不过，旅游地产的开发也会改变当地公共服务的需求，增加政府支出。从政府财政收支的角度来看，旅游地产开发收益只能满足自身行业发展的需要（Deller、Marcouiller & Green，1997）。旅游地产的买主多来自其他地区，他们的经济生活中心仍在外地，为了短期的休闲度假或投资需求而到本地购置住宅，他们的到来打破了本地住宅市场的供需平衡，造成本地住宅成本提升，住宅价格偏离本地居民的收入水平（Gallent，Tewdwr-Jones，2001；Shucksmith，1991）。因此，为了降低旅游地产对社会和环境的负面影响，政府的干预成为必要。政府应控制旅游地产供给的总量，科学规划避免无序开发，征收庇古税抑制旅游地产需求（Gallent，Tewdwr-Jones，2001；Adamiak，2016；Ursic、Misetic & Misetic，2016）。

　　旅游业与房地产业之间存在显著的效益相互溢出效应，在旅游景区周边地带开发度假、商务和住宅类的旅游地产项目，对活跃景区的人气、增加基础客源、强化配套服务功能等方面都有好处（宋丁，2003）。不过，近年来随着国内市场阶段性需求的快速增长，很多地方出现了盲目开发的势头，给旅游区带来了很多负面影响：①无序开发，资源浪费，生态破坏严重；②规划不当，破坏景区意境；③重复建设，缺乏特色，文化品位缺失；④环境容量超载，景观要素和环境质量下降；⑤推动本地住宅成本攀升，造成住宅市场失衡（祝晔，2009；包振宇、王思锋，2011）。因此，迫切需要政府对旅游地产发展进行规制，规范开发和经营行为，促进产业可持续发展。政府对于度假房地产开发的规制，应以间接规制为主导，直接规制为补充，逐步强化间接规制。我国旅游地产规制的主要内容包括土地规制、金融与税收规制、环境规制、交易规制等，其中控制旅游度假用地的供给、进行规划控制是政府规制旅游地产的最直接和有效的手段（王建喜，2010）。在环境规制方面，应健全旅游地产投资的资源保护与评价机制，使社会公共产品得到有效的保护和利用（黄猛，2013）。另外，旅游地产开发过程中涉及的法律关系复杂，应健全房地产项目法律法规，规范项目的审批程序，加强对项目全过程的监管（吴燕华，2013）。

二 研究贡献

1. 旅游地产概念已经基本达成共识

随着旅游地产的普及和研究的推进，大家对旅游地产的了解越来越深入，不同学者从不同角度和方面对旅游地产的概念进行了阐述（沈飞，2001；宋丁，2003；周春香，2011；吴老二等，2003）。旅游地产在国外主要指的是分时度假。分时度假在欧美国家已经发展得比较成熟，其概念也被普遍接受，核心要素主要包含两点：一是分时使用权（或所有权）；二是度假时段的交换。

国内学者虽然在界定旅游地产概念时强调的侧重点不同，但在基本的核心点上已经初步达成共识：①在环境特征上，旅游地产具有特殊的地理位置和环境要求，一般位于大城市边缘或中央都市圈以外，在旅游风景区、度假地附近或环境优美的旅游城市；②在主体功能上，旅游地产的全部或部分功能是为旅游休闲度假服务的；③在经营模式上，旅游地产具有特殊的开发和经营模式，可以满足人们对度假居住物业资金投入少、使用次数多、每次使用时间短、能够投资增值的要求（邱守明，2012；薛诗清，2010）。

2. 旅游地产开发模式方面的研究最为充分

国外对旅游地产的研究主要集中于分时度假，围绕分时度假市场、销售和保障体系展开（Woodside 等，1986；Haylock，1994；Rezak，2002；Sparks 等，2008；Scavo，1999；Downes，2008）。国内学者研究最为充分的是旅游地产开发模式。旅游地产开发模式一直是大家讨论的热点（陈卫东，1996；朱大贤，2003；吴必虎、徐小波，2010），也是很多学位论文选题的方向（陈芸，2006；梁志敏，2007；丁姗，2009；白浩，2009；贾小强，2010；李飞，2012；

刘玉霞，2013），目前的研究主要集中在旅游地产开发模式分类和选择评价两方面。

学者们从不同的角度对旅游地产开发模式进行了分类和归纳，分类依据有组织方式（陈卫东，1996）、功能（胡浩、汪宇明，2004）、主题和开发目的（祝晔、黄震方，2006）、资源依托关系（何冲，2006）等。在开发模式选择上，学者们大多采用模糊综合评价法（郝彦苹，2008；李飞，2012；赵伟佳，2013；杨建平、宿琛欣，2015）和SWOT分析法（白浩，2009）。由于大家对旅游地产开发模式的研究和讨论非常关注，该领域时常涌现出创新的观点和见解，对主流开发模式起到了很好的补充和调整作用。学者们的研究成果为规范旅游地产开发、促进旅游景区可持续发展提供了科学的借鉴和参考。

3. 旅游地产营销、风险和外部性等方面的研究逐渐增多

随着旅游地产的蓬勃发展，学者们的研究越来越深入，研究领域逐渐拓展，有关旅游地产营销、风险、外部性等方面的文献日益增多，丰富了旅游地产的研究内容。内部营销是提高服务质量从而提升顾客满意度的战略工具。近年来，旅游地产中有关内部营销的文献显著增长，研究主要集中在员工行为（员工满意度）和员工培训上（Kim & Ok，2010；Line & Runyan，2012；祖鹏，2012；刘德超，2004）。另外，随着绿色营销概念渐入人心，公共关系营销也越来越受到重视（Kang等，2010；刘晓轩，2013），产业链营销逐渐渗入旅游地产行业。

旅游地产的开发既受外部环境的影响，面临系统风险，也会产生外部效应，对当地环境和文化造成正面或负面的影响。越来越多的学者开始关注旅游地产风险和负外部性的评估和规避（耿松涛、陈文玲，2013；中国人民银行桂林市中心支行课题组，2007；包振宇、

王思锋，2011；王建喜，2010），从市场（Dredge、Jamal，2013）、组织（Chancellor 等，2011）、政策（Tanguay 等，2013）等层面进行了分析和讨论，这些研究成果使我们对旅游地产运行机制有了更深入的理解。

4. 实证研究在规范研究的基础上受到重视，研究方法逐渐多元化

国外文献对旅游地产（分时度假）的研究起步比较早，已经形成了相对完整的理论体系，研究方法的使用上也较为多样，多采用定量研究和调查问卷的方法进行分析，比较重视对消费者需求的研究（邱建辉，2013）。随着旅游市场的迅速发展和数据获取便捷性的提高，我国学者运用实证方法（模糊评价法、层次分析法、结构方程模型等）进行定量分析的文献也明显增多（祝晔，2005；丁少华，2011；王恒言，2011；单文君，2009），研究方法逐渐多元化。另外，学者们还有意识地借鉴其他领域的研究理论或方法（江贤卿，2008；陈煜蕊，2013），拓宽了旅游地产研究的思路和视角。

三　研究不足

1. 缺少关于旅游地产整体理论框架的研究

目前，学术界对旅游地产的研究已经取得了不少成果，形成了开发模式、风险控制等比较成熟的投资管理理论，不过，从总体上看，学者们对旅游地产理论框架的研究比较滞后，目前的研究主要关注基础概念、发展趋势的研究，大都是侧重于旅游地产的某一个方面，并未形成系统化的框架体系。学者们对我国旅游地产发展的现状、存在问题及发展趋势讨论得比较多，如巨鹏等（2002）；吴老二等（2003）；余艳琴、赵峰（2003）；何智虎（2005）。还有的学者从产业融合（沈飞，2003；施金亮、周德力，2007；江贤卿，

2008)、市场定位(孟凯,2012;王志坚,2012)、消费者购买意愿影响因素(汤琦,2012;单文君,2009)等方面对旅游地产进行了讨论。虽然已有研究涉及旅游地产的多个层面,但尚未从整体视角讨论旅游地产的理论架构,缺乏系统性。

2. 缺乏对投资过热规制的系统研究

旅游地产具有较强的外部性,在开发和经营时常常会对环境产生负面影响,特别是在自然环境为主的风景区内,大量建筑会造成景观生态破坏和环境污染。因此应对旅游地产的投资和开发进行适当规制,以避免过度开发。目前的研究多侧重于旅游地产投资模式(黄小芳等,2010;肖练,2011)和投资风险(王宇平,2013;阎庆民,2005),其中有关房地产信托投资基金的文献也逐渐增多(Tang等,2008;Kim & Jang,2012;陈果,2009;封季嫒、王宁,2013),但探讨投资规制的研究尚属起步阶段,文献较为零散(朱美羽,2011;付艳芳,2012;黄猛,2013;程绍文、徐樵利,2013),缺少有针对性的深入研究,不够系统。王建喜(2010)讨论了度假房地产的开发(包括市场结构、市场主体行为、市场绩效)及其规制,不过并未针对投资过热进行重点论述。

3. 缺少基于中国制度背景的模型构建

近年来我国旅游地产迅速发展,一方面是因为国内旅游产业快速增长,开始进入"大众旅游"时代;另一方面由于住宅市场调控从紧,商业地产萧条,越来越多的房地产商希望把文化旅游作为转型突破口,开辟新的价值增长点。特殊的发展阶段和市场环境使得我国旅游地产开发和运行呈现出自己的特点,简单照搬西方已有理论来解释我国旅游地产实践并不适合。目前国内文献采用定量模型分析的研究较少,缺少基于中国制度背景的模型构建。

4. 研究方法以定性研究为主,缺乏计量分析

目前有关旅游地产的文献多采用经验研究或规范研究等方式,

定量分析和实践研究偏少。研究方法多借鉴西方成熟模型，缺少基于中国实际情况的模型构建。同时，由于我国旅游类上市公司数量有限，根据资本市场数据得出的实证研究结论的适用性还有待进一步考察。另外，国内虽然出现了一些案例研究，但其中规范、高质量的案例研究比较少，案例研究的资料以公开披露的信息居多，缺乏深入细致的实地调查（王化成等，2011）。

第二节 基于 CiteSpace 知识图谱的文献分析

为了全面系统地回顾现有的研究文献，客观反映旅游地产领域的历史情况和变化趋势，我们以 Web of Science 和中国知网（CNKI）为数据源，运用 CiteSpace 科学计量工具对国内外旅游房地产研究进行量化对比分析。

一 数据来源与研究方法

国外数据源方面，我们选用 Web of Science 核心合集数据库，以"timeshare""resort real estate""second home tourism""recreational real estate""recreational property""residential tourism"等字段进行主题搜索，文献类别定为"article"，时间上选择"All Year"，共检索出文献 201 篇，剔除与研究主题无关的文献之后，得到析出文献 123 篇，时间跨度为 1978—2019 年。国内数据源方面，选取国内文献资源最全的知识交互平台——CNKI 数据库，基于国内旅游房地产的不同种类，以"主题：旅游房地产 or 主题：旅游地产 or 主题：度假地产 or 主题：景观房地产 or 主题:第二居所 or 主题：分时度假 or 主题：产权酒店 or 主题：时权酒店"作为筛选条件，同时时间限定为 2003—2018 年（旅游地产传入我国较晚，主要研究成果在 2003 年以后才大规模出现，2003 年之前成果很少（蒋志勇，2017），共检索出 2147 篇研究文献（数据检索时间为 2019 年 5 月 2 日）。其次，剔除报纸报道、时事评论、与主题不相关或关联度低等类型文章，共筛选出 2003—2018 年共 780 篇有效样本作为研究对象（其中，期刊论文 475 篇，博硕士论文 305 篇）（见表 2 − 1）。

表 2 − 1　　　　　　　　国内外文献获取情况

数据来源	中国知网（CNKI）数据库	Web of Science 核心合集数据库
检索主题词	旅游房地产、旅游地产、景观房地产、度假地产、第二居所、分时度假、产权酒店、时权酒店、度假地产	timeshare、resort real estate、second home tourism、recreational real estate、recreational property、tourism real estate、residential tourism、property hotel、timeshare hotel
时间跨度	2003.1.1—2018.12.31	1978.1.1—2019.5.1
文献类别	期刊论文 + 博硕士论文	期刊论文
检索数量	780 篇	85 篇

我们主要采用可视化文献分析软件——CiteSpace 对检索到的论文进行处理和可视化分析研究。CiteSpace 软件通过社会网络分析、聚类分析和多维尺度分析等多类分析手段对文献的相关数据进行计算处理，以多元、分时、动态的网络图谱表现形式呈现某一知识领域的演进过程和关键信息（陈悦等，2015）。首先采用 Excel 统计软件梳理国内外旅游房地产研究领域的年度发文情况以及发文载体；其次运用 CiteSpace 软件，基于共引作者分析和共引机构分析揭示国内外旅游房地产研究的主要力量，以及基于关键词共现分析探讨国内外旅游房地产的热点研究领域，从而生动再现旅游房地产研究领域演化进程及发展趋势。

二 国内外旅游房地产研究年度发文趋势

2003—2018年国内旅游房地产发文数量经历了上升—回落—上升—再回落四个阶段，整体形状呈"M"形（如图2-1）。2003—2005年，国内旅游房地产研究处于起步阶段，研究关注度较低，年度发文数量缓慢增长。2006年，中央政府把"稳定房价，调整住房结构"作为调控房地产市场的主要目标，从信贷、金融、税收、土地等方面出台了多项政策，包括加息、"国六条"、"90平方米70%"等，抬高了房地产行业的准入门槛，从而促使部分房企选择旅游房地产领域，继而带动国内旅游房地产的开发。中信、海航、恒大等国内大型集团以及美国瑞星思达、日本软银等国际财团都大规模投资了旅游房地产，投资规模较大（司成均等，2007）。旅游房地产行业的火热吸引了学术界的关注，被不少业内专家誉为"中国旅游房地产元年"的2006年成为国内旅游房地产研究领域的一个分水岭，其年度发文量较2005年增幅较大，表明该领域开始受到学术界的重视。除2009年外，2006—2010年旅游房地产的年度

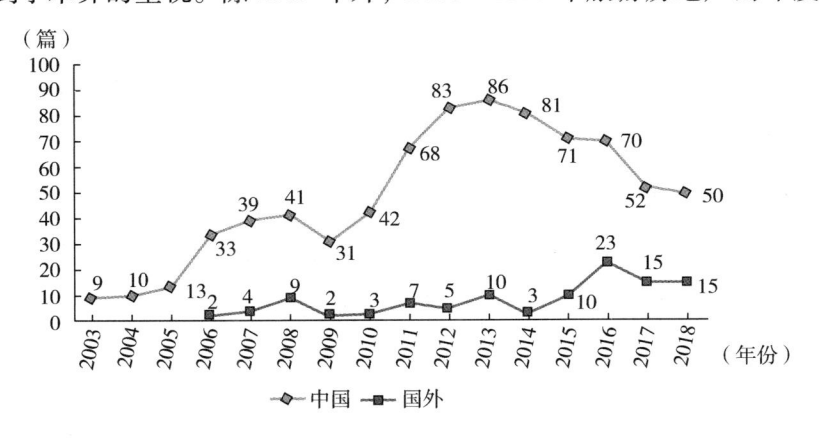

图2-1 近年来国内外发文趋势

发文数量整体趋于稳定，波动较小。2011年成为国内旅游房地产研究领域的又一个分水岭，其年度发文量较2010年有了较高涨幅，表明旅游房地产研究开始广泛受到学术界的重视（乐克敏，2006）。与此同时，受政策、市场等影响，国内旅游房地产投资规模不断扩大。2012年国内旅游地产投资总额过万亿元，超过三分之一的百强房企涉足旅游地产开发领域（蒋志勇，2017）。2011—2013年，旅游房地产年度发文数量不断上升，并在2013年达到了最高值（86篇），旅游房地产研究成为研究热点。2012—2014年，国内旅游地产项目数量呈井喷式发展，增长速度一度高达134.57%，旅游房地产研究因此步入鼎盛时期。进入2014年，中国旅游地产的发展逐步回归理性，步入转型分化阶段。2014—2018年，旅游房地产年度发文量在达到峰值后开始逐渐减少，尤其是2016年后，降幅较大，但仍高于2010年前的发文数量水平，表明该领域研究进入平稳的去热阶段。同时，发文量减少亦与最早一批旅游房地产研究学者的转型有关。在研究初期，国内旅游房地产研究主要聚焦于抽象的宏观描述性分析，研究已较为全面和透彻，研究空间较小，很多早期研究学者开始转型相关专业领域，如建筑学、设计学、地理学（基于流动性、推拉理论视角）等。国外旅游房地产近十几年来发文波动性较大，整体形状呈"波浪形"。2006—2014年，国外旅游房地产发文数量在个位数上下浮动，最高为2013年的10篇，关注度相对较低。2014年以来，国际旅游房地产发文量有了大幅度提升，2016年达到了峰值23篇，表明旅游房地产在国际研究领域成为重要分支。2016年之后年度发文量有所下滑，但篇数仍保持在两位数（如表2-2、表2-3）。

综上，基于对2003—2018年国内旅游房地产年度发文趋势的分析，发现：国内旅游房地产学术研究的热度及趋势与旅游房地产行业发展高度吻合，具有较高的耦合性；旅游房地产在 2014 年开始成为国际旅游研究领域的重要分支。

表 2 - 2　　2003—2018 年国内旅游房地产研究年度发文量　　单位：篇

年份	发文量	年份	发文量	年份	发文量	年份	发文量
2003	9	2007	39	2011	68	2015	71
2004	10	2008	41	2012	83	2016	70
2005	13	2009	31	2013	86	2017	52
2006	33	2010	42	2014	81	2018	50

表 2 - 3　　1978—2019 年国外旅游房地产研究年度发文量　　单位：篇

年份	发文量	年份	发文量	年份	发文量
1978—2005	11	2010	3	2015	10
2006	2	2011	7	2016	23
2007	4	2012	5	2017	15
2008	9	2013	10	2018	15
2009	2	2014	3	2019（1.1—5.1）	4

三　国内外旅游房地产出版物来源分布

分析已有文献出版刊物的来源及分布，有助于客观有效地掌握研究内容的侧重点和研究质量水平的高低（王美钰等，2019）。在 Web of Science 进行出版物来源分析，以文献来源为字段排序，阈值为 2，显示前 10 个排列结果。*Tourism Management* 作为旅游类顶尖期刊引领了旅游房地产研究领域的研究潮流。此外，*Scandinavian Journal of Hospitality and Tourism* 以及 *Tourism Geographies* 等是旅游房地产研究领域的主要载体。共计载文量 44 篇，占总量 123 篇的 35.77%。同时，通对 CNKI 上检索的 475 篇期刊文献进行出版物计量分析，选取发文量排名前 10 的出版物。发现《旅游纵览》（下半月）和《商场现代化》是国内旅游房地产研究的主力军，《中国商贸》《中国市场》《企业导报》等期刊是主要发文载体。共计载文量 111 篇，占总量 475 篇的 23.37%。从发文载体来看，国内旅游房地产发文期刊质量普遍不高，没有出现核心期刊，只有《旅游论坛》（国内旅游类影响因子较高的刊物）发文量位居前 10 位（见表 2-4）。

表 2-4　　　　　　　国内外出版物来源分布前十位

序号	Web of Science 来源出版物名称	载文数量	占总数（123 篇）的比例（%）	CNKI 来源出版物名称	载文数量	占总数（475 篇）的比例（%）
1	Tourism Management	8	6.50	《旅游纵览》（下半月）	29	6.10
2	Scandinavian Journal of Hospitality and Tourism	5	4.06	《商场现代化》	15	3.15
3	Tourism Geographies	5	4.06	《中国商贸》	9	1.89
4	Current issues in Tourism	4	3.25	《中国市场》	9	1.89
5	International Journal of Hospitality Management	4	3.25	《企业导报》	9	1.89
6	Journal of Spatial and Organizational Dynamics	4	3.25	《旅游论坛》	8	1.68
7	Scripta Nova	4	3.25	《中国房地产》	8	1.68
8	Tourism Economics	4	3.25	《上海房地》	8	1.68
9	Cuadernos De Turismo	3	2.43	《现代商业》	8	1.68
10	International Journal of Tourism Research	3	2.43	《住宅与房地产》	8	1.68

注：Scripta Nova 全称为 Scripta Nova Revista Electronica degeografia Yciencias Sociales.
资料来源：笔者整理。

分析旅游房地产研究的核心国家，可以发现不同国家对该研究的关注度，有利于从宏观层面准确掌握国际旅游房地产研究的主要力量和布局，从而把握好其发展方向（王馨等，2018）。就国家分布而言（表2-5），前二十位的核心国家（地区）中西班牙发表的文献数最高，达到30篇，占比为23.81%，这与西班牙国家的住宅旅游（度假房地产）发展密切相关；美国的文献发表量达到21篇，占比16.67%，与美国分时度假产业以及自身的雄厚的科研实力均有关联。此外，澳大利亚、芬兰、葡萄牙和瑞典的发文量均超过5篇，属于旅游房地产研究领域的主要贡献国家。可以看出，高发文量的国家（地区）集中在度假资源优越、旅游业发展成熟、度假地产分布广泛且较早开发住宅旅游房地产的国家和地区。

在前二十位核心国家（地区）中，位于欧洲的国家达到11个，分别是西班牙、芬兰、葡萄牙、瑞典、英格兰、荷兰、挪威、捷克、保加利亚、冰岛和意大利，累计发文总量71篇，占比56.35%，处于绝对优势地位。位于北美洲的国家有三个，分别是美国、加拿大和墨西哥，累计发文总量31篇，占比24.60%；位于大洋洲的国家有两个，分别是澳大利亚及新西兰，累计发文总量为10篇，占比7.94%；位于亚洲的国家同样有两个，分别是中国和土耳其，累计发文总量为7篇，占比5.56%。

表2-5　　前二十位核心国家（地区）发表文献数及占比

国家（地区）	文献数（篇）	占比（%）	国家（地区）	文献数（篇）	占比（%）
西班牙	30	23.81	荷兰	4	3.17
美国	21	16.67	挪威	4	3.17
澳大利亚	8	6.35	中国	4	3.17
芬兰	8	6.35	土耳其	3	2.38
葡萄牙	6	4.76	捷克	3	2.38

续表

国家（地区）	文献数（篇）	占比（%）	国家（地区）	文献数（篇）	占比（%）
瑞典	6	4.76	巴西	2	1.59
加拿大	5	3.97	保加利亚	2	1.59
墨西哥	5	3.97	冰岛	2	1.59
南非	5	3.97	意大利	2	1.59
英格兰	4	3.17	新西兰	2	1.59

注：表中数据经过四舍五入处理。

四 国内外旅游房地产研究群体

我们使用 CiteSpace 软件生成作者共现图谱（如图 2-2 和图 2-3），图中节点表示的是作者，连线表明节点间的合作共现关系。图中显示的作者群发文量都在两篇及以上。图中的 Q 值（模块值）是用于检测图谱网络结构是否显著，S 值（平均轮廓值）用来检测聚类是否清晰。在 CiteSpace 软件中，Q 值 > 0.3 表明图谱中作者合作网络具有显著的特征，S 值 > 0.5 代表图谱中节点间的关系较为紧密。从图 2-2 和图 2-3 可以看出，国内和国外 Q 值分别等于 0.8333 和 0.84，大于 0.3，说明合作网络的可信度比较高；国内外 S 值分别为 0.1562 和 0.3333，均小于 0.5，说明国内外旅游房地产学者之间关联性较弱。从整体来看，国外旅游房地产学术群体间的合作紧密度要高于国内该领域；从局部视角来看，少数作者在学术上有一定的合作关系，出现了以 Hiltunen、Pitkanen 和 Hannonen 为代表的国际合作群体以及以付海燕、许婧和桑光书为代表的国内合作群体。

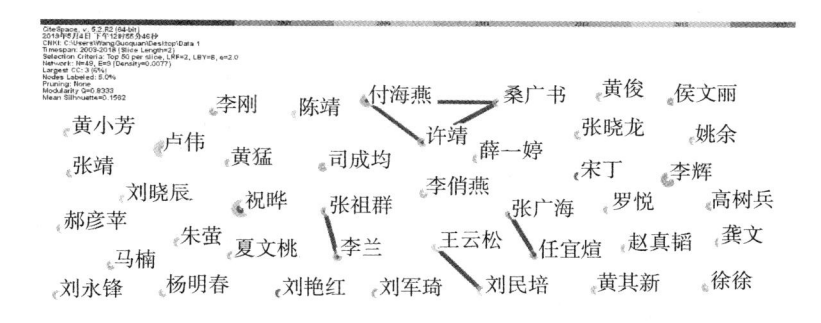

图 2-2　国内作者共现知识图谱

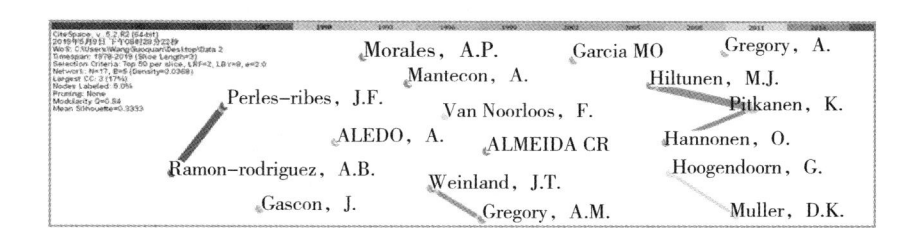

图 2-3　国际作者共现知识图谱

五　国内外旅游房地产研究机构

我们生成了国内外旅游房地产合作机构共线知识图谱，图中显示的机构发文量都在两篇及以上（如图 2-4 和图 2-5）。从图 2-4 可以看出，共有节点 22 个，节点之间的连线仅有 1 处，网络密度为 0.0043，表明旅游房地产学术研究机构之间缺乏合作。浙江财经大学东方学院和重庆房地产职业学院是国内旅游房地产研究领域的主力军，发文量均在 3 篇以上。我们发现：①在国内发文量两篇及以上的研究机构中，海南、重庆以及河北等旅游房地产行业发展较好的地区均出现了两所及以上的研究机构，表明旅游房地产研究的热度与机构所在地旅游房地产发展有较强联系；②国内旅游房地产核心机构科研水平不高，缺乏重点高校，表明研究层次和研究水平有待提升；③经济类院校与旅游类院校数量持平（图2-4中均出现6所），表明国内经济类院校对旅游房地产研究贡献较大力量；④国内旅游房地产研究出现3所民间研究机构，表明该领域研究的行业导向性较强。

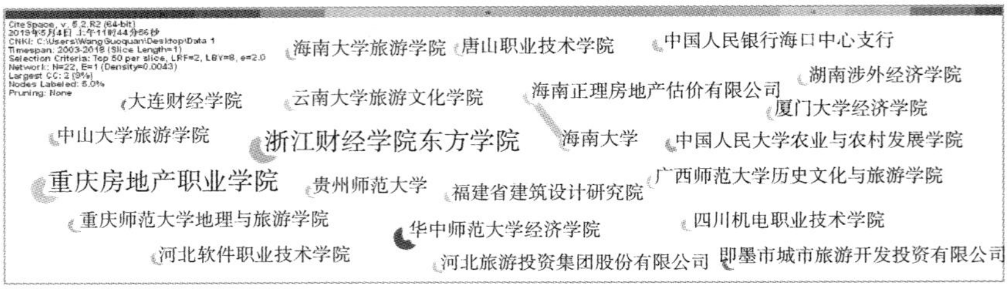

图2-4　国内合作机构共线知识图谱

图2-5共有节点12个，节点之间的连线有2处，网络密度为0.2222。西班牙阿利坎特大学、美国中佛罗里达大学是国外旅游房地产研究领域的主要机构。在12所核心研究机构群中，位于欧洲的高校研究机构有8所，主要分布在西班牙、芬兰、荷兰、葡萄牙等国家；其他4所院校机构分别位于北美洲的美国和墨西哥、大洋洲的澳大利亚以及非洲的南非。研究机构整体实力较强，世界排名较高。其中，阿利坎特大学发文量达到了最高（20篇），与当地旅游房地产的发展密切关联。西班牙阿利坎特省的白色海岸（Costa Blanca）拥有优越的度假资源和气候，被誉为世界十大海岸之一，海岸线全长200多公里，是英国和德国游客热门的旅游胜地，以度假房屋或第二居所售卖或租赁给旅游者的旅游房地产业发展迅速。其他11个节点机构所在地区或国家都是行业发展较为成熟的典型区域。

整体来看，国内外旅游房地产研究领域发文机构之间学术交流较少，国内尚没有出现跨区域的学术合作。未来，应当强化跨地区交流的意识，加强不同研究机构之间、学校之间的学术探讨与合作。

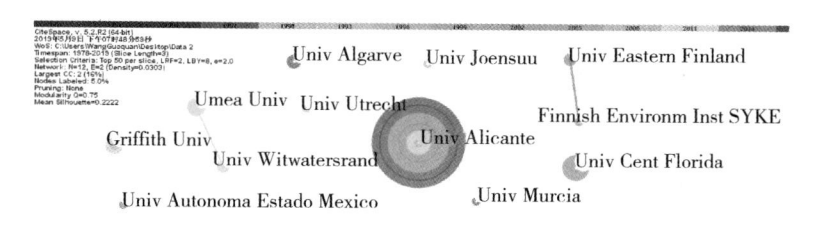

图 2-5　国际旅游房地产合作机构共线知识图谱

六　国内外旅游房地产研究热点分析

我们根据文献的关键词，做了关键词共线知识图谱（如图 2-6 所示），节点代表关键词，节点间的连线代表共现关系，字号大小代表关键词的出现频次的高低。综合图 2-6 以及表 2-6，剔除"旅游""房地产"等主题词，国内旅游房地产的研究热点主要集中以下四个方面（见表 2-7）。①旅游房地产产品，如分时度假、产权酒店、产权式酒店、主题公园。分时度假以及产权酒店一直在西方盛行，因为国内法律环境和国情的不同，一直未得到普及，仅仅在小范围内发展。②旅游房地产行业应用，如开发模式、开发、营销策略、对策、影响因素。开发模式和营销策略的研究是目前国内旅游房地产研究最主要的研究层面，这也反映了国内该领域学术研究具有较强的行业导向性。③旅游房地产宏观产业关联，如房地产业、旅游业、休闲度假。旅游房地产作为旅游业和房地产业的结合，其发展与旅游业和房地产业有密切关联。不少专家学者倾向于从旅游业以及房地产业等视角去研究旅游房地产的发展。同时，旅游房地产的发展与休闲度假产业亦具有相辅相成的紧密关联。④旅游房地产研究方法，如 SWOT 分析法、层次分析法。由于国内旅游房地产自身具有的独特性，该领域学术研究一直存在研究方法匮乏、定性研究方法多和定量研究方法少的问题。这反映了旅游房地产研究层次较低、研究者能力较差，表明该领域学术研究尚有很大的提升空间。

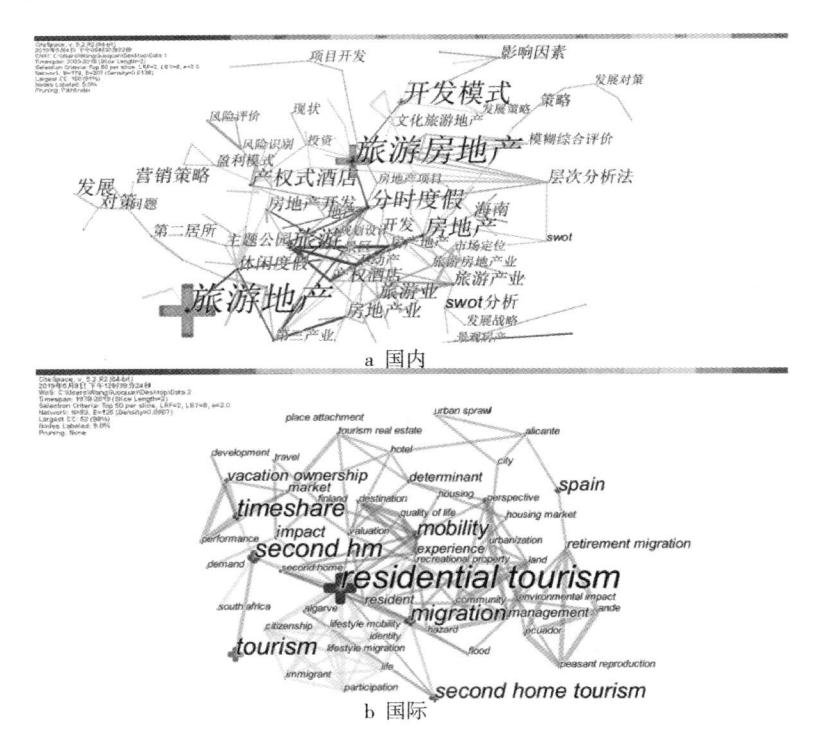

图 2-6　旅游房地产关键词共线知识图谱

国外旅游房地产发端于 20 世纪初法国地中海沿岸开发的大量海滨度假别墅。随后，欧洲、北美各国先后引入分时度假、时权酒店等概念，大量开发商、投资商纷纷进入这一领域，旅游房地产市场逐步形成并迅速扩大（邹益民、孔庆庆，2004）。国外旅游房地产的学术研究始于 20 世纪中后期，至今已有半个世纪的时间。从图 2-6 及表 2-8 可知，国外旅游房地产研究目前主要集中于住宅旅游（residential tourism）、第二居所旅游（second home tourism）以及分时度假（timeshare）。这三者均是嫁接于旅游房地产之上的旅游形式或度假现象。Marmaras 和 Wallace（2016）把旅游者在母国和一个或多个理想目的地之间共享他们年度住宿的现象称为"住宅旅游"，属于一种生活方式驱动型人口迁移（Marmaras & Wallace, 2016; Huete & Mantecon, 2012）。住宅旅游和第二居所是两个密切相关的现象，但"住宅旅游"的研究已经扩大，不仅整合了第二居所的所有权问题，而且包括度假房屋对旅游者的出租等问题（Ramón-Rodriguez 等，2018）。国外旅游房地产研究领域偏重于研究住宅旅游或第二居所旅游所涉及的时空转变，包括流动性（mobility）、移民（migration）、地方依恋（place attachment）、退休移民（retirement migration）等，由此进一步可上升到对跨区域异地生活（life）、旅游地居民（resident）及影响（impact）等方面的研究。

表 2-6　　　　国内旅游房地产研究关键词排名前 20 位

序号	关键词	词频	序号	关键词	词频
1	开发模式	66	11	产权酒店	14
2	旅游	49	12	房地产开发	14
3	房地产	40	13	SWOT 分析	13
4	分时度假	36	14	休闲度假	13
5	产权式酒店	24	15	旅游产业	13
6	旅游业	20	16	海南	13
7	发展	19	17	层次分析法	12
8	对策	16	18	主题公园	11
9	房地产业	16	19	开发	11
10	营销策略	16	20	影响因素	11

表 2-7　　　　　　国内旅游房地产研究关键词划分

序号	层面	内容
1	旅游房地产产品	分时度假、产权酒店、产权式酒店、主题公园
2	旅游房地产行业应用	开发模式、开发、营销策略、对策、影响因素
3	旅游房地产宏观产业关联	房地产业、旅游业、休闲度假
4	旅游房地产研究方法	SWOT 分析法、层次分析法

表 2-8　　　　　　国外旅游房地产研究关键词前 12 位

序号	关键词	词频	序号	关键词	词频
1	Residential tourism	34	7	Impact	4
2	Second home	15	8	Vacation ownership	4
3	Timeshare	13	9	Resident	4
4	Migration	10	10	Place attachment	4
5	Mobility	9	11	Life	4
6	Spain	5	12	Retirement migration	4

七　国内外旅游房地产研究演变趋势

我们通过使用 CiteSpace 软件里可视化功能 "Time Zone"，分别对国内外旅游房地产高频词进行时间线分析（见图 2-7 和图 2-8），并获取了国内外突现强度最高的突现词（见图 2-9 和图 2-10）。由表 2-3 可知，国外 1978—2005 年这段时间相关文献较少，因此我们选取 2006—2019 年时间段进行高频词和突现词分析。

从图 2-7 可以看出，国内旅游房地产研究大致可以划分为萌芽、初探、深化三个发展阶段。①萌芽阶段（2003—2005 年）。在这期间，国内旅游房地产的学术研究处于起步阶段。由于 2003 年前旅游房地产只在少数地区如海南、北京、上海、广东（广州）等地局部发展，并没有引起主流学术界的关注。结合图 2-5 和图 2-6

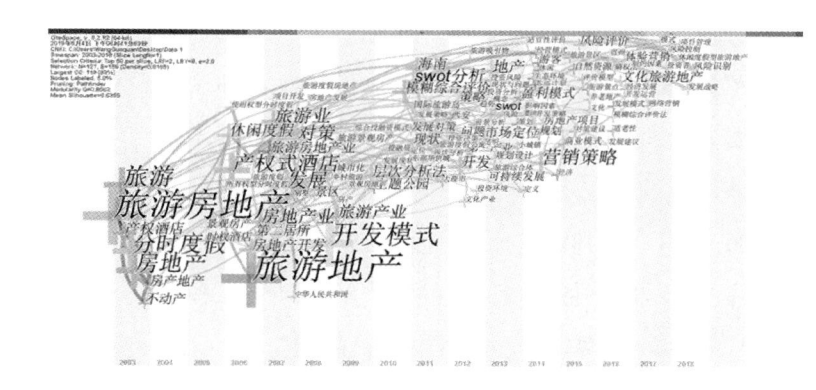

图 2-7　国内旅游房地产时间线知识图谱

可知，这一期间国内旅游房地产研究成果很少，研究主要集中在国内旅游房地产发展现状、开发模式和发展前景以及国外分时度假、产权酒店的发展状况，方法上侧重于介绍和宏观论述。②初探阶段（2006—2010 年）。这一时期是国内旅游房地产学术发展的初探阶段，有 4 个突现关键词出现，分别是：旅游、休闲度假、房地产开发、旅游房地产。这一时期，学术界对旅游房地产的研究逐步细化，如旅游房地产概念和分类、旅游房地产项目开发模式、休闲度假房地产开发等。值得一提的是，这一阶段旅游房地产学术研究紧跟行业发展热点区域，出现了较多针对海南、四川等地的旅游房地产研究。③深化阶段（2011—2019 年）。由图 2-9 可知，这一时期出现了四个突现强度较高的关键词：旅游业、盈利模式、旅游产业、文化旅游地产。旅游房地产研究开始进入全面发展的深化阶段，对旅游房地产研究有了较高的深度和广度，涉及旅游房地产营销、投资、运营、项目开发、规划设计等层面，研究视角和研究方法趋于多样化。旅游房地产研究开始上升到产业高度，着重探讨旅游房地产业与旅游业的产业关联性。随着我国开始步入人口老龄化阶段以及文旅融合时代，养老旅游地产和文化旅游地产开始成为学界研究的热点，旅游地产的适老性、文化性等受到学界关注。

由图 2-8 可知，2013 年是国外旅游房地产研究的分水岭，由此将其划分为两个阶段。①初步发展阶段（2006—2013 年）。国际上对于该领域的研究多集中在住宅旅游和分时度假。由图 2-10 可知，2006—2011 年"住宅旅游"开始成为旅游房地产研究领域的热点，主要涉及住宅旅游的真实性（Mantecon 和 Huete，2008；Alejandro 和 Huete，2008）、住宅旅游目的地分析（Ribes 等，2011；Johnson，2010）和发展困境（Noorloos 和 Femke，2011；Noguera 等，2007）等层面。分时度假是旅游房地产研究的主要分支，学界聚焦于分时度假的行业整体发展（Pandy 和 Rogerson，2013；Hahm 等，2007）、消费者价值（Sparks、Butcher 和 Pan，2007；Sparks、Butcher 和 Bradley，2008）和感知（Huang 等，2010；Randall、Dipietro 和 Mcleod，2010）等层面。②全面发展阶段（2014—2019 年）。这一阶段旅游房地产研究的主要特征是微观和宏观相结合，如 2016 年后，开始出现从消费者（Garau、Juan 和 María，2017；Oliveira、Brochado 和 Correia，2017）等微观视角对住宅旅游进行分析，旅游房地产研究趋于全面和深化。

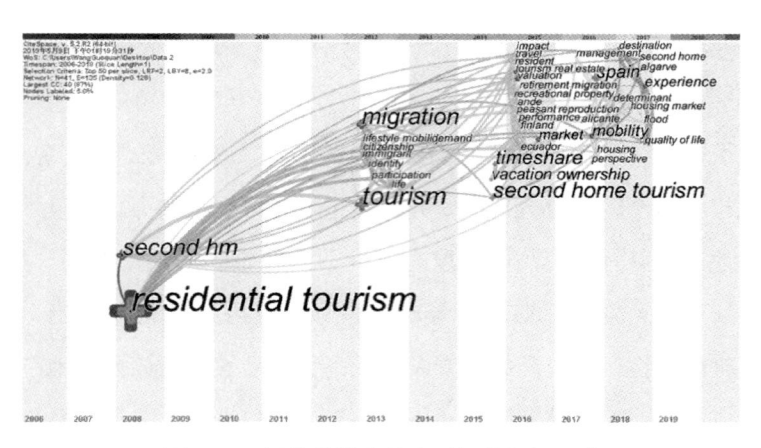

图 2-8　国外旅游房地产时间线知识图谱

Keywords	Year	Strength	Begin	End	2003—2018
产权酒店	2003	4.2973	2003	2007	
房产地产	2003	3.2151	2003	2007	
不动产	2003	3.2151	2003	2007	
房地产	2003	3.6717	2003	2008	
分时度假	2003	9.4913	2003	2009	
旅游	2003	4.8883	2006	2008	
休闲度假	2003	3.2512	2006	2008	
房地产开发	2003	3.1745	2006	2007	
旅游房地产	2003	7.6782	2008	2010	
旅游业	2003	3.4627	2012	2014	
盈利模式	2003	2.8987	2014	2015	
旅游产业	2003	3.2389	2014	2015	
文化旅游地产	2003	3.0128	2016	2018	

图 2-9　2003—2018 年国内研究突现词前 13 位

Keywords	Year	Strength	Begin	End	2006—2019
residential tourism	2006	2.841	2006	2011	

图 2-10　2006—2019 年国外旅游房地产研究领域突现词第 1 位

从前述分析我们可以看到，由于国内外土地政策和发展环境不同，旅游房地产业在国内外的发展形态有着本质差别。国外旅游房地产研究在内容的广度和深度上都要领先于国内。国内旅游房地产的蓬勃发展，也为旅游房地产提供了进一步研究的命题和方向。此外，较之于国外的土地私有土地政策，国内旅游房地产行业发展还面临着复杂的政策环境和经济环境。近年来，国内旅游房地产研究已经越来越多元化，涉及旅游房地产项目的开发模式、营销策略、投资风险、规划开发、旅游地产消费者等方面。研究方法上，国内旅游房地产研究尚需更多定量研究方法，从而不断提高整体研究水平和深度。

通过以上对相关文献的研究分析，我们对国内外旅游地产研究的现状有了系统了解。我们发现,虽然近年来旅游地产的相关研究增加较多,但仍然存在着一些不足,尤其是缺乏一个整体理论框架的指导。因此,本章第三节将着重讨论现阶段我国旅游地产理论框架的构建,并提出旅游地产的若干未来研究方向,为中国旅游地产理论研究的纵深发展提供一些参考。

第三节　理论框架

我国旅游地产的产生与发展是与我国度假旅游市场的发展联系在一起的。近年来,随着经济的快速发展和带薪休假的实行,度假旅游在全国范围内迅猛发展,并形成产业化的规模。2018 年国内旅游人数达到 55.39 亿人次,同比增长 10.8%;入出境旅游总人数 2.91 亿人次,同比增长 7.8%;全年实现旅游总收入 5.97 万亿元,同比增长 10.5%。初步测算,全年全国旅游业对 GDP 的综合贡献为 9.94 万亿元,占 GDP 总量的 11.04%。旅游直接就业 2826 万人,旅游直接和间接就业 7991 万人,占全国就业总人口的 10.29%(中国政府网,2019)。中国开始进入"大众旅游"时代,旅游消费从传统的观光型向休闲度假型转变,旅游正成为中国人的"幸福必需品"。很多旅游者在进行度假活动中不再满足于过去普通的饭店标间,而是对住宿的舒适度、私密度、亲景度和相关服务配套等有了更高的要求。有的家庭为了方便每年定期的异地度假,会选择在某一旅游城市购买房产,作为"第二居所"。而一些本地的城市居民,出于改善居住环境的需要,也会选择购买景色优美、环境舒适、配套服务好的旅游房地产作为自住用房(李龙,2011)。另外,不少投资商看好旅游房地产的保值增值潜力,也把旅游地产作为不动产长期投资。

2010年以来，为了稳定房价，遏制房价上涨过快，国务院出台了一系列政策措施，对住宅市场进行调控。各地限购政策纷纷出台，房地产市场开始出现调整，市场竞争加剧，开发风险加大，国内房地产商进入一个战略重新定位阶段，很多地产公司开始转型，进入新兴领域，寻求新的发展空间。旅游行业社会美誉度较高，收益稳定，又是国家战略性支柱产业，旅游地产是房地产开发和旅游项目开发运营的结合，兼具服务性、经济性和投资性特点，成为很多传统房地产企业转型发展的方向。党的十八大明确提出了新型城镇化的建设任务，旅游地产具有带动区域经济社会综合发展的作用，可以构建出旅游综合体、旅游小城镇、旅游城市等新型城镇化架构，成为以第三产业为主导引导城镇化及区域发展的一个重要方式。通过旅游引擎作用引导区域经济发展转型升级，是当前新常态下经济发展的一种新的增长点和新的热点，也是政府推动产城结合的一种非常好的做法（林峰，2015）。因此，近年来，各地不断掀起旅游地产开发热潮，房地产企业纷纷涉足旅游地产。在国内旅游消费日益增长的推动和政策东风的激励下，各地旅游特色小镇开发项目如雨后春笋般出现，旅游地产成为如今房地产市场投资的一个热点。

由以上背景分析我们了解到，当前我国的旅游地产投资热潮是我国经济社会特殊发展阶段的产物。据此，我们提出基于中国市场环境的旅游地产理论发展框架（如图2-11所示）。该框架以旅游地产的环境为逻辑起点，以产业融合理论和居住郊区化（异地化）理论为分析前提，澄清旅游地产概念，分析旅游地产区域特征，以旅游地产投资、开发、运营管理为主线，通过考察旅游地产经济后果，针对市场失灵探讨政府规制政策，最终实现旅游地产的可持续发展。

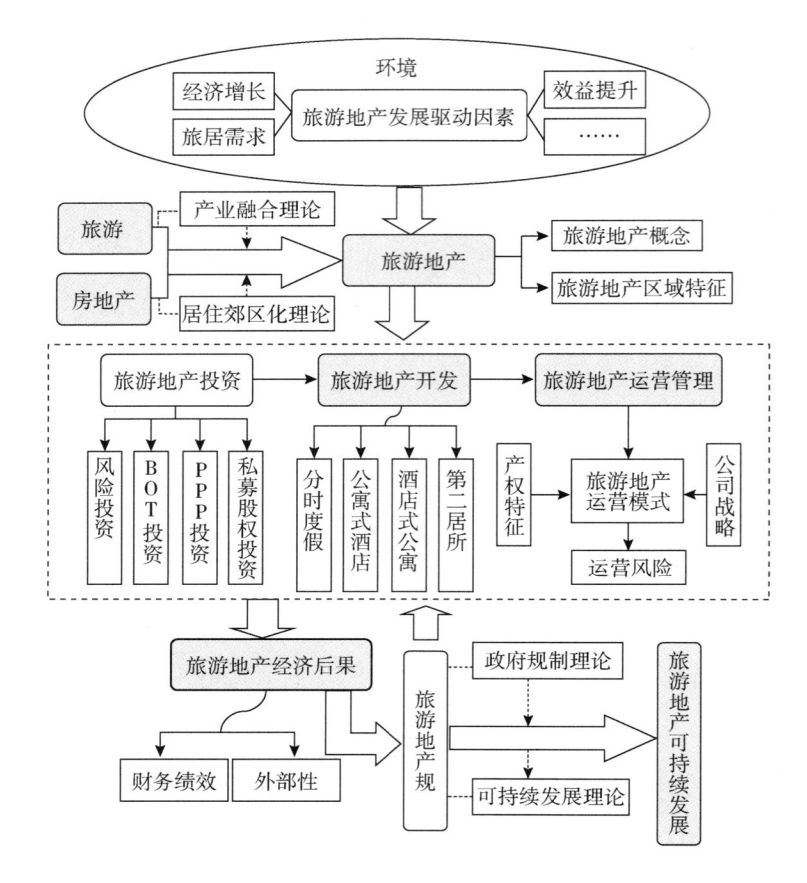

图 2-11　旅游地产理论研究框架

旅游地产环境决定了旅游地产形成的动因、利益主体的导向及旅游地产的经济后果。因此，要想对旅游地产进行深入的研究，必须结合其产生和存在的外部环境来进行分析。我们这里所指的旅游地产的环境是一个广义的概念，包括宏观、中观和微观三个层面。其中，宏观环境主要是指影响旅游地产形成和发展的相关经济环境、法律环境、监管环境等；中观环境主要指产业环境、市场竞争态势等因素；微观环境则局限于公司层面的因素，如公司战略规划、企业文化、管理体制等（王化成等，2011）。无论哪个层面的环境变化，均可能导致公司的旅游地产的投资、开发及运营管理政策等发生改变。因此，环境的分析至关重要，是旅游地产研究的一个逻辑起点。在众多环境因素中，有些是旅游地产发展的天然源生驱动因素，如市场需求、政策法规、交通改善等，这些因素对旅游地产开发起着关键作用，也是旅游地产投资进行区位选择时应重点考虑的因素。

旅游地产开发周期长，对资金链要求很高。做好旅游地产项目，不仅需要情怀和创意，更需要资本做支撑。资金的充足与否直接影响着旅游地产的整体开发进展和抗风险能力，因此旅游地产的投融资对旅游地产的成功与否起着至关重要的作用。目前我国市场上常用的投资模式主要有风险投资、BOT 投资、PPP 投资模式和私募投资模式。另外，有实力的企业也可以通过资产证券化（如华侨城）和发行债券（如万达）等方式融资。近年来，旅游地产投资持续升温，局部地区甚至出现投资过热的迹象。如何对旅游地产投资过热进行量化识别，旅游地产投资过热的形成机理又是怎样的，这些都是当前值得学者们研究和关注的问题。

企业的资金到位后，开发何种产品是企业紧接着面临的问题，即开发模式。旅游地产的开发模式种类繁多（如产权酒店、时权酒店、旅游住宅地产），所有权也呈现多元化（合同制分时度假、过户式分时度假、权益不可分割式）。采取何种开发模式，既要考虑当地自然资源状况，又要考虑市场需求和区域位置等因素。在产权问题上，还要考虑当前的法律政策。尤其是分时度假和产权式酒店，涉及的利益主体多，法律关系复杂，其相关法律问题一直是学者们探讨的热点。在我国，由于旅游地产正处于快速发展时期，开发过程中面临的问题纷繁复杂，而且随着竞争越来越激烈，项目同质化问题严重，分析不同环境下旅游地产的开发模式有助于发现其变化规律，为旅游地产科学规划提供理论基础。

与传统住宅地产不同，旅游地产销售结束后，项目并没有结束。不管是自持物业还是销售物业，旅游地产都面临着后续的物业运营和旅游资源维护，旅游地产作为第三产业，其精髓是提供旅游服务。项目交付后，服务才刚刚开始，如何让客户有良好的入住体验，营造出良好的旅游度假氛围是旅游地产运营面临的首要问题。这既涉及提供的服务类型，也涉及周边设施的配套，需要开发商持续的财力投入，对开发商的软件和硬件方面的要求都比较高。由于我国旅游地产起步较晚，最近几年才开始大规模投资开发，交付使用的项目不多，成功运作的经验更是匮乏。因此，当前亟须对旅游地产运营模式做更为深入细致的研究，包括各种运营模式适用的环境、特点、业态组合、影响因素和盈利构成等。

旅游地产的开发和运营必将带来一定的经济效益和社会效益。旅游地产的发展不仅会对开发商的财务绩效造成影响，也会产生外部经济或者外部不经济。资本都是逐利的，在开发商看来，旅游地产是蕴藏了巨大利润的新市场蓝海。但项目实际运行中，经常面临高空置率和后期维护成本过高问题，真正实现盈利的项目不多，相关盈利模式和绩效的研究是学者们关注的一个重要方面。旅游产业是一个外部性显著的部门，旅游地产在开发过程中会对宏观环境造成一定的影响。近年来，随着我国旅游地产的持续升温，发展过程中出现的负外部性越来越不容乐观。为了保护自然资源和人文旅游资源，改善生态环境，促进旅游地产可持续发展，需要政府进行规制和政策引导。政府规制的目标是通过市场结构优化和市场行为规范来改进市场绩效，维护景观资源、生态资源的公共属性，保护环境资源、维护公共利益。我国具有特殊的制度背景，如何根据我国现阶段的经济社会特征和各地区不同情况，制定合适的产业政策、产品标准，规范市场交易秩序和推动立法，需要学者们进行深入细致的研究。

第四节　研究方向

根据上述理论框架，我们认为未来应从以下几个方面深化我国旅游地产相关研究。

1. 结合中国制度背景加强旅游地产理论研究，构建符合行业特点的分析模型

近年来，随着我国经济的持续稳定增长和人民生活水平的提高，旅游休闲走进人们的生活并迅速发展。另外，为了促进住宅房地产市场健康发展，抑制房价过快上涨，2010年以来，中央和地方政府不断出台调控政策，挤压掉了大量的投资、投机性需求。很多地产企业开始寻找新的投资机会，旅游消费市场愈加受到资本的关注，各大企业纷纷涉足旅游地产。我国的旅游地产正是在这一大的背景（市场力量和政府多部门力量并存）之下产生并迅速发展起来的，相关的理论研究和分析模型构建都应体现和考虑我国当前的社会经济和政治特点，以为我国旅游地产健康发展提供改进的政策建议。

我们认为，未来应深入考察外部制度环境对我国旅游地产发展的影响，包括法律保护程度、政府干预等是否影响旅游地产的发展，影响的机理如何；深入考察政府宏观调控前后旅游地产市场的特点，分析房地产调控政策对我国旅游地产市场运作的影响；构建中国特殊制度背景下，旅游地产驱动因素模型，以分析我国现阶段旅游地产发展的驱动机制。

2. 立足当前我国旅游地产投资现状，加强对旅游地产局部投资过热的分析与讨论

随着消费升级和休闲旅游观念的日益深入，旅居时代悄然到

来。旅游地产开发持续升温，为人们的旅居生活创造便利条件。尤其是2010年以来，在旅游产业持续高速增长与房地产业结构调整的共同作用下，中国旅游地产在全国范围内得以快速发展，旅游地产投资和开发如火如荼，呈现"炙手可热"的态势。不过长期大规模"跑马圈地"，使得旅游地产呈现畸形发展态势，很多涉足旅游地产项目"以旅游之名，行圈地之实"，而且有些地方出现了投资局部性过热的问题，如海南的三亚，云南的大理、丽江等地。投资是否过度，是相对于总体经济发展需要而言的，旅游地产投资不但受本地经济规模影响，还跟周边地区的经济发展程度和自身旅游资源有关。

我们建议：①未来应加强旅游地产投资的规模特征和结构特征研究，考虑区域经济、旅游资源、交通配套等因素，进行比较分析，以判断是否存在投资过热还是投资不足；②剖析局部地区投资过热的形成机制。旅游地产投资是在市场需求和政府力量共同推动下迅速发展起来的，旅游业的快速发展、国家对住宅房地产市场的调控、环境质量的下降、人们对住房要求的提高等都是导致部分地区的旅游地产项目出现井喷式增长的主要因素。不同地区各因素发挥的作用大小不同。对旅游地产投资过热形成机制的研究，有助于理解现阶段新兴市场国家中旅游地产的发展规律。

3. 深入分析我国旅游地产的运营模式，关注企业战略对旅游地产运作的影响

我国旅游地产尚未形成成熟的发展模式，很多项目重销售而轻运营。不过随着时间的推移，旅游与地产功能渐趋融合，许多开发商"地产是核心，旅游是幌子"的开发理念已在渐渐转变，转向"地产与旅游兼顾，销售与运营并重"。现阶段我国旅游地产还处于摸索成长的时期，投资周期长、管理运营过程复杂、维护费用高是

开发商面临的巨大难题。与商业地产类似，旅游地产销售完成后，需要有后期运行和管理的团队，对整个项目的物业进行统一经营和管理。完善的后期运营管理是项目最终走向成功的重要途径，旅游地产的运营涉及很多方面，自持物业的租赁管理、出售物业的基础设施管理、休闲业态的配套管理、旅游商业模式的整合管理等，都是后期运营管理的重要内容。如何根据项目自身特点和企业发展战略，选择合适的运营模式进行专业化管理是盘活旅游地产、保证项目持续盈利的关键环节。

我们建议，未来应加强以下两方面的研究：①关注旅游地产的后期运营模式，剖析旅游地产项目的核心竞争力和盈利点；②考察企业战略对旅游地产运营模式的影响，研究公司战略和竞争战略与企业运营模式之间的作用机制。

4. 结合新型城镇化建设，深入研究旅游地产的经济后果

新型城镇化是我国全面建成小康社会的重要载体，也是最大的内需潜力所在。旅游地产在新型城镇化开发中可以扮演重要的角色，有利于土地熟化与区域价值提升，在旅游引导的新型城镇化建设中起到核心推动作用。如云南的丽江、腾冲等，依靠旅游产业和旅游地产的发展和支撑，完善了当地的环境和基础设施推进了当地的城镇化建设。随着旅游消费升级，越来越多的城市人口向旅游度假区及田园乡村流动聚集，形成了巨大的旅游度假人口聚集，为乡村地区的就地城镇化创造了极大的机会。特别是在大城市病越来越严重、雾霾与城市生态环境恶化的背景下，度假养生养老在我国将成为一种发展趋势。在这个进程中，旅游引导的新型城镇化影响重大，也为旅游地产的发展带来了机会。旅游地产开发可以带动公共设施和休闲项目建设，促进建筑、交通、餐饮、通信等行业发展，为当地居民提供就业岗位，提升地区的生活居住条件，促进城市经

济向旅游休闲化发展，从而对城市化进程起到推动和促进作用。

我们建议，未来应加强以下三方面的研究：①分析旅游地产发展对旅游经济的促进作用；②考察旅游地产与新型城镇化建设的融合促进机制，重点分析旅游地产在特色小镇培育中发挥的作用；③分析旅游地产的生态环境风险。

5. 结合旅游地产经济后果，重视研究旅游地产的规制机制

发展旅游地产一方面会产生可观的经济效益和社会效益，有助于扩大内需，促进旅游经济发展和小城镇建设，增加就业，满足人们居住多元化的需求；另一方面又可能造成资源侵占、生态环境破坏和过度开发等不和谐现象。另外，由于旅游地产投资规模大、回收周期长的产业特点，在旅游地产项目上投资失败的案例越来越多。同时，在"旅游＋地产"的开发模式下，目前支撑旅游地产发展的仍是地产，而非旅游产业，而这样的发展模式是不可持续的。因此，针对市场失灵和局部投资过热，政府需要进行理性引导，细分市场，出台差异化政策，因地制宜，因城施策，并提升政策执行力。

我们建议，未来应加强以下三方面的研究：①计算旅游地产投资的区域均衡规模，编制旅游地产项目发展规划；②考察旅游地产项目开发的资源保护与评价机制；③构建政府规制体系，主要包括土地、金融、税收、法律、交易等方面的内容。

第三章　我国旅游地产投资现状分析

围绕我们在研究初始提出的主要研究问题，结合第二章对现有研究文献存在的差距和借鉴意义的分析，在本章我们首先分析了我国旅游地产发展历程，然后讨论了我国旅游地产投资的热点区域。

第一节　我国旅游地产发展历程

依前文所述，本书采用狭义的旅游地产定义。我们认为，旅游地产是指依托旅游项目拿地（土地价格一般低于市场价格），需要配套公建，拥有产权可以买卖的住宅地产。改革开放之前，政府机关、工会、企业等很多在北戴河、黄山、庐山、台湖等风景名胜区兴建了高档招待所和疗养院，用来接待行业领导开会和职工疗养。这种机构招待所和疗养院不是按照市场经济规则操作的，不属于旅游地产产业范围。20世纪80年代，我国国内旅游处于起步阶段，国民旅游主要是观光旅游，度假消费市场尚未形成，旅游度假设施仍然以疗养院为主。我们把20世纪90年代至今的旅游地产发展划分为以下两个阶段。

一 快速发展阶段（1992—2009 年）

20 世纪 90 年代，我国旅游业进入全面发展阶段，产业基础逐步夯实。1992 年，中央明确提出旅游业是第三产业中的重点产业，旅游业开始成为国民经济新的增长点。1992 年《国务院关于试办国家旅游度假区有关问题的通知》发布，其中指出：为进一步扩大对外开放，开发利用我国丰富的旅游资源，促进我国旅游业由观光型向观光度假型转变，加快旅游事业发展，国务院决定在条件成熟的地方试办国家旅游度假区，鼓励外国和中国台湾、香港、澳门地区的企业、个人投资开发旅游设施和经营旅游项目。1992 年 10 月，国务院批准建立 12 个国家旅游度假区：大连金石滩、青岛石老人、苏州太湖、无锡太湖、上海横沙岛、杭州之江、福建武夷山、福建湄洲岛、广州南湖、北海银滩、昆明滇池、三亚亚龙湾。国家旅游度假区的创建，有力地促进了休闲度假居住地产产品的开发，对游客度假消费起到积极引领作用。

1999 年国务院修订《全国年节及纪念日放假办法》，形成春节、五一、十一长假，居民用于休闲度假的时间增多。2000 年，为促进"黄金周"假日旅游健康发展，国务院办公厅转发国家旅游局等九部门《关于进一步发展假日旅游的若干意见》，越来越多的游客开始爱上休闲度假游。国内旅游抽样调查资料表明，2009 年城镇居民以"休闲"为目的的旅游占 88.9%，农村居民以"休闲"为目的的过夜旅游占 78.75%。中国社会科学院课题组估算，2009 年我国居民休闲消费最核心部分约为 1.7 万亿元，相当于社会消费品零售总额的 13.56%，相当于 GDP 的 5.07%（刘德谦等，2010）。

华侨城是国内从事旅游地产开发的先驱者。20 世纪 80 年代末期，香港中旅国际投资有限公司和深圳华侨城股份有限公司合资兴办了国内第一家现代意义上的主题公园——锦绣中华，后来又兴建了中国民俗文化村和世界之窗。深圳华侨城从港中旅分离出来后，在华侨城片区投巨资兴建欢乐谷，由此形成了国内规模最大的主题公园群。拥有480万平方米总面积的华侨城片区发展成一个集公共休闲、商业、餐饮、娱乐、居住于一体的都市型公共社区。华侨城以"旅游＋地产"为核心的片区开发运营模式，取得了巨大成功，成为华侨城商业模式的标志。之后，华侨城又在北京、上海、成都、泰州、昆明、天津、武汉等地开发了多个大型旅游项目。这种以旅游带动、形成大型居住社区的发展思路和经验被业界认定为国内旅游地产产业发展的先行试验区和典范（宋丁，2011）。

在华侨城的示范效应下，越来越多的旅游企业和开发商开始运作集主题公园、住宅、酒店、商业街等多种业态为一体的旅游地产。宋城集团是国内民营企业启动旅游地产的领头羊，1999年提出了"景观地产"理念，并先后在杭州以及周边地区推进大型旅游主题地产项目和旅游小镇的建设，打造了杭州首个大型城市休闲综合体（杭州世界休闲博览园），是旅居结合的成功案例。各地产公司也纷纷涉足旅游业，海航、华润、保利、万达、雅居乐等先后介入旅游地产领域。随着人们休闲度假需求不断增加，人们的居住需求逐渐从"城居"走向"郊居""旅居"的多元化格局，我国旅游地产进入快速发展时期。

二 全面发展阶段（2010年至今）

2009年12月1日，国务院印发《国务院关于加快发展旅游业的意见》，首次明确指出旅游是战略性产业。2010年1月4日，国务院发布《国务院关于推进海南国际旅游岛建设发展的若干意见》，海南国际旅游岛建设正式上升为国家战略。旅游地产作为国际旅游岛建设的重要组成部分，迎来了前所未有的发展契机。2010 年，海南成为各大开发商奋战的主战场，旅游地产发展新元年开启。

海南国际旅游岛概念以及从海口到三亚 595 公里的黄金海岸线，促使逾百家房地产开发企业进驻海南，市场急剧升温。投资体量数十亿元、上百亿元的旅游地产项目星罗棋布。2017 年全国目的地型度假综合体项目过半数的新增项目集中在海南区域，占全年新增目的地型度假综合体的 67%（中国经济网，2018 年 6 月 9 日）。海南房地产投资占固定资产投资比例在 2009—2015 年呈上涨趋势，不过近年来随着海南产业结构多元化发展，房地产投资占固定资产投资比例增速放缓。

西南地区自然及人文旅游资源丰富多样，远离城市喧嚣，被誉为"最美静心之地"，吸引着全国甚至全球游客来此深度游，各一线开发商也争相在西南区域布局。昆明、丽江、西双版纳、贵阳等城市的旅游地产开发如火如荼，市场前景向好。作为旅游地产业界的后起之秀，西双版纳的表现尤其抢眼，2016 年旅游地产销售面积达到 54 万平方米（《中国房地产报》，2017 年 7 月 26 日）。众多房企纷纷入驻，不少项目投资规模超百亿元，如雅居乐、万达、平安不动产、中弘股份、首创、云南城投等。其中，融创万达西双版纳国际度假区项目热度最高，整个度假区占地 8000 余亩，配套设施丰富，拥有主题公园、傣秀剧场、民族风情酒吧街、山地景观式酒店、万达广场、三甲医院、一站式学校七大业态。产品包括公寓、洋房、别墅，依山而建，受到投资者的普遍关注。项目已于 2015 年 9 月全面开业，总投资 160 亿元，堪称西南地区投资最大的文化旅旅游项目。

长三角经济发达，需求旺盛，旅游地产项目数量较多。长三角区域城市化水平较高，交通便捷，区域内项目主要满足大城市群落的"5+2"的休闲度假需求，长三角区域各类各具特色的旅游小镇近年来也发展迅速。2015年浙江省全面启动了特色小镇建设工作，随后上海、江苏的特色小镇试验也悄然拉开序幕。2016年2月，国务院发布了《国务院关于深入推进新型城镇化建设的若干意见》，提出加快特色小镇发展，发展具有特色优势的休闲旅游、商贸物流、信息产业、先进制造、民俗文化传承、科技教育等魅力小镇。2016年10月，住房和城乡建设部公布了首批127个特色小镇，其中浙江的特色小镇最多，有8个；其次是山东、江苏、四川，各有7个。首批127家全国特色小镇中，近一半以休闲旅游为主。在全国特色小镇的实际推动中，无论是哪一个产业为主导的特色小镇，基本上是把旅游产业作为重要的领域和方面。浙江更是要求把所有的特色小镇都打造成为3A级以上景区。特色小镇的发展为旅游地产带来了新的发展机遇，巨大的行业张力吸引着越来越多的开发商加入。2017年，旅游地产"巨头"华侨城发布新战略，将通过PPP模式，与政府、城镇和社会资本广泛合作，打造100个具有中国传统民俗文化的特色小镇。

环渤海区域旅游资源丰富，拥有滨海、滨湖、森林等度假旅游资源，很好地满足了北方客群就近度假旅游的需求，主打"空气""环境"的城市受到人们的热捧。与长三角区域类似，环渤海区域置业者需求比较多元，不仅考虑度假资源是否稀缺，还会考虑项目周边的基础配套是否完善。近年来，环渤海地区在涵盖养生、医疗、购物、休闲、娱乐、教育等复合型业态的产品方面不断完善升级。此外，随着市场竞争的进一步加剧，项目的服务配套逐渐成为制胜的关键因素。随着京津冀协同发展上升为国家战略，旅游"一体化"成为协同发展"新引擎"，旅游地产迎来了新的发展机会。河北东戴河旅游正式进入"高铁时代"，与北京的"距离"缩减到两小时。佳兆业、合生、盛邦基业等一大批开发商进入东戴河进行房地产开发。武清区旅游地产发展势头迅猛，众多品牌房地产企业先后推出一批高端项目，如佛罗伦萨小镇、威尼都、凯旋王国主题公园等，尽享京津冀一体化红利。

近年来，我国旅游业、房地产业发展持续升温，为旅游房地产提供了巨大的发展空间。随着经济发展和收入增加，居民消费不断转型升级。国家统计局数据显示，2018年上半年一些消费升级类的商品增速加快。限额以上单位通信器材、化妆品类商品分别增长10.6%和14.2%，高于社会消费品零售总额的整体增速。服务消费升级势头也很明显，全国居民人均体育健身活动、旅馆住宿支出分别增长了39.3%和37.8%，运动型多用途汽车销售同比增长9.7%，增速比基本型的乘用车（轿车）高4.2个百分点。消费升级为人们创造了更多美好生活的可能性，居民日益增长的消费能力和国家支持消费的政策为旅游地产的发展打下了良好的基础。

旅游行业虽然波动小、现金流稳定，但旅游企业的经济效益并不理想。国家旅游局统计的全国2万多家旅游企业的财务分析显示，我国旅游企业净资产收益率最高的2011年仅为5.32%，2015年和2016年全国旅游企业的净资产收益率仅为3.52%和4.37%，甚至低于银行存款利率。由于旅游产业一般与良好的风景结合在一起，能极大地改善某地区的环境，同时使土地升值等收益，因此近年来旅游地产项目大量涌现，旅游企业纷纷涉足（戴学峰，2018）。据统计，在中国旅游协会的150家企业会员中，有52家涉及地产业务（见表 3-1），占比超过 1/3。

表 3-1　　　　涉足旅游地产的旅游协会会员企业

序号	企业名称	多元化领域	序号	企业名称	多元化领域
1	北京首都旅游集团有限责任公司	旅游地产开发；商品房销售	12	南光（集团）有限公司	地产经营与开发
2	中国旅游集团	旅游地产、旅游金融	13	招商局集团招商地产	房地产开发经营
3	新华联文化旅游发展股份有限公司	房地产开发、建筑材料	14	北京中坤投资集团有限公司	地产
4	北京工美集团有限责任公司	房地产开发、出版教育	15	途家网网络技术（北京）有限公司	度假公寓
5	万达集团	旅游地产	16	天津市旅游（控股）集团有限公司	养老地产
6	锦江国际（集团）有限公司	地产、金融	17	大连海昌集团有限公司	旅游文化、房地产投资、葡萄酒文化
7	杭州开元房地产集团有限公司	房地产开发、旅游	18	北京首汽集团股份有限公司	酒店管理；房地产项目开发，商品房销售
8	华侨城集团有限公司	旅游地产	19	龙城旅游控股集团有限公司	房地产
9	广东长隆集团有限公司	餐饮、娱乐休闲、地产项目	20	浙江省旅游集团有限责任公司	旅游地产
10	云南世博旅游控股集团有限公司	旅游地产	21	安徽省旅游集团有限责任公司	房地产开发、城建规划设计
11	海航旅游开发有限责任公司	旅游地产	22	浙江浙旅置业有限公司	城市地产、旅游地产的开发和建设

续表

序号	企业名称	多元化领域	序号	企业名称	多元化领域
23	黄山旅游集团	房地产	36	宁夏旅游投资集团有限公司	文旅地产、金融服务
24	祥源控股集团有限责任公司	地产	37	北京世纪唐人旅游发展有限公司	提供各类旅游地产投资开发的专业智力支持
25	福建省旅游发展集团有限公司	房地产开发	38	北京励智灵翔广告有限责任公司	服务于"主题地产事业（文旅游地产、养老地产）
26	江西南昌旅游集团有限公司	房地产	39	河北旅游投资集团股份有限责任公司	旅游地产、商业地产
27	长江三峡旅游发展有限责任公司	房地产开发	40	泰禾集团股份有限公司	商业地产、医疗健康、教育
28	华天实业控股集团有限公司	房地产、建筑装饰材料	41	域上和美集团有限公司	房地产开发、文化交流
29	广东省旅游控股集团有限公司	房地产开发、经营和管理	42	北京众美房地产开发有限公司	房地产开发、传媒文化、养老服务
30	港中旅（珠海）海泉湾有限公司	出租车、房地产开发项目	43	光合文旅控股股份有限公司	房地产开发
31	广西旅游发展集团有限公司	房地产开发经营	44	北京博雅方略集团	旅游地产开发与管理咨询
32	希望文化旅游开发有限公司	文化旅游地产开发	45	北京绿维创景规划设计院	服务于"泛旅游、大文化、旅游房地产、新城新镇新园区"四大领域
33	丽江玉龙旅游股份有限公司	房地产	46	旅界传媒科技（北京）有限公司	关注旅游地产领域
34	陕西旅游集团有限公司	文化旅游地产的开发及经营	47	上海恒润文化集团有限公司	城市文旅商业综合体开发
35	西安曲江新区管理委员会	城市旅游房地产	48	南京丰盛大族科技股份有限公司	文化、旅游及养老地产的开发及营运

续表

序号	企业名称	多元化领域	序号	企业名称	多元化领域
49	西安曲江智造文化旅游产业股份有限公司	城市文化旅游产业规划	51	吉林省旅游集团有限责任公司	房地产开发
50	乌鲁木齐交通旅游投资（集团）有限公司	交通、旅游及文化类PPP项目投融资、建设及运营管理	52	北京国际度假区有限公司	酒店、购物中心及体育、娱乐和休闲设施的建设、经营

2010年以来，普通住宅地产持续受到调控。2011年，"新国八条"调控政策落地；2014年，行业寒冬来袭；2017年，楼市经历250余次密集调控。2018年上半年全国超过80个县级以上城市发布了各类型的调控政策。2018年7月，住房和城乡建设部发布了30个城市巡查整顿房地产通知，全国多城市密集开启了新一轮房地产整顿。为了规避风险，寻求新的利润增长点，近年来，房地产企业纷纷加大商业地产拓展力度，实施多元化布局。不少房企涉足旅游地产、养老地产等"泛地产"项目，开启"地产+"模式。当前行业主流的多元化领域有长租公寓、养老地产、特色小镇、文旅项目、物业服务和教育等，不少企业斥巨资进入旅游地产领域（见表3-2、表3-3）。

随着"旅游+"业态不断丰富，旅游与演艺、养老、地产等的结合日趋紧密，嗅觉灵敏的社会资本也开始意识到这块"蛋糕"的独特吸引力，越来越多的公司跨界进入旅游地产领域，通过并购等方式参与旅游地产项目。根据企业年报数据，TOP100上市房企中80%以上的房企在不同程度上涉足旅游行业（见表3-3），旅游地产进入全面发展阶段。

表 3-2　　跨界涉足旅游地产的非房地产企业

企业名称	多元化领域	企业名称	多元化领域
吉视传媒	酒店、文化产业园	海银金控	文化旅游
华谊	小镇、主题乐园	平安集团	医疗健康、度假
安泰集团	文化旅游	阿里巴巴	特色小镇
长城影视	主题乐园、景区	泸州老窖	工业旅游
云南白药	健康产业园	泰康	养老
中国数码文化	文化地产		

表 3-3　　涉足旅游地产的上市房企

序号	企业名称	多元化领域	序号	企业名称	多元化领域
1	中国恒大	文化旅游、健康养生、高科技产业	11	华润置地	康养地产、长租公寓、产业小镇、文化教育
2	万科	商业、物流、特色小镇、养老、教育	12	招商蛇口	社区开发与运营、邮轮产业建设与运营
3	碧桂园	商业（酒店）	13	新城控股	商业综合体、主题乐园
4	中国海外发展	商业、教育、户外营地、养老、物流	14	世茂房地产	酒店、商业、主题乐园、教育、健康等
5	保利地产	品牌酒店、购物中心、会展中心、体育场馆、产业园区、主题公园、旅游度假	15	金地集团	商用地产（酒店）
6	绿地控股	商业及酒店运营、特色小镇	16	旭辉控股集团	长租公寓、教育
7	华夏幸福	产业（特色）小镇	17	阳光城	酒店、产业地产、教育
8	富力地产	酒店、旅游养生地产	18	金科股份	科技产业、文旅康养产业
9	融创中国	文旅地产	19	雅居乐集团	环保、教育、酒店等
10	龙湖地产	健康养老、旅游度假地产	20	绿城中国	绿城小镇

续表

序号	企业名称	多元化领域	序号	企业名称	多元化领域
21	中南建设	商业地产、特色小镇、旅游养生、产业园区	38	时代地产控股	商业街、商业广场、酒店、特色小镇
22	首开股份	—	39	金融街	综合体、酒店、旅游地产
23	融信中国	酒店	40	中骏置业	文化旅游、产业地产
24	泰禾集团	酒店、医疗健康、教育、文化	41	上实城开	酒店
25	路劲	—	42	中国奥园	商业地产、文旅、健康生活
26	建业地产	酒店、文化旅游	43	仁恒置地	酒店、服务式公寓
27	蓝光发展	文化旅游、现代服务业	44	景瑞控股	—
28	远洋集团	城市综合体、养老、健康医疗	45	城投控股	—
29	龙光地产	特色小镇、休闲旅游、养生养老	46	宝龙地产	酒店旅游、文化艺术
30	中国金茂	城市综合体、特色小镇、酒店	47	越秀地产	综合体、养老、产业地产
31	华侨城	文化、旅游、新型城镇化	48	首创置业	奥特莱斯综合体、城市核心综合体
32	佳兆业	文化体育、旅游产业、酒店餐饮、健康医疗	49	迪马股份	综合体
33	荣盛发展	康旅、产业园、酒店	50	保利置业集团	文化地产
34	金隅股份	休闲度假	51	华发股份	商业地产、旅游地产
35	禹洲地产	酒店地产、商业地产	52	新湖中宝	
36	建发股份	—	53	泛海控股	文化传媒
37	合景泰富	酒店、购物中心	54	合生创展	酒店、旅游度假

续表

序号	企业名称	多元化领域	序号	企业名称	多元化领域
55	中粮地产	商业、文旅小镇	74	绿地香港	医康养、文商旅、运动休闲
56	广宇发展	—	75	雅戈尔	文化、旅游、养生、养老
57	深圳控股	综合体、酒店	76	银亿股份	酒店、综合体
58	瑞安房地产	综合体、酒店	77	大名城	综合体、酒店、旅游文化园区
59	中天金融	旅游、教育、会展	78	当代置业	养老、小镇
60	陆家嘴	酒店、会展	79	福星股份	健康、养老
61	滨江集团	酒店旅业	80	云南城投	旅游地产、养老地产
62	北京城建	商业、酒店、文旅	81	中洲控股	酒店、综合体
63	北辰实业	会展、酒店	82	新华联	文旅、金融
64	亿达中国	特色小镇（不含旅游）	83	华远地产	酒店、小镇
65	SOHO中国	—	84	中华企业	特色小镇、养老地产
66	北大资源	教育地产、健康地产	85	鑫苑置业	—
67	朗诗绿色集团	养老	86	五矿地产	产业新城
68	大悦城地产	综合体、酒店	87	阳光100中国	街区综合体、度假小镇
69	国瑞置业	酒店、文旅文创	88	莱蒙国际	综合体、酒店、康养、教育
70	光明地产	养老产业、特色小镇	89	苏宁环球	酒店、文体、健康
71	嘉华国际	酒店、服务式公寓	90	东旭蓝天	综合体、生态环保
72	信达地产	综合体、养老地产、特色小镇	91	海航基础	综合体、旅游地产、养老地产、酒店
73	花样年控股	文旅、养生养老、教育	92	绿景中国地产	综合体、酒店

续表

序号	企业名称	多元化领域	序号	企业名称	多元化领域
93	鲁商置业	综合体、酒店、健康养老	97	南京高科	乡建古建
94	天房发展	—	98	苏州高新	特色小镇、旅游地产
95	粤泰股份	健康产业	99	张江高科	—
96	顺发恒业	酒店	100	格力地产	酒店、教育、旅游

资料来源：《2018 中国房地产上市公司综合实力 100 强》，中房网。

第二节 我国旅游地产投资热点区域

一 我国房地产投资发展概况

近年来，我国经济结构不断升级，发展协调性显著增强，发展方式从规模速度型转向质量效率型。在经济转型背景下，房地产业作为支柱产业，呈现出多元化平稳发展态势。2016 年，全国房地产开发投资首次突破十万亿元大关，达到 102581 亿元，比上年名义增长 6.9%，住宅投资占房地产开发投资的比重为 67.0%。2000 年以来，我国房地产开发投资一直保持正增长，2009 年之前增长率一直保持在 20% 以上，2009 年由于金融危机的影响，增幅大幅下降。2015 年我国房地产库存高企，房地产开发投资增幅下降也比较大（见图 3-1）。从商品房销售面积增速来看，2008 年和 2014 年呈现负增长，表明当时房地产市场比较低迷（见图 3-2）。在房地产去库存政策效应下，2016 年和 2017 年商品房待售面积下降。

房地产景气指数可以综合反映房地产发展的运行状况，为国家

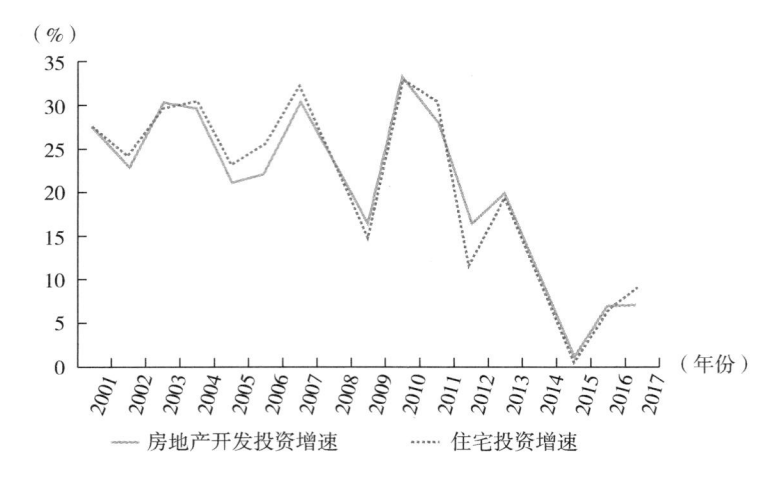

图 3−1　我国房地产开发投资增速

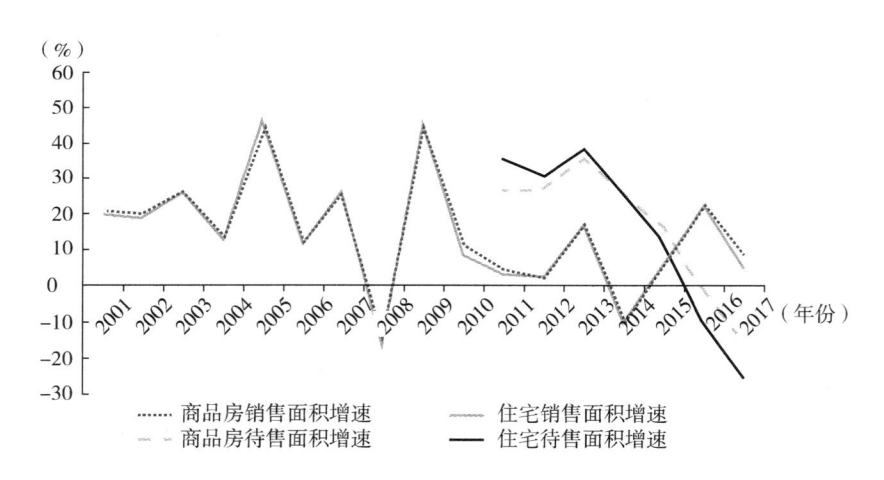

图 3−2　我国商品房销售面积和待售面积

宏观调控提供预警机制，为投资者选择投资机遇提供统计信息。国家统计局每月发布全国房地产开发景气指数（见图 3−3）。从图中可以看出，2012 年之前房地产景气指数普遍偏高，2008 年国际金融危机爆发房地产景气指数一路下行，从 106 点（景气偏高）下降到 96 点（濒临适度景气下线），2009 年，在"四万亿"投资计划的带动下，景气指数开始回升，从年初的 94 点（较低景气）回升至年底的 103 点。2012 年之后，在国家严密调控下，房地产景气指数稳定在 92 点至 100 点之间，2015 年房地产投资增速下滑严重，景气指数也降至历年最低。

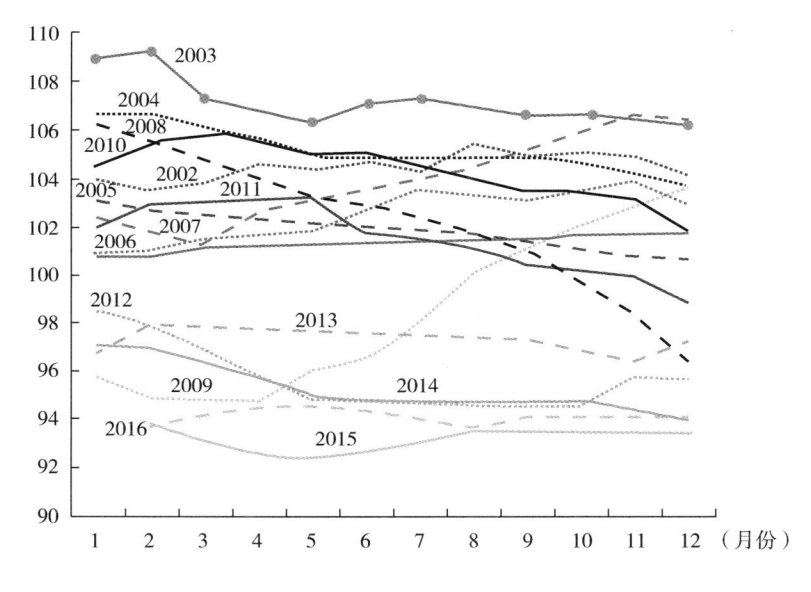

图 3-3　全国房地产开发景气指数（2002—2016 年）

二　我国旅游地产投资状况

旅游地产融旅游、休闲、度假、居住于一体，主要依托周边丰富的旅游资源而建。随着我国经济的快速发展和人民消费观念的转变，旅游地产逐渐进入刚需时代。旅游城市因具备得天独厚的气候、环境、自然、人文优势，备受旅居和刚需自住置业者的青睐。我国自 1998 年开始创建中国优秀旅游城市，原国家旅游局（现文化和旅游部）颁布了《创建中国优秀旅游城市工作管理暂行办法》和《中国优秀旅游城市检查标准》，先后有 300 多座城市通过了验收。原国家旅游局每季度发布《全国星级饭店统计公报》，公布各省份和全国50个重点旅游城市情况。这50个重点旅游城市（见表3－4）的旅游产业尤为发达，外地购房者比例较高（海南八成购房者为外地人），是房地产开发商投资布局的重点。我们将以这50个重点旅游城市为研究对象，采用景气指数分析我国旅游地产投资状况。

表3－4　　　　　　　　　　全国50个重点旅游城市

序号	城市	序号	城市	序号	城市	序号	城市	序号	城市
1	长春	11	合肥	21	秦皇岛	31	西安	41	温州
2	长沙	12	呼和浩特	22	青岛	32	西宁	42	太原
3	成都	13	黄山	23	泉州	33	宜昌	43	无锡
4	大连	14	济南	24	三亚	34	银川	44	南京
5	东莞	15	昆明	25	上海	35	郑州	45	贵阳
6	福州	16	兰州	26	深圳	36	珠海	46	南昌
7	广州	17	丽江	27	沈阳	37	北京	47	石家庄
8	哈尔滨	18	洛阳	28	天津	38	重庆	48	桂林
9	海口	19	南宁	29	乌鲁木齐	39	苏州	49	张家界
10	杭州	20	宁波	30	武汉	40	厦门	50	拉萨

资料来源：《全国星级饭店统计公报》（2017）。

1. 景气指数构建

本章主要研究旅游地产开发投资状况，因此在构建景气指数时，我们将侧重于选择投资方面的指标，兼顾土地、开发量、市场等方面。为了准确地反映我国旅游地产投资的波动状况，本章参照邹锦标（2003）、尤明（2011）等学者对房地产运行波动指标体系的建立，在充分考虑数据资料可获得性的基础上选取了7项能够全面反映房地产行业运行状况的指标，作为计算扩散指数的基础参数：住宅投资占固定资产投资比重、住宅投资占GDP比重、住宅房价收入比、住宅商品房销售面积、房地产开发企业住宅竣工房屋面积、房地产开发企业购置土地面积、住宅商品房待售面积（见表3-5）。

（1）研究对象。

根据我们的定义，旅游地产是指依托旅游项目拿地（土地价格一般低于市场价格），需要配套公建，拥有产权、可以买卖的住宅地产，旅游地产是住宅地产的一部分。旅游城市由于具备独特的自然风光和人文资源，吸引众多旅游者前往，外地人购房比例较高。随着全域旅游的推进，旅游城市区域资源有机整合，旅游业全区域、全产业链发展，整个城市变成一个大景区，处处是景观，住宅开发大都兼顾居住、旅旅、购物等需求，是旅游城市经营的重要产品。旅游城市房地产行业的旅游属性非常强，经济对旅游地产依赖程度较高。因此我们将以50个重点旅游城市的住宅地产为对象来研究全国旅游地产的投资情况。

（2）统一量纲。

参与景气指数计算的各指标计量单位不同，需要将数据统一变换为无单位（同一单位）的数据集，以进行后续的加权计算。我们将各指标的实际数值进行标准化处理，并使用转化后的标准值计算景气指数。按照各指标对景气指数的影响关系，将各指标分为正影响指标和负影响指标。正影响指标的值越大，表示旅游地产投资越景气，包括住宅投资占固定资产投资比重、住宅投资占GDP比重、住宅房价收入比、住宅商品房销售面积、房地产开发企业住宅竣工房屋面积、房地产开发企业购置土地面积；反之则为负影响指标，包括住宅商品房待售面积。

基础指标的标准化处理方法为：

$$Y_i = \frac{X_i}{X_0} \times 100\% \qquad (3-1)$$

其中，Y_i 为 X_i 的标准化指数，X_i 为报告期值，X_0 为基期值。

另外，当基础评价指标为逆指标时，通过倒数方式转化为正指标再采用上述公式计算指数。

（3）确定权数。

由于各指标的相对重要程度有所差异，因此需要确定各指标的相应权数。我们参考德尔菲法广泛征求专家意见和"国房景气指数"的权重，由专家对参与计算的 7 个指标的权数进行估计，判定每个指标的权重（如表 3-5）。

表 3-5　　　　　　旅游地产景气指数计算相关指标及其权数

指数指标体系	计算公式	权数（%）
住宅投资占固定资产投资比重	房地产开发住宅投资额/（全社会）固定资产投资	15
住宅投资占 GDP 比重	房地产开发住宅投资额/GDP	10
住宅房价收入比	住宅商品房平均销售价格/城镇居民人均可支配收入	10
住宅商品房销售面积	住宅商品房销售面积	10
房地产开发企业住宅竣工房屋面积	房地产开发企业住宅竣工房屋面积	15
房地产开发企业购置土地面积	房地产开发企业购置土地面积	15
住宅商品房待售面积	住宅商品房待售面积	25

（4）季节和价格因素调整。

房地产投资受季节变动影响，在一年内随季节更替而出现周期性波动，一般第一季度、第四季度较低。本章景气指数采用年度数据，因此不涉及季节调整。参与景气指数构建的 7 个指标中，前 3 个指标虽然包含房地产开发住宅投资、固定资产投资、住宅商品房销售价格、城镇居民人均可支配收入等价值指标，但由于指标的形式是同期比值，因此也不涉及价格因素。

(5) 确定基期。

基准对比时期的确定应遵循三个原则:一是要选择房地产业发展比较平衡的时期,以便于对比分析,过高、过低都会影响景气指数对比的可信度;二是要考虑统计资料的衔接,选择的基准循环时期再好,无法取得前后可比资料也会影响对比的合理性;三是按照景气指数原理,根据经济指标的转折点来判断基准对比时期(贾海,1997)。按上述三个原则,结合我国旅游地产业发展的实际情况,我们选择2003年为基期(大部分指标可获取的数据从2002年开始,2003年的指数计算需要用到2002年数据)。

(6) 景气指数计算。

①分类指数的计算。

分类指数是指参与计算的7个指标(见表3-5)报告期与基期对比得到的相对数,用百分数表示。其计算公式为:

$$P_t = \frac{Y_t}{Y_{t-1}} \times 100\% \qquad (3-2)$$

其中,P_t 表示第 t 年的分类指数,Y_t 为第 t 年的分类指标值。

②分类景气指数的计算。

分类景气指数是以各年的分类指数为报告期,以2003年的分类指标数为基准对比时期,计算得到的定基综合指数,用百分数表示。该综合指数除反映自身变动状况外,主要说明景气指数升降的原因。其计算公式为:

$$F_t = \frac{P_t}{P_{2003}} \times 100\% \qquad (3-3)$$

其中,F_t 表示第 t 年的分类景气指数,P_t 为第 t 年的分类指数。

③房地产景气指数的初始计算。

初始指数是指各分类指数加权平均后得到的总体指数,房地产景气指数采用固定的权数来确定，其计算公式为：

$$C_t = \frac{\sum P_t W}{\sum W} \times 100\% \qquad (3-4)$$

其中，C_t 表示第 t 年初始指数，P_t 表示第 t 年的分类指数，W 为权数（见表 3-5）。

④景气指数的计算。

景气指数是以初始房地产指数为报告期，以 2003 年的初始指数为基准对比时期计算得到的定基综合指数，用百分数表示。该综合指数的大小，将反映房地产业发展景气状况的好坏。其计算公式为：

$$G_t = \frac{C_t}{C_{2003}} \times 100\% \qquad (3-5)$$

式中，G_t 表示第 t 年的景气指数，C_t 表示第 t 年初始指数。

2. 实证分析

（1）数据来源。

本章搜集了全国和 50 个旅游城市的 2002—2018 年的 7 项指标的相关数据。数据主要来源于各城市年度统计年鉴、国家统计局官网、国信房地产信息网、中国知网—中国经济社会大数据研究平台、《中国区域经济统计年鉴》、《中国统计年鉴》、《中国城市统计年鉴》、《中国房地产统计年鉴》、《中国固定资产投资统计年鉴》等。

（2）旅游地产投资现状分析。

由于我们的研究时间区间跨度长，指标涉及多，各城市的数据完整程度有差异，有的城市指标数据缺失，计算景气指数时只能放弃。最终我们计算出 41 个数据完整的城市的景气指数（见图 3-4）。

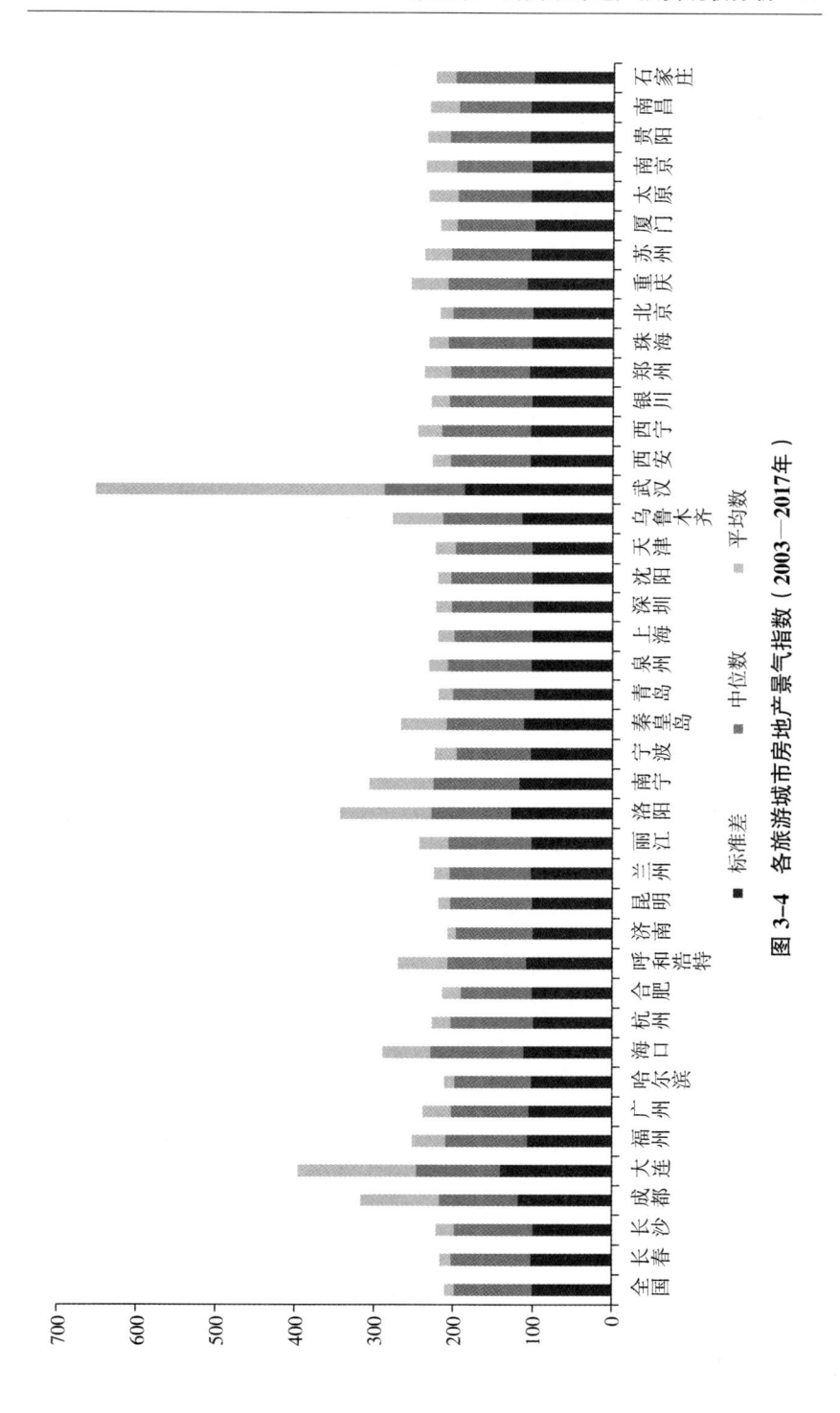

图 3-4 各旅游城市房地产景气指数（2003—2017年）

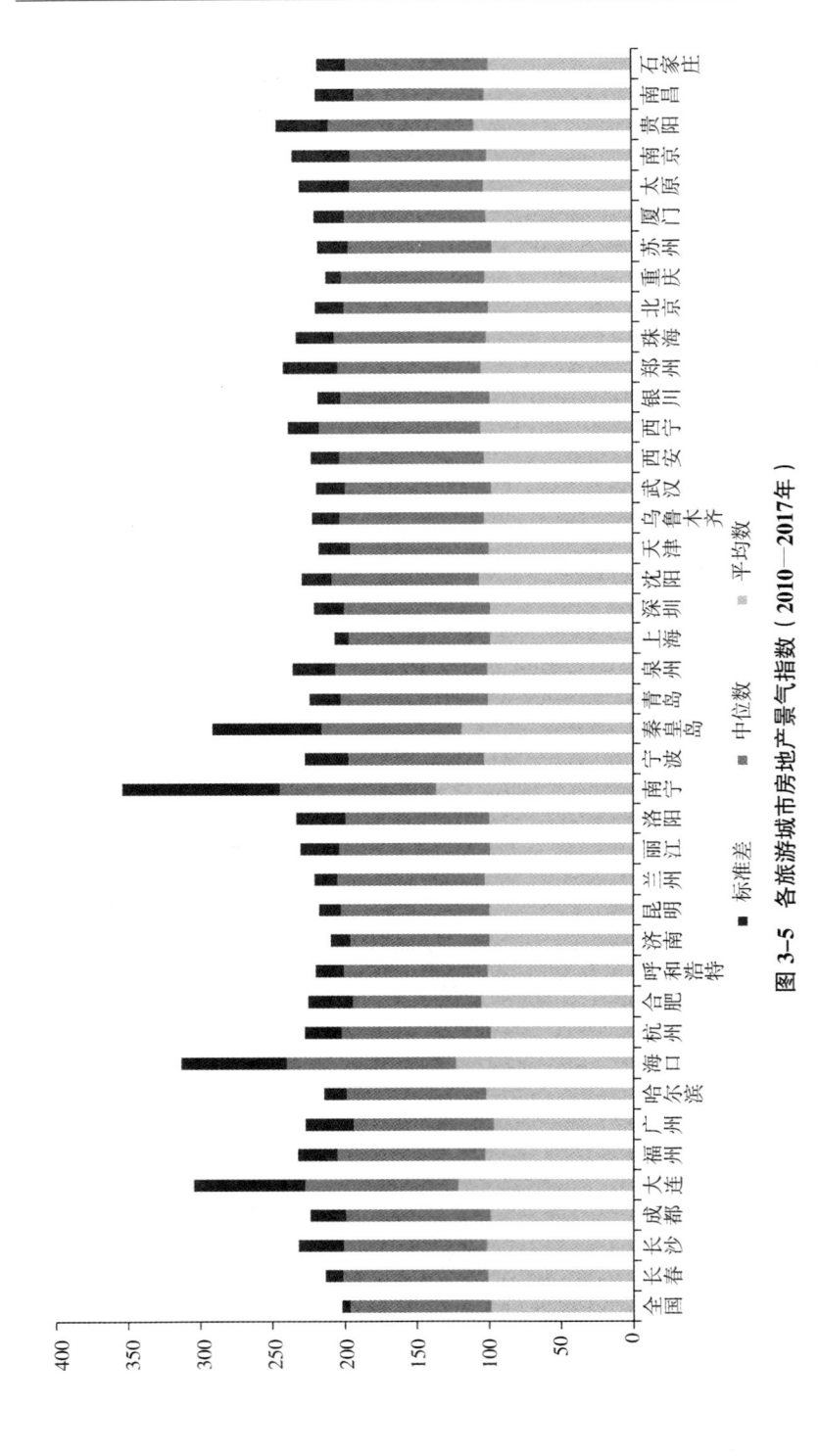

78 中国旅游地产投资过热及规制研究

图 3-5 各旅游城市房地产景气指数（2010—2017年）

第三章 我国旅游地产投资现状分析 79

从图 3-4 可以看出，武汉、大连、洛阳、成都、南宁、乌鲁木齐、海口、秦皇岛、重庆、呼和浩特等地的景气指数较高；且标准差也较大。

2010 年之后，我国旅游地产进入全面发展阶段，市场比较活跃（见图 3-5）。南宁、海口、大连、秦皇岛、贵阳、沈阳、西宁、合肥、郑州等地的景气指数较高（参见图 3-6 至图 3-15）；南宁、大连、秦皇岛、海口、南京、郑州、贵阳、太原、洛阳、广州等地的标准差较大。

（3）结果讨论。

我国旅游城市的房地产开发总体比较稳定，2010 年之后虽然开发总量增加较大，但景气指数更为平稳。旅游城市的房地产景气指数（均值）大部分处于景气区间（景气指数区间位于 100—150），41 个城市中，有 29 个城市的景气指数（均值）不小于 100，占比达 70.73%（见图 3-15）。

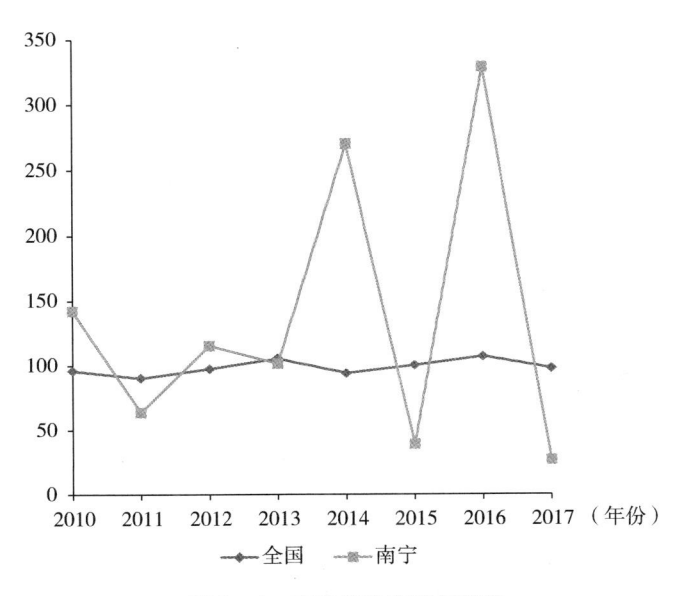

图 3-6 南宁房地产景气指数

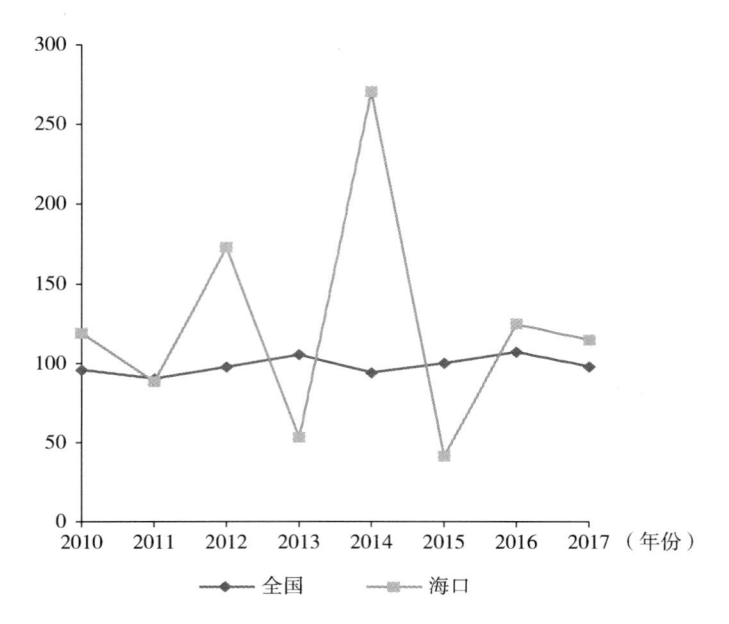

图 3-7　海口房地产景气指数

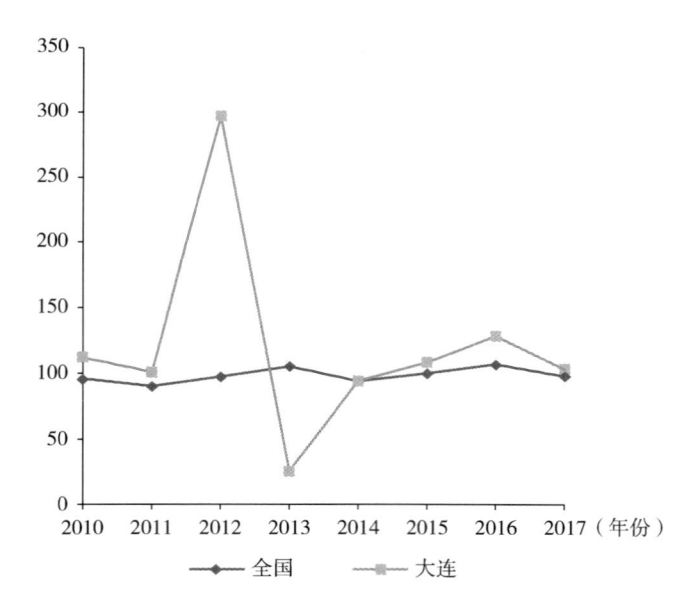

图 3-8　大连房地产景气指数

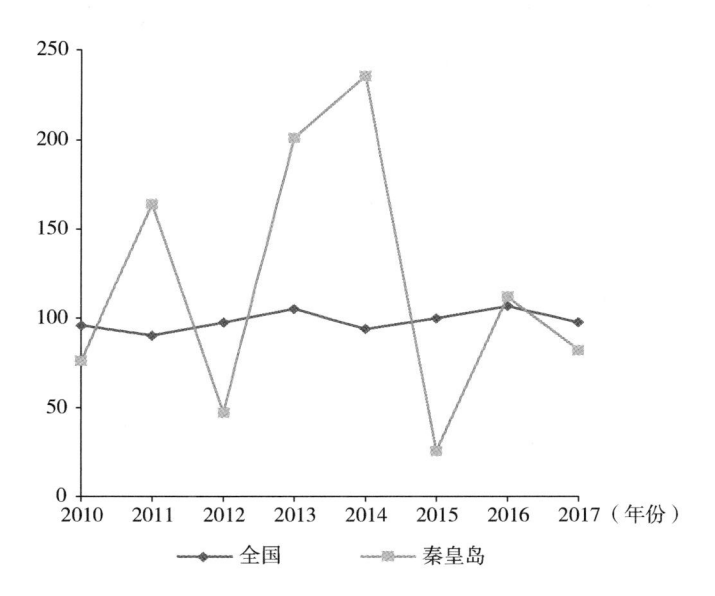

图 3-9　秦皇岛房地产景气指数

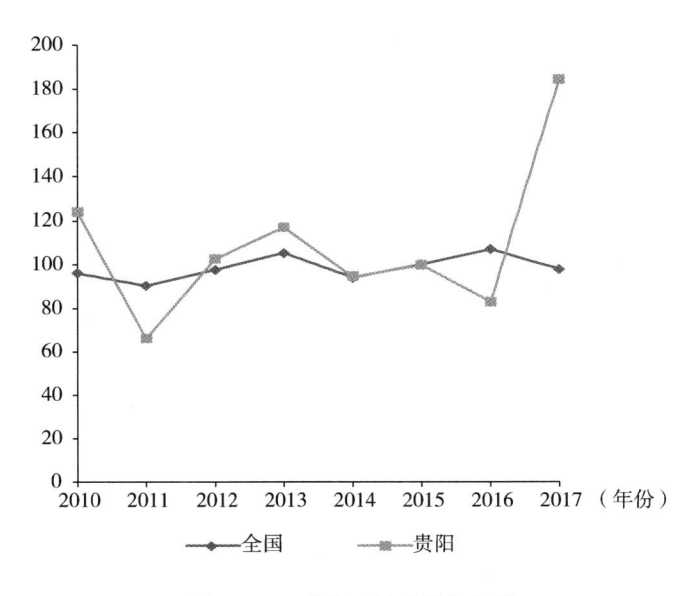

图 3-10　贵阳房地产景气指数

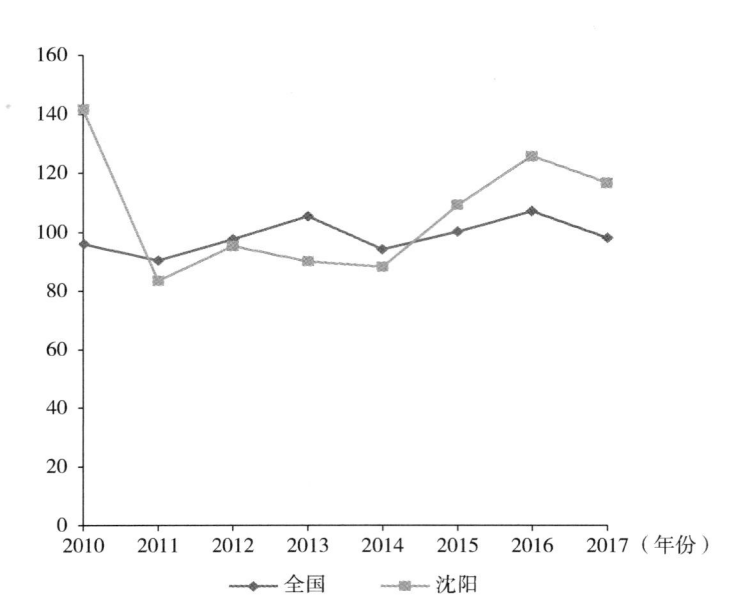

图 3-11　沈阳房地产景气指数

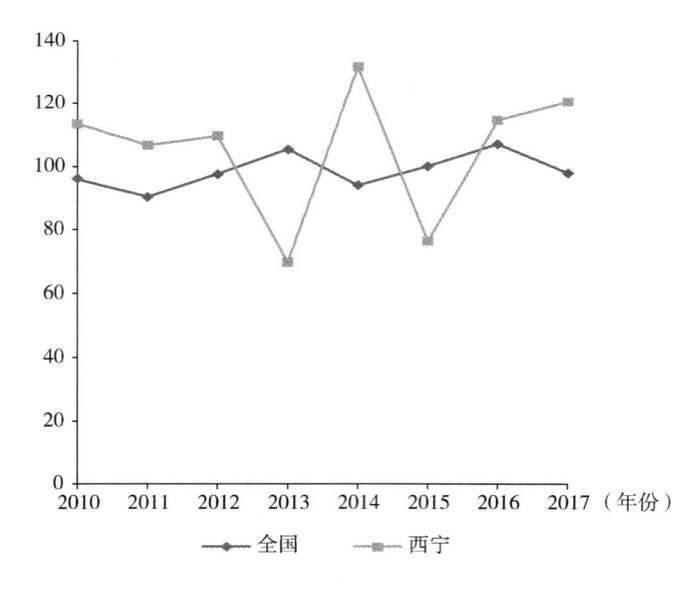

图 3-12　西宁房地产景气指数

第三章 我国旅游地产投资现状分析 83

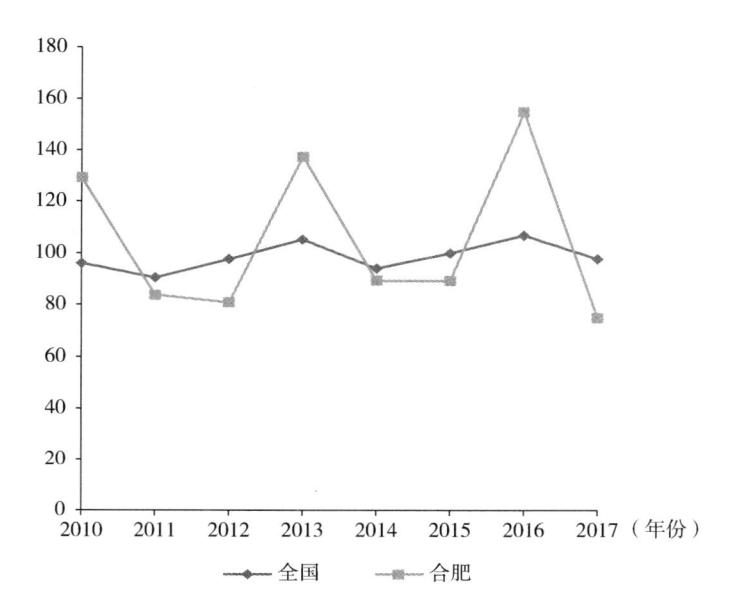

图 3-13 合肥房地产景气指数

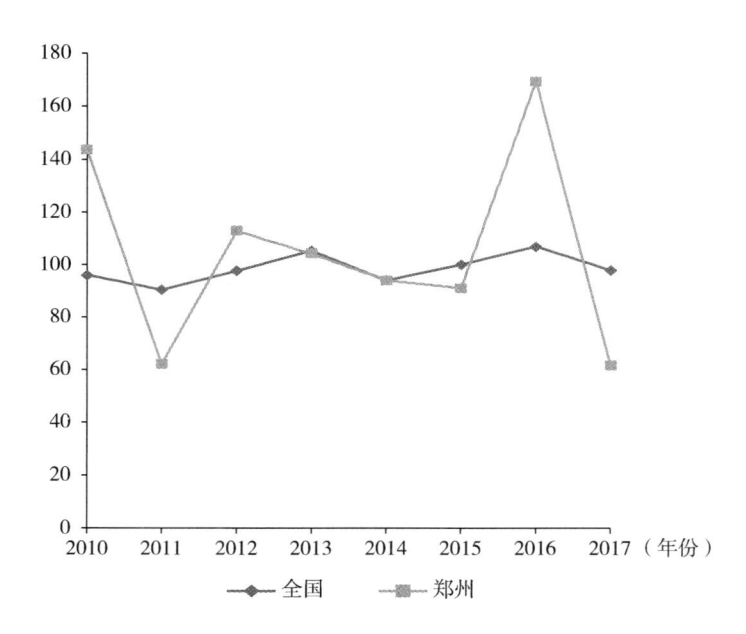

图 3-14 郑州房地产景气指数

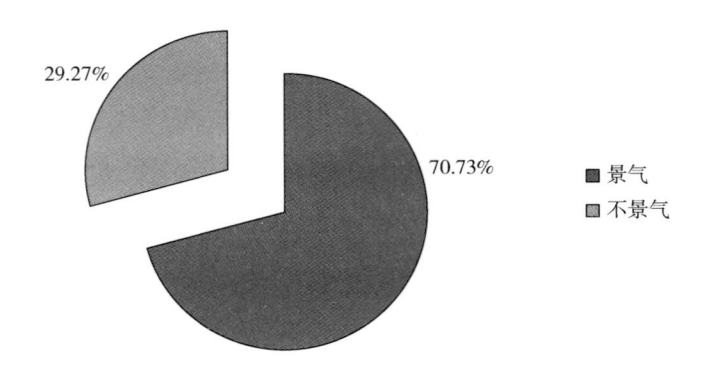

图 3-15　旅游城市景气程度分布

虽然整体而言旅游地产开发比较平稳，但仍有个别城市的房地产景气指数较高，超过 120，位于较为景气区间，如南宁、海口、大连 2010 年之后的景气指数均值都超过了 120，热度较高。

南宁地理位置优越，地处北回归线以南属于亚热带，是北部湾经济区核心城市，是我国西南地区连接出海通道的综合交通枢纽，拥有丰富的旅游资源：山清、水灵、乡美、文丰、洞奇、食特。近年来，南宁市以全域旅游为抓手，深化整个南宁旅游供给侧结构性改革，树立"中国绿城"的城市形象。同时，以"中国国际养生休闲旅游目的地"为目标，紧紧围绕打造"壮乡歌海、中国绿城、东盟风情、养生之都"四大特色旅游品牌，积极投入"一带一路"和北部湾国际旅游度假区建设。2010 年以来，南宁市房地产业快速发展，市场住房需求增加，房地产市场比较活跃。2011 年至 2017 年，累计完成房地产开发投资 4191.3 亿元，投资额从 2011 年的 391.1 亿元增至 2017 年的 958.09 亿元，增长 144.97%，全市固定资产投资比例从 2013 年的 16.82% 增至 2017 年的 22.24%；房地产税收年均约 90 亿元，占地方税收比重的 40%；房地产业增加值年均占 GDP 比重约 5%。

海口是我国旅游资源最为丰富、空气质量最好的海滨省会城市，房地产市场非常火爆，GDP 和税收都高速增长。2009 年年底海南国际旅游岛建设正式启动，国家赋予海南大量优惠和开放政策，配合国内生活水平日益提高、休闲度假逐步深入人心，加上海南独特而稀缺的热带滨海资源和良好的生态环境，使海南的房地产受到投资者和消费者热捧，大量热钱流入海南，包括旅游地产在内的海南房地产出现了井喷式的发展，一时风光无限。作为国际旅游岛的省会海口，凭借良好的软硬件环境、质优的环境以及基础设施的完善而成为众多一线房企争相入驻的地方。随着政府加大基础设施的投资力度，加快棚改步伐，海口宜居宜游的城市属性正逐步凸显，在持续而疯狂房地产投资背后，一系列问题也浮出水面，旅游与房地产结合不紧密、旅游业发展不充分、房地产畸形成长等，使旅游业、房地产业以及旅游地产转型升级成为持续推进国际旅游岛建设面临的一项重要课题。

大连是我国重要的港口城市，三面环海，工业基础雄厚，是东北地区最值得旅游和宜居的城市，素有"东方明珠""浪漫之都"之称。早在 2001 年，大连就成为中国第一个被联合国环境规划署授予"全球环境 500 佳"的城市。大连市作为东北地区乃至全国的开放门户城市，其经济实力是东北地区的龙头，GDP 占辽宁 1/4 强，加上其特殊的地理位置、气候条件、自然环境，吸引了内地，特别是东北三省的居民来大连购房，使得大连市的住房需求外向型特征比较明显（大连银行博士后工作站课题组等，2010）。近年来，大连积极建设东北亚旅游胜地，打造国际旅游度假区，着力推进全域旅游发展。一些开发商将视角瞄准了大连的旅游市场。自 2012 年开始，万达、海昌置地、鲁能置地、世茂等知名开发商，纷纷布局超级大盘，如世茂御龙海湾、万达大连金石国际度假区东方优山美地等。

综上所述，我们发现，目前我国旅游地产投资比较活跃（70%的旅游城市房地产投资比较景气），但现阶段旅游地产投资整体并没有过热。个别城市因气候、地理位置原因，吸引了大量开发商，景气指数较高，说明我国旅游地产投资存在局部过热现象。

第四章　我国旅游地产投资过热驱动机制研究

第三章的实证分析表明，我国局部地区存在旅游地产投资过热现象，本章我们将系统分析驱动旅游地产投资（开发）的各种因素，并运用问卷调查法对投资驱动因素和投资行为进行调查和分析。

第一节　理论模型

旅游地产投资（开发）受到很多因素的影响。对于投资者而言，企业面临的所有客观条件都可能是投资的影响因素，这些因素会直接或间接地影响投资绩效。驱动旅游地产投资的因素主要有五个方面：宏观经济、基础设施、市场规模、政策规划、盈利优势。

一　驱动旅游地产投资的因素

（一）宏观经济因素

国家宏观经济运行状况及发展趋势对于企业的生存和发展会产

生直接的影响，是企业进行投资决策时需要关注的必要因素。随着我国经济的快速发展和经济水平的不断提升，各行各业之间的联系日益紧密，为企业的投资提供了更多的机会，也为企业扩大规模和多元化发展提供了保障。

新中国成立——特别是改革开放——以来，我国经济持续快速增长，成为世界第二大经济体，同时，经济结构发生深刻变化，从落后的农业国演进为世界第一制造业大国，从温饱不足的贫穷国家建设成为全面小康社会，城镇化稳步推进，东中西部地区协调发展，公有制经济和民营经济共生共荣，经济社会发展快速向高质量发展阶段迈进。改革开放以来，我国经济快速发展，1986年经济总量突破1万亿元，2000年突破10万亿元大关，超过意大利，成为世界第六大经济体，2010年达到412119亿元，超过日本，并连年稳居世界第二大经济体。党的十八大以来，我国综合国力持续提升（国家统计局，2019年7月1日）。近三年，我国经济总量连续跨越70万亿元、80万亿元和90万亿元大关，2018年达到900309亿元，占世界经济的比重接近16%。按不变价计算，2018年国内生产总值比1952年增长174倍，年均增长8.1%，其中，1979—2018年年均增长9.4%，远高于同期世界经济2.9%左右的年均增速，对世界经济增长的年均贡献率为18%左右，仅次于美国，居世界第二。2018年我国人均国民总收入（GNI）达到9732美元，高于中等收入国家平均水平（国家统计局，2019年7月1日）。

（二）基础设施因素

基础设施情况是影响旅游地产投资行为的一个重要因素。基础设施是否完善直接与企业的日常运转经营效率紧密相连，基础设施的完善度越高越能给投资企业带来低经营成本、低投资风险和稳定的直接投资回报。发达的交通设施、完善的电力设施、先进的通信设施和高效的物流效率是一个地区具备优秀基础设施的评判标准。

交通基础设施建设加速推进,极大地缓解了社会经济发展和人们物质生活不断升级对交通运输发展的需求。党的十八大以来,现代综合交通运输体系建设进入新阶段。全国交通运输行业统筹推进基础设施网络化布局,铁路、公路、水运、民航基础设施建设补短板、强筋骨,"五纵五横"综合运输大通道基本贯通,交通运输服务保障能力显著提升,国民经济主动脉作用日益显现。这一阶段,交通运输发展实现由"总体缓解"向"基本适应"的阶段性转变,为国民经济持续快速发展提供了强有力支撑,我国也由"交通大国"逐步向"交通强国"迈进。

邮政基础设施建设成就显著,行业规模不断扩张。邮政业经过70年大规模建设,基本形成航空、铁路、公路多种运输形式综合利用,连接城乡、覆盖全国、连通世界的现代邮政网络,收寄和投递能力大幅提升,群众用邮便捷性显著提高。到2018年年末,邮路总长度985万千米、邮政营业网点27.5万处,分别是1949年的14.0倍和10.4倍,年均分别增长3.9%和3.5%。1949年,我国邮政业务总量仅1.6亿元,2018年邮政业务总量已经达到上万亿元的规模,全年完成邮政业务总量12345亿元,增长速度之快令人瞩目(国家统计局,2019年8月13日)。

随着经济社会的发展,人民的通信需求与日俱增,我国不断改革行业管理体制,引入市场竞争机制,推动通信业高速发展。通信业从邮电部政企合一经营,历经邮电分营、电信重组等关键性变革,形成中国电信、移动和联通三大运营商三足鼎立的竞争格局,行业发展环境持续优化。改革开放后,通信行业大胆引进国外先进技术,走过从引进到消化、吸收和创新的历程,通信业现代化步伐进一步加快。尤其是党的十八大以后，国务院、工信部先后制定"宽带中国"战略，推进"光进铜退"工程、"网络提速降费"等政策实施，我国已建成全球最大固定网络和移动网络，"网络强国"建设迈出坚实步伐（国家统计局，2019 年 8 月 13 日）。

（三）市场规模因素

市场规模是投资者在进行日常经营活动时所必须面临的企业自身之外的社会条件，是企业投资旅游地产所必须要考虑的基本因素。

随着居民生活水平的稳步提高和市场供给端的长足进步，消费热点由满足人民群众物质生活需求的实物消费向体现人民美好生活需要的服务消费转变。大众餐饮、文化娱乐、休闲旅游、教育培训、健康养生等服务消费成为新的消费热点。服务消费市场总体规模持续扩大，第三产业增加值占国内生产总值的比重从 1980 年的 20% 左右增加到 2018 年的 52.2%（国家统计局，2019 年 8 月 2 日）。

在旅游消费方面，居民出行方式多样化程度不断提高，旅游市场环境日趋改善，相关消费需求旺盛。据文化和旅游部数据显示，2018 年我国人均出游已达 4 次，国内旅游人数超过 55 亿人次，是 1994 年的 11 倍，年均增长 10.3%；国内旅游收入超过 5 万亿元，是 1994 年的 50 倍，年均增长 17.7%。据测算，2017 年全国旅游及相关产业增加值为 37210 亿元，比上年增长 12.8%，比同期 GDP 现价增速高 1.9 个百分点，占 GDP 的比重为 4.5%，比上年提高约 0.1 个百分点。分行业数据来看，旅游出行服务、旅游餐饮服务、旅游娱乐服务增长较快，增加值增速分别为 15.3%、15.1% 和 17.2%（国家统计局，2019 年 8 月 2 日）。

（四）政策规划因素

招商引资是城市发展的重要手段，为提高引资绩效，政府通过产业政策和区域规划直接作用于城市空间结构，以实现城市土地功能的转换以及产业发展的空间聚集和扩散。有别于自发演化而形成的内在市场规律，政府颁布的政策制度是通过政治手段施加的外部力量，成为影响企业投资选择的重要因素（刘震，2019）。

研究表明，在城市中心—外围的发展结构中，区域政策改善了中心城区的基础设施建设水平与社会环境，增强了私人部门的投资信心（Barrios 等，2005）。而补贴政策是外围地区吸引企业区位选择的重要手段，通过生产要素方面给予的优惠，对当地的生产效率和福利水平产生深刻的影响（Baldwin & Okubo，2005）。土地、税收政策是常见的引导城市资源合理配置的引资手段，也是企业投资选择的重要考量维度。

近年来，由供给侧结构性改革而不断深入落实的各项政策意见，聚焦了旅游行业几大热点要素。政策引导下的投资热点正逐渐进入全面落实阶段，"全域旅游""特色小镇"打造了旅游新格局，旅游与地产融为一体。其相关政策推进过程中不断吸引着大量资本蜂拥，全面激发了社会和市场的投资热情，开创了大目的地建设的重要范本。

2015 年 9 月原国家旅游局启动开展"国家全域旅游示范区"创建工作，旨在推动旅游业由"景区旅游"向"全域旅游"发展模式转变，推动旅游业"创新、协调、绿色、开放、共享"发展，促进旅游业转型升级、提质增效，构建新型旅游发展格局。2016 年 2 月，原国家旅游局公布了首批国家全域旅游示范区创建名录，共计 262 个。2016 年 11 月原国家旅游局公布了第二批国家全域旅游示范区创建名录，共计 238 个。2019 年 9 月 4 日，文化和旅游部公布了首批 71 家国家全域旅游示范区名单，北京市怀柔区、安徽省黄山市黟县等上榜。

（五）盈利优势因素

旅游企业和地产企业都是充分竞争的行业，行业壁垒比较低。截至 2017 年年底，我国景区景点 3 万多个（其中 A 级景区 10340 个），世界遗产 52 项，全域旅游示范区创建单位 506 个，红色旅游景点景区 300 个。休闲度假方面，现有国家级旅游度假区 26 个，旅游休闲示范城市 10 个，国家生态旅游示范区 110 个（中国旅游研究院、中国旅游景区协会，2018）。住宿业产业规模巨大，改革开放 40 多年来，一直处于高速增长阶段，近十年住宿业年固定资产的投资增长超过了 10 倍。截至 2017 年年底，限额以上住宿业 19780 家，住宿业已经成功跨越住宿产品短缺的发展时期，进入"消费者至上"时代。房地产开发投资较快增长，住宅建设快速发展。改革开放后，房地产开发业从无到有、由小到大，蓬勃发展。1987—2018 年，全国房地产开发投资累计完成 99 万亿元，年均增长 24.8%。2018 年，全国房地产开发企业数量达 97938 个，比 1987 年增加 95432 个，房屋施工面积达 822300 万平方米，比 1997 年增长 17.3 倍（国家统计局，2019 年 7 月 29 日）。

随着行业竞争加剧，企业纷纷寻求新的盈利增长点。为了进一步提高企业的盈利水平，强化和提升市场竞争地位，目前国内一些旅游企业已经开始着手转变以价格竞争为主要竞争手段的粗放经营方式，通过"多元组合""多业态资源整合平台"等新兴经营模式，逐步培养企业对各旅游要素和其他旅游相关资源的整合能力，并开始以服务品质、企业品牌等非价格因素设计高端旅游产品，吸引高端客户，培植和提升自身的市场竞争力（田磊，2019）。近年来，房地产市场面临着住房需求的结构性转变，行业进入"品质时代"。在地产新周期和住宅市场持续调控下，众多开发商开始摒弃传统住宅销售的短期盈利模式，快速推进产业链构建，寻求新的价值增长点。房地产和新兴产业的融合逐渐成为新的发展趋势。从 2011 年开始，为了突破增长瓶颈，中国房地产商们纷纷开始转型，但选择路径各不相同。比如万科、恒大一开始寻找的是商业地产蓝海，并提出文化产业多元化的概念；世茂集团则表示计划做更多的 Mini Mall 的商业和酒店，同时并不排除做养老地产；雅居乐更趋向于做一个旅游地产发展商，开始在云南、辽宁等地大规模兴建旅游地产；保利则在旅游地产及养老地产上进行尝试；星河湾甚至做起了高档酒店的生意。万科自 2014 年起，也将旅游地产作为战略转型的重点，杭州良渚文化村是其典型代表项目。

二 研究模型

旅游地产投资/开发的影响因素，需要从宏观环境、行业政策、企业战略层面进行全面的分析，本章选取了宏观经济、基础设施、市场规模、政策规划、盈利优势五个方面（每个方面又包含若干具体因素），重点分析各因素对旅游地产投资的作用机制。旅游地产开发投资回报较高，是房地产投资的热点。不过由于这类物业无明确的租约保障、没有固定的消费对象，竞争往往激烈，投资风险较大。这类投资对象经营收益的高低不仅取决于企业的自身条件、经营方略，还取决于区域经济发展状况，商业、旅游及经济情况的波动将直接影响消费需求水平，进而影响其收益（罗玲，2005）。因此，为了更好地研究驱动旅游地产投资的各种因子，剖析旅游地产投资过热的形成机理，我们综合考虑宏观、中观和微观影响，归纳和总结了 17 个具体影响因素，建立了以下研究模型（见图 4-1）：

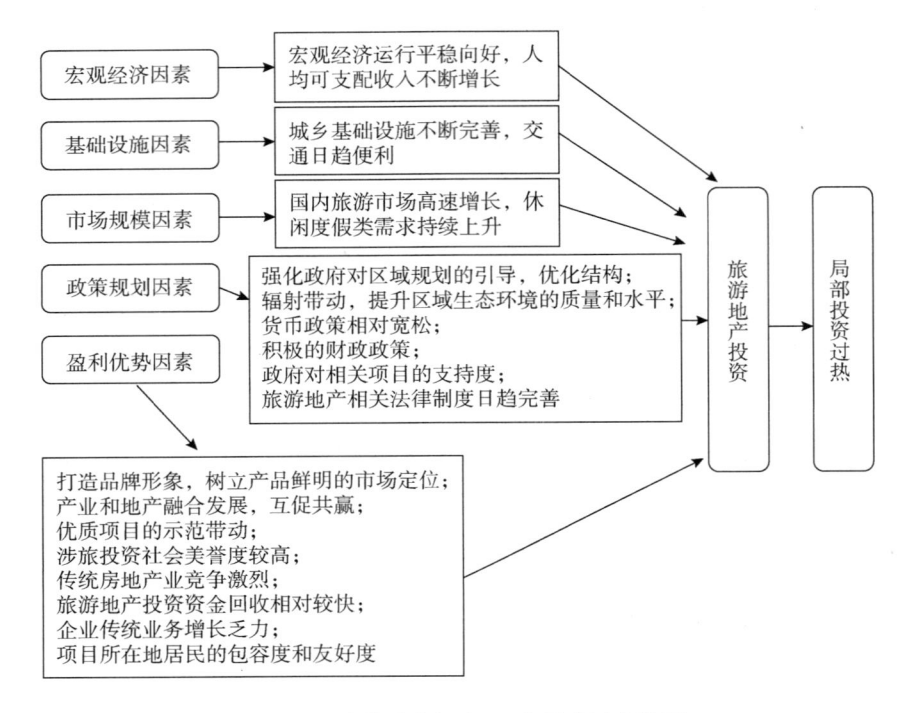

图 4-1　旅游地产投资/开发影响因素模型

宏观经济因素 → 宏观经济运行平稳向好，人均可支配收入不断增长

基础设施因素 → 城乡基础设施不断完善，交通日趋便利

市场规模因素 → 国内旅游市场高速增长，休闲度假类需求持续上升

政策规划因素 → 强化政府对区域规划的引导，优化结构；辐射带动，提升区域生态环境的质量和水平；货币政策相对宽松；积极的财政政策；政府对相关项目的支持度；旅游地产相关法律制度日趋完善

盈利优势因素 → 打造品牌形象，树立产品鲜明的市场定位；产业和地产融合发展，互促共赢；优质项目的示范带动；涉旅投资社会美誉度较高；传统房地产业竞争激烈；旅游地产投资资金回收相对较快；企业传统业务增长乏力；项目所在地居民的包容度和友好度

→ 旅游地产投资 → 局部投资过热

第二节　研究设计

一　问卷设计

基于上述分析，本研究在遵循"科学性、可操作性、全面性"等原则的基础之上，经过反复斟酌与修改，设计了国内旅游地产投资/开发驱动因素问卷。问卷由两部分组成：第一部分是旅游地产投资/开发的驱动因素；第二部分是有关投资行为的问卷。第一部分采用李克特五点量表的研究方法，基于已有文献、专家建议和业界反馈，列出驱动旅游地产投资/开发的典型因素，以"很不认同、

较不认同、中立、比较认同、非常认同"五点来测量被访者的意向。第二部分主要由单选题和多选题相结合,更多的是根据深度访谈并结合旅游地产投资自身特性进行设计,目的是探究国内旅游地产投资/开发行为的相关意向。

二 问卷发放

本研究在进行大范围的问卷正式发放之前,在2019金梧桐国际文旅产业峰会(北京站)对问卷进行小范围预调研,并对问卷进行信度和效度的检验分析,依据预调研及分析结果进一步修订问卷,剔除漏填项较多的题项和不合理的题项,并对专业术语进行解释和修正,最终形成正式的调查问卷。由于本研究的调研对象是国内旅游地产的从业者,专业性较强,问卷回收难度较大,因而通过两种渠道:一是通过中国旅游协会、中国房地产协会商业文化旅游地产委员会、中国旅游饭店业协会、中国旅游景区协会、中国饭店协会,对业务板块涉及旅游地产的会员企业发放电子问卷,确保问卷填写者的专业性,于2019年10月10日至11月30日共收集问卷33份;二是基于中国旅游研究院微信公众号平台进行电子问卷的发放,并设置两道专业知识要求较高的陷阱题作为筛选参考,问卷发放时间为2019年11月27日至11月30日,共收到问卷11077份;通过开放性问题的筛选以及两道陷阱题的甄别,得出有效问卷474份。两种渠道获取的有效问卷合计507份。

第二阶段的调查在第一阶段的调查基础上进行了改善,在进一步梳理总结现有文献的基础上,将"辐射带动区域生态环境水平"这一测量变量替换为"居民休闲时间增加"。同时,为了提高问卷的信度和效度,第二阶段的问卷发放方式采用现场发放纸质问卷。

线下问卷于 2019 年 12 月 11—13 日在浙江省莫干山国际旅游度假区举办的中国未来景区发展暨莫干山民宿研讨会以及 12 月 15 日在北京举办的中国旅游集团发展论坛上进行现场发放，发放对象为与会的旅游业从业者、旅游业专家学者和文旅主管部门的工作人员，分别获取有效问卷 142 份和 123 份，总计 265 份。

第三节　数据分析

一　研究方法

本研究主要运用 SPSS 25.0 进行数据处理和分析。首先对分析问卷信度和效度，通过探索性因子分析构建旅游地产投资（开发）驱动因素维度，结合因子分析结果构建结构模型。

二　探索性因子分析

采用 SPSS 25.0 软件对国内旅游地产投资（开发）的驱动因素进行探索性因子分析，构建旅游地产投资/开发驱动因素维度，采取主成分分析法进行因子分析，选取方差最大化旋转法，按照特征值大于 1，因子载荷大于 0.5，方差解释率大于 60% 的原则提取公因子。实务中方差贡献率达到 50% 就可以酌情接受，通常 50% 也是比较公认的最低标准（张文彤、钟云飞，2013）。由于我们对问卷题目进行了修改，为了更好地考察电子问卷和纸质问卷的结果，我们对二者分别进行分析。

1. 电子问卷

电子问卷分析结果表明，KMO 值为 0.957，大于 0.9，表明问卷的回收结果非常适用于因子分析（见表4-1）。公因子方差提取值表示原始指标在公因子中有多少信息被提取出来，一般认为大于50%才有意义。在本研究中，17个变量均符合因子载荷大于0.5的原则（见表4-2）。同时，按照方差解释率大于60%的原则提取公因子，提取出3个公因子，方差解释率达到63.245%，大于60%。

表4-1　　　　KMO和巴特利特检验（电子问卷）

参数		值
KMO取样适切性量数		0.957
巴特利特球形度检验	近似卡方	4797.305
	自由度	136
	显著性	0.000

表4-2　　　　　　　公因子方差（电子问卷）

变量名称	代号	初始	提取
宏观经济与人均收入增长	Q1	1.000	0.649
政府对相关项目的支持度	Q2	1.000	0.705
居民的包容度和友好度	Q3	1.000	0.711
旅游地产法律日趋完善	Q4	1.000	0.679
积极的财政政策	Q5	1.000	0.665
企业传统业务增长乏力	Q6	1.000	0.701
旅游市场与度假需求增长	Q7	1.000	0.627
旅游地产投资资金回收较快	Q8	1.000	0.548
城乡基础设施不断完善	Q9	1.000	0.586
传统房地产业竞争激烈	Q10	1.000	0.590
涉旅投资社会美誉度较高	Q11	1.000	0.568
货币政策相对宽松	Q12	1.000	0.603
优质项目的示范带动	Q13	1.000	0.645
产地融合发展，互促共赢	Q14	1.000	0.678
辐射带动区域生态环境水平	Q15	1.000	0.574

续表

变量名称	代号	初始	提取
打造品牌形象与市场定位	Q16	1.000	0.607
政府对区域规划的引导	Q17	1.000	0.615

由于旅游地产投资资金回收较快以及政府对区域规划的引导两个变量在三大因子上的载荷相差较少，无法有效用某一因子表征，解释力度较低，故将其删除，最终提取出三大核心公因子，累计方差贡献率为 63.245%（见表 4-3），依次将三大因子命名为项目自身优势因子、外部宏观环境因子、行业发展趋势因子。国内旅游地产投资过热现象的内在驱动因素可以由图 4-2 表示。同时，基于 15 个变量的平均值生成了旅游地产投资驱动力度表（本研究将变量的平均值作为影响旅游地产投资过热的驱动力度，见表 4-4）。

表 4-3　　旅游地产投资（开发）驱动因素因子分析

观察变量	主成分 1	主成分 2	主成分 3	平均值	标准差
涉旅投资社会美誉度较高	0.637			3.84	1.013
货币政策相对宽松	0.720			3.74	1.061
优质项目的示范带动	0.713			3.92	0.976
产地融合发展，互促共赢	0.759			3.92	1.045
辐射带动区域生态环境水平	0.671			3.88	1.029
打造品牌形象与市场定位	0.638			3.89	1.014
宏观经济与人均收入增长		0.757		3.75	1.203
政府对相关项目的支持度		0.783		3.83	1.077
居民的包容度和友好度		0.750		3.87	1.035
旅游地产法律日趋完善		0.723		3.89	1.067
积极的财政政策		0.701		3.89	1.086
企业传统业务增长乏力			0.608	3.72	1.080
旅游市场与度假需求增长			0.615	3.92	1.011

续表

观察变量	主成分 1	主成分 2	主成分 3	平均值	标准差
城乡基础设施不断完善			0.575	3.97	0.975
传统房地产业竞争激烈			0.638	3.87	1.028
累计方差贡献率（%）	24.566	46.652	63.245	—	—

```
┌─────────────────────┐
│ 涉旅投资社会美誉度较高      │
│ 货币政策相对宽松          │
│ 优质项目的示范带动         │──→  项目自身优势  ──┐
│ 产地融合发展，互促共赢       │                 │
│ 辐射带动区域生态环境水平     │    (核心因素)     │
│ 打造品牌形象与市场定位      │                 │
└─────────────────────┘                 │
                                        │
┌─────────────────────┐                 │   旅
│ 宏观经济与人均收入增长      │                 │   游
│ 政府对相关项目的支持度      │                 ├──→地
│ 居民的包容度和友好度       │──→  外部宏观环境 ──┤   产
│ 旅游地产法律日趋完善       │                 │   投
│ 积极的财政政策          │    (重要背景)     │   资
└─────────────────────┘                 │   局
                                        │   部
┌─────────────────────┐                 │   过
│ 企业传统业务增长乏力       │                 │   热
│ 旅游市场与度假需求增长      │──→  行业发展趋势 ──┘
│ 城乡基础设施不断完善       │
│ 传统房地产业竞争激烈       │    (直接诱因)
└─────────────────────┘
```

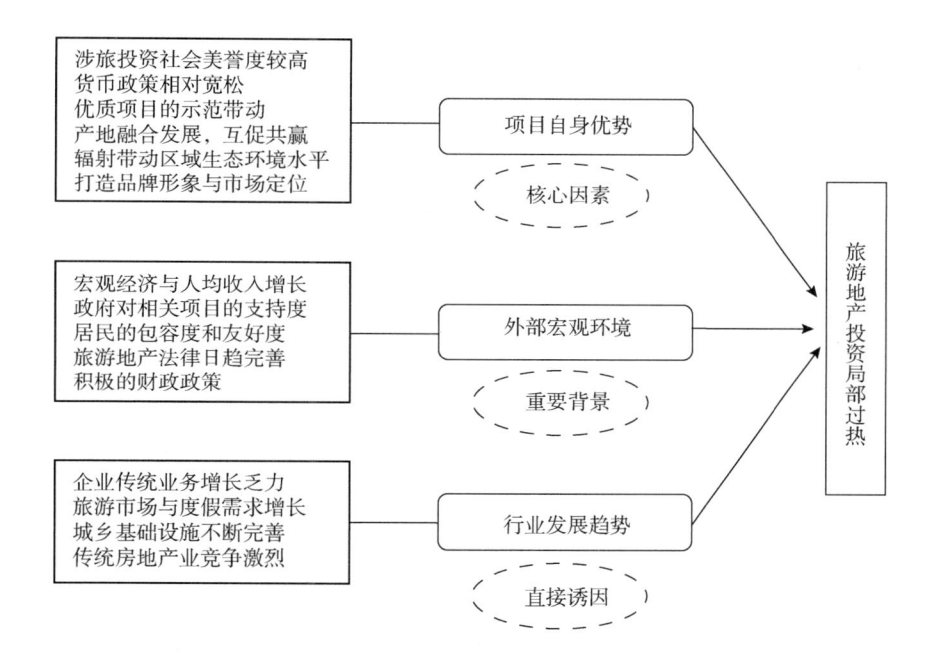

图 4-2　国内旅游房地产投资过热的内在驱动因素

表 4-4　　　　　旅游地产投资过热的驱动力度

序号	变量名称	从属公因子	平均值	标准差
1	城乡基础设施不断完善	旅游地产行业环境	3.97	0.975
2	旅游市场与度假需求增长	旅游地产行业环境	3.92	1.011
3	优质项目的示范带动	企业自身盈利优势	3.92	0.976
4	产地融合发展，互促共赢	企业自身盈利优势	3.92	1.045
5	旅游地产法律日趋完善	外部政治经济环境	3.89	1.067

续表

序号	变量名称	从属公因子	平均值	标准差
6	积极的财政政策	外部政治经济环境	3.89	1.086
7	打造品牌形象与市场定位	企业自身盈利优势	3.89	1.014
8	辐射带动区域生态环境水平	企业自身盈利优势	3.88	1.029
9	居民的包容度和友好度	外部政治经济环境	3.87	1.035
10	传统房地产业竞争激烈	旅游地产行业环境	3.87	1.028
11	涉旅投资社会美誉度较高	企业自身盈利优势	3.84	1.013
12	政府对相关项目的支持度	外部政治经济环境	3.83	1.077
13	宏观经济与人均收入增长	外部政治经济环境	3.75	1.203
14	货币政策相对宽松	企业自身盈利优势	3.74	1.061
15	企业传统业务增长乏力	旅游地产行业环境	3.72	1.08

首先，项目自身优势是驱动旅游地产投资过热的核心因素。现代企业面临的行业竞争日趋激烈，如何树立自己的竞争优势与盈利模式成为企业发展的核心命题。很多企业在思考发展方向的过程中，发现了旅游地产在盈利性、社会美誉度、与其他产业融合发展、打造品牌形象、明确市场定位、带动区域生态环境水平等方面具有显著优势。旅游地产项目自身的这些特点在很大程度上促进了国内旅游地产的投资和发展，提升了旅游地产投资者的开发意愿。旅游地产投资局部过热本质上是资本市场逐利的非理性现象，揭示这一现象背后的投资逻辑对于规制旅游地产投资过热、促进旅游地产可持续发展具有重要意义。

其次，企业外部宏观环境是导致旅游地产投资过热的重要背景。进入 21 世纪以来，国内宏观经济运行一直平稳向好，居民可支配收入持续增长，居民对旅游地产的消费能力稳步提高。这一良好的经济运行态势为旅游地产的持续投资打下了基础。旅游地产法律日趋完善，提高了投资者的进入意愿。项目居民的包容度和友好度为旅游地产的顺利开发与良好运行提供了有力支持。各地方政府对旅游地产相关项目提供了一定的支持,是驱动旅游地产投资的可靠保证。因此,一系列有利的外部政治经济环境是企业开发旅游地产的重要背景。

再次,旅游地产的行业发展趋势是驱动旅游地产投资过热的直接诱因。在企业传统业务增长乏力、房地产业竞争激烈的行业环境下,许多旅游和地产企业开始涉足旅游地产。随着人们对旅游度假需求的日益提升、住宅市场的逐渐饱和,城市核心区域内土地获取难度逐步增大,国内旅游市场火热,越来越多的房地产开发企业开始涉足旅游地产领域。同时,城乡基础设施不断完善、交通的便利化进一步催生了旅游地产投资的持续火爆。因而,旅游地产的行业发展趋势是驱动旅游地产投资过热的直接诱因。

从旅游地产投资过热的驱动力度来看,"城乡基础设施不断完善"(3.97)、"旅游市场与度假需求增长"(3.92)位居所有因子中的前两位,表明受访者对于此两项因素对于旅游地产投资过热的驱动性高度认同。二者均属于旅游地产行业发展趋势公因子,间接彰显了旅游地产行业环境对于旅游地产投资的驱动力度。"优质项目的示范带动"(3.92)、"产地融合发展,互促共赢"(3.92)均属于项目自身优势,表明旅游地产投资过热与项目自身优势密切相关。"旅游地产法律日趋完善""积极的财政政策""打造品牌形象与市场定位"平均值均为3.89,并且排在第四位,表明旅游地产投资主体面临的良好经济、政治背景是促进投资的重要因素。

2. 纸质问卷

纸质问卷的研究结果表明,KMO值为0.852,大于0.7,表明问卷的回收结果较为适用于因子分析(见表4-5)。公因子方差提取值表示原始指标在公因子中有多少信息被提取出来,一般认为大于50%才有意义。在本研究中,17个变量有16个符合因子载荷大于 0.5 的原则（见表 4-6）。

表 4-5　　　　　KMO 和巴特利特检验（纸质问卷）

参　数		值
KMO 取样适切性量数		0.852
巴特利特球形度检验	近似卡方	1218.500
	自由度	136
	显著性	0.000

表 4-6　　　　　　　公因子方差（纸质问卷）

变量名称	代号	初始	提取
宏观经济与人均收入增长	Q1	1.000	0.511
政府对相关项目的支持度	Q2	1.000	0.512
居民的包容度和友好度	Q3	1.000	0.577
旅游地产法律日趋完善	Q4	1.000	0.714
积极的财政政策	Q5	1.000	0.621
企业传统业务增长乏力	Q6	1.000	0.624
旅游市场与度假需求增长	Q7	1.000	0.571
旅游地产投资资金回收较快	Q8	1.000	0.673
城乡基础设施不断完善	Q9	1.000	0.577
传统房地产业竞争激烈	Q10	1.000	0.784
涉旅投资社会美誉度较高	Q11	1.000	0.577
货币政策相对宽松	Q12	1.000	0.569
优质项目的示范带动	Q13	1.000	0.606
产地融合发展，互促共赢	Q14	1.000	0.634
居民休闲时间增加	Q15	1.000	0.515
打造品牌形象与市场定位	Q16	1.000	0.603
政府对区域规划的引导	Q17	1.000	0.484

从表 4-6 可以看出，"政府对区域规划的引导"在因子上的载荷相差较少，无法有效用某一因子表征，故将其删除。这与第一阶

段的研究具有耦合性，也间接表现出本研究的可靠性，最终提取出五大核心公因子，累计方差贡献率为 59.718%，低于 60%，故不适宜继续采用因子分析的方法。纸质问卷的结果反映了变量之间的相互独立性较强，难以用几大因子概括和表征，表明旅游房地产投资过热的驱动因素来源广泛并且维度多元。

为了进一步深入分析影响旅游地产投资（开发）的因素，我们根据变量描述性统计结果（如表 4-7），以 5 为统计步距，将 17 个研究变量划分为 4 个方阵。排名在前五位的变量构成了第一方阵，表明受访者对此类变量驱动国内旅游地产投资具有强烈的正向作用，分别是：Q11、Q9、Q17、Q2、Q10。第二方阵为排名第 6—10 位的变量，分别为：Q16、Q13、Q14、Q15 以及 Q3，表明受访者对此类变量具有较为肯定的积极推动作用持有肯定意见。第三方阵的变量表示受访者认为其对国内旅游地产投资并没有太强的驱动作用，影响程度一般，分别为：Q5、Q6、Q7、Q1、Q4。第四方阵表示受访者对该类变量的驱动作用较不认同，影响程度较低，分别是 Q12 以及 Q8。

表 4-7　　　　　　纸质问卷变量均值及标准差统计表

变量名称	代码	均值	均值排序	标准差	方差
宏观经济与人均收入增长	Q1	3.53	14	0.904	0.818
政府对相关项目的支持度	Q2	3.98	4	0.802	0.643
居民的包容度和友好度	Q3	3.76	10	0.905	0.818
旅游地产法律日趋完善	Q4	3.49	15	0.970	0.940
积极的财政政策	Q5	3.71	11	0.944	0.890
企业传统业务增长乏力	Q6	3.69	12	0.930	0.865
旅游市场与度假需求增长	Q7	3.69	12	0.967	0.936
旅游地产投资资金回收较快	Q8	3.13	17	1.149	1.320
城乡基础设施不断完善	Q9	4.07	2	0.761	0.579

续表

变量名称	代码	均值	均值排序	标准差	方差
传统房地产业竞争激烈	Q10	3.92	5	0.997	0.994
涉旅投资社会美誉度较高	Q11	4.20	1	0.773	0.598
货币政策相对宽松	Q12	3.32	16	0.907	0.823
优质项目的示范带动	Q13	3.87	7	0.811	0.658
产地融合发展，互促共赢	Q14	3.86	8	0.874	0.765
居民休闲时间增加	Q15	3.76	9	0.951	0.904
打造品牌形象与市场定位	Q16	3.88	6	0.823	0.678
政府对区域规划的引导	Q17	4.00	3	0.913	0.833

三　国内旅游地产投资（开发）行为实证研究

为了尽可能多地获取有价值信息，除了旅游地产投资（开发）驱动因素，在问卷中同时设置了有关投资行为的问题，涉及投资效率、发展前景、选址倾向、资金来源、投资主体、开发热点、投资方式等方面。

1. 电子问卷

电子问卷统计结果表明（见表4-8、表4-9），在跨界资本投资（开发）旅游地产的效率（与业内资本相比）问题方面，21.50%的受访者认为很高，38.66%的受访者认为比较高，另有25.05%的人认为在效率上二者无差别。只有极少数的人认为跨界资本投资（开发）旅游地产的效率较低，因此绝大多数受访者对于跨界资本投资（开发）旅游地产的效率持肯定意见。针对房产税对旅游地产投资（开发）的影响这一问题，59.17%的人认为影响是非常积极或比较积极的，认为没有影响的受访者占比达到16.96%。认为比较消极和非常消极的受访者分别占到了20.91%和2.96%。在旅游地产投资（开发）未来发展前景方面，23.08%的受访者认为非常好，34.52%的人认为比较好，表明旅游地产未来的发展趋势向好，业内人士普遍看好其发展潜力。我国旅游地产投资（开发）是否过热一直是学术界和产业界讨论的热点话题，53.85%的受访者认为目前我国旅游地产投资（开发）局部过热。然而，有25.64%的人不赞同发展过热态势的说法。这表明旅游地产投资（开发）局部过热，但是仍有部分地区的旅游地产发展不温不火，市场气氛有待提高。

对于国内哪类城市最适合发展旅游地产，128名受访者选择了一、二线城市，302名受访者选择了三、四线城市，77名受访者选择了五线及以下，分别占比25.25%、59.57%和15.19%，表明旅游地产较为适合在三、四线城市发展，且不同经济水平的城市均存在发展旅游房地产的潜力。在国内旅游地产投资（开发）最佳选址方面，受访者偏向于城市近郊，占比达到了43.20%，这与已有研究的结果吻合；其次，选择城市和乡村的人占比分别为15.98%和40.83%。30.77%的受访者认为国内旅游地产选址应该靠近自然旅游资源；27.22%的受访者选择客源市场。人文旅游资源得到了最多的认可，占比为39.25%，表明我国目前旅游地产的发展处于粗放式到精细化的过渡阶段，内涵式的高品质发展是旅游地产发展的重要方向，接近人文旅游资源的三、四线城市近郊目前依然是最受旅游地产开发（投资）商青睐的地段。

除了单选题之外，在问卷中还设置了一些多选题。在旅游地产开发企业的主要资金来源方面，绝大多数受访人员选择了自筹资金、定金与预收款，占比均超过50%；其次是国内贷款，占比41.42%，个人按揭贷款占比37.48%，表明目前国内旅游地产开发企业的主要资金来源于企业自筹资金以及定金与预收款，政府对于旅游地产企业投资的支持力度有待进一步加强。在旅游地产的投资主体方面，选择民营资本的受访者占 58.78%，表明民营资本目前是投资和开发旅游地产的主要资本类型，与上文的分析形成印证。其次是国有资本，占比达到 48.92%，表明国有资本开始逐渐向旅游地产倾斜。在当前旅游地产的投资（开发）热点方面，特色小镇、乡村旅游、主题公园是旅游地产投资（开发）的热点，占比分别为 60.75%、55.42% 和 47.93%；其次是全域旅游、旅游演艺等旅游业态，占比分别为 39.25%、24.46%，在旅游地产的投资（开发）领域占据一席之地。调查结果显示，资本合作与并购重组目前是国内旅游地产项目投资（开发）的主要方式。国内旅游地产消费关注重点集中在度假内容与文化内涵方面，占比分别为 65.29% 和 62.33%，与上文的研究结果吻合。其次是地段占比，为 42.30%，表明旅游地产的开发（投资）商应更加注重对度假内容与运营服务的打造和提升，注重文化内涵的打造和服务的高品质，提高旅游地产消费者的度假生活质量和体验。

表 4-8 国内旅游地产投资（开发）行为调查结果（单选）（电子问卷）

	选项	很高	比较高	无差别	比较低	很低
跨界资本投资（开发）旅游地产的效率	人数（人）	109	196	127	65	10
	比重（%）	21.50	38.66	25.05	12.82	1.97
房产税对旅游地产投资（开发）的影响	选项	非常积极	比较积极	无影响	比较消极	非常消极
	人数（人）	122	178	86	106	15
	比重（%）	24.06	35.11	16.96	20.91	2.96
旅游地产投资（开发）未来发展前景	选项	非常好	比较好	不确定	比较不好	非常不好
	人数（人）	117	175	159	40	16
	比重（%）	23.08	34.52	31.36	7.89	3.16

续表

我国旅游地产投资（开发）是否过热	选项	过热	局部过热	正常，不过热
	人数（人）	104	273	130
	比重（%）	20.51	53.85	25.64
国内哪类城市最适合发展旅游地产	选项	一、二线	三、四线	五线及以下
	人数（人）	128	302	77
	比重（%）	25.25	59.57	15.19
国内旅游地产投资（开发）最佳选址	选项	城市	乡村	城市近郊
	人数（人）	81	207	219
	比重（%）	15.98	40.83	43.20
国内旅游地产选址应靠近哪类资源	选项	自然旅游资源	人文旅游资源	客源市场	其他
	人数（人）	156	199	138	14
	比重（%）	30.77	39.25	27.22	2.76

注：因四舍五入，合计数可能不等于100%。下同。

表4-9　国内旅游地产投资（开发）行为调查结果（多选）（电子问卷）

旅游地产开发企业的主要资金来源		国内贷款	自筹资金	定金与预收款	个人按揭贷款	其他资金
	人数（人）	210	254	256	190	55
	比重（%）	41.42	50.1	50.5	37.48	10.85
旅游地产投资主体		国有资本	民营资本	OTA	金融机构	境外资本
	人数（人）	248	298	159	216	79
	比重（%）	48.92	58.78	31.36	42.6	15.58
当前旅游地产的投资（开发）热点		全域旅游	特色小镇	乡村旅游	主题公园	旅游演艺	其他
	人数（人）	199	308	281	243	124	18
	比重（%）	39.25	60.75	55.42	47.93	24.46	3.55

续表

国内当前旅游地产项目的投资方式		新建	并购重组	资本合作	轻资产输出	其他
	人数（人）	191	279	302	191	25
	比重（%）	37.67	55.03	59.57	37.67	4.93
国内旅游地产消费关注重点		地段	度假内容	文化内涵	运营服务	其他
	人数（人）	218	331	316	179	21
	比重（%）	42.30	65.29	62.33	35.31	4.14

2. 纸质问卷

纸质问卷统计结果表明，在跨界资本投资（开发）旅游地产的效率（与业内资本相比）问题方面，只有3.4%的受访者认为很高（电子问卷的相应比例为21.50%），37.0%的受访者认为比较高（电子问卷的相应比例为38.66%），有37.0%的受访者认为比较低（电子问卷的相应比例为12.82%），另有20.4%的人认为在效率上二者无差别。只有极少数的人认为跨界资本投资（开发）旅游地产的效率较低（见表4－10）。与电子问卷相比，纸质问卷的受访者对于跨界资本投资（开发）旅游地产的效率没那么乐观。

表4－10　　　　国内旅游地产投资（开发）行为调查
结果（单选）（纸质问卷）

	选项	很高	比较高	无差别	比较低	很低
跨界资本投资（开发）旅游地产的效率	人数（人）	9	98	54	98	6
	比重（%）	3.4	37.0	20.4	37.0	2.3
	比重（%）（电子问卷）	21.50	38.66	25.05	12.82	1.97

续表

	选项	非常积极	比较积极	无影响	比较消极	非常消极
房产税对旅游地产投资（开发）的影响	人数（人）	7	74	32	138	14
	比重（%）	2.6	27.9	12.1	52.1	5.3
	比重（%）（电子问卷）	24.06	35.11	16.96	20.91	2.96
旅游地产投资（开发）未来发展前景	选项	非常好	比较好	不确定	比较不好	非常不好
	人数（人）	11	125	106	21	2
	比重（%）	4.2	47.2	40.0	7.9	0.8
	比重（%）（电子问卷）	23.08	34.52	31.36	7.89	3.16
我国旅游地产投资（开发）是否过热	选项	过热		局部过热		正常，不过热
	人数（人）	24		178		63
	比重（%）	9.1		67.2		23.8
	比重（%）（电子问卷）	20.51		53.85		25.64
国内哪类城市最适合发展旅游地产	选项	一、二线		三、四线		五线及以下
	人数（人）	56		186		23
	比重（%）	21.1		70.2		8.7
	比重（%）（电子问卷）	25.25		59.57		15.19
国内旅游地产投资（开发）最佳选址	选项	城市		乡村		城市近郊
	人数（人）	6		63		196
	比重（%）	2.3		23.8		74.0
	比重（%）（电子问卷）	15.98		40.83		43.2
国内旅游地产选址应靠近哪类资源	选项	自然旅游资源	人文旅游资源		客源市场	其他
	人数（人）	142	59		59	5
	比重（%）	53.6	22.3		22.3	1.9
	比重（%）（电子问卷）	30.77	39.25		27.22	2.76

针对房产税对旅游地产投资（开发）的影响这一问题，30.5%的人认为影响是非常积极或比较积极的（电子问卷的相应比例达到

59.17%）。其次，认为没有影响发生的受访者占比达到12.1%。认为比较消极和非常消极的受访者占比分别为52.1%和5.3%（电子问卷的相应比例分别为20.91%和2.96%），可见有超过一半的受访者认为房产税的出台对旅游地产投资（开发）产生消极影响。与电子问卷相比，纸质问卷的受访者针对房产税出台对旅游地产投资（开发）的影响这一问题的认识相对消极。

在旅游地产投资（开发）未来发展前景方面，4.2%的受访者认为旅游地产投资（开发）未来的发展前景非常好（电子问卷的相应比例为23.08%），47.2%的人认为旅游地产投资（开发）未来的发展前景比较好，表明旅游地产未来的发展趋势向好，业内人士普遍看好其发展潜力。与电子问卷相比，纸质问卷的受访者在旅游地产的发展前景方面，预期非常好的比例明显偏低。

我国旅游地产投资（开发）是否过热一直是学术界和产业界讨论的热点话题，有9.1%的受访者认为目前我国旅游地产投资（开发）过热（电子问卷的相应比例为20.51%），67.2%的受访者认为局部过热（电子问卷的相应比例为53.85%）。不过也有23.8%的人不赞同发展过热态势的判断。这表明旅游地产投资（开发）局部过热，但是仍有部分地区旅游地产发展不温不火，市场气氛有待提高。与电子问卷相比，仅有少部分（9.1%）纸质问卷受访者认为目前我国旅游地产投资（开发）过热，大部分受访者认为局部过热，与我们第三章的实证结果一致。

对于国内哪类城市最适合发展旅游地产，56名受访者选择了一、二线城市，186名受访者选择了三、四线城市，23名受访者选择了五线及以下，分别占比21.1%、70.2%和8.7%（电子问卷的相应比例为25.25%、59.57%和15.19%），表明旅游地产较为适合在三、四线城市发展，且不同经济水平的城市均存在发展旅游房地产的潜力。

在国内旅游地产投资（开发）的选址方面，受访者偏向于城市近郊，占比为74.0%（电子问卷的相应比例为43.2%），这与已有文献研究结果吻合。其次，选择城市和乡村的人占比分别为2.3%和23.8%（电子问卷的相应比例为15.98%和40.83%）。

53.6%的受访者认为国内旅游地产选址最应该接近自然旅游资源，占比超过一半；受访者对人文旅游资源和客源市场认可程度一致，占比均为22.3%。这与电子问卷调查结果有所不同，网络受访者认为国内旅游地产选址最应该接近人文旅游资源（占比39.25%），自然资源和客源市场的吸引力相当。

除了单选题之外，我们在问卷中还设置了一些多选题（见表4-11）。在旅游地产开发企业的主要资金来源方面，绝大多数受访人员选择了国内贷款与自筹资金，占比均超过一半，分别为72.1%、68.3%（电子问卷的相应比例分别为41.42%和50.1%）；其次是定金与预收款，占比31.7%，个人按揭贷款占比为14.0%，表明目前国内旅游地产开发企业的主要资金来源于国内贷款、企业自筹资金，政府对于旅游地产企业投资的支持力度还是比较大的。与电子问卷调研结果相比，纸质问卷的受访者选择国内贷款、自筹资金的比例较高。

表4-11　　　　　国内旅游地产投资（开发）行为调查
结果（多选）（纸质问卷）

	选项	国内贷款	自筹资金	定金与预收款	个人按揭贷款	其他资金
旅游地产开发企业的主要资金来源	人数（人）	191	181	84	37	61
	比重（%）	72.1	68.3	31.7	14.0	23
	比重（%）（电子问卷）	41.42	50.1	50.5	37.48	10.85

续表

旅游地产投资主体	选项	国有资本	民营资本	OTA	金融机构	境外资本
	人数（人）	169	223	67	80	28
	比重（%）	63.8	84.2	25.3	30.2	10.6
	比重（%）（电子问卷）	48.92	58.78	31.36	42.6	15.58
当前旅游地产的投资（开发）热点	选项	全域旅游	特色小镇	乡村旅游	主题公园	旅游演艺	其他
	人数（人）	112	210	161	121	65	6
	比重（%）	42.3	79.2	60.8	45.7	24.5	2.3
	比重（%）（电子问卷）	39.25	60.75	55.42	47.93	24.46	3.55
国内当前旅游地产项目的投资方式	选项	新建	并购重组	资本合作	轻资产输出	其他
	人数（人）	134	136	198	66	10
	比重（%）	50.6	51.3	74.7	24.9	3.8
	比重（%）（电子问卷）	37.67	55.03	59.57	37.67	4.93
国内旅游地产消费关注重点	选项	地段	度假内容	文化内涵	运营服务	其他
	人数（人）	113	212	152	176	4
	比重（%）	42.6	80.0	57.4	66.4	1.5
	比重（%）（电子问卷）	42.30	65.29	62.33	35.31	4.14

在旅游地产投资主体方面，选择民营资本的受访者占84.2%，表明民营资本目前是投资和开发旅游地产的主要资本类型。其次是国有资本，占比达到63.8%，然后是金融机构，占比30.2%。纸质问卷的结果与电子问卷的优先顺序类似，只是选择民营资本和国有资本的比例更高。

在当前旅游地产的投资（开发）热点方面，特色小镇、乡村旅游、主题公园是旅游地产投资（开发）的热点，占比分别为79.2%、60.8%和45.7%；其次是全域旅游、旅游演艺等旅游业态，占比分别为42.3%、24.5%。纸质问卷的结果与电子问卷的优先顺序类似，只是选择特色小镇的比例明显较高（比电子问卷高 18.45 个百分点）。

在投资方式上，调查结果显示，资本合作、并购重组是国内旅游地产项目的投资的主要方式，占比分别为 74.7% 和 51.3%；其次是新建（50.6%）和轻资产输出（24.9%）。纸质问卷的结果与电子问卷的优先顺序类似，只是选择资本合作的比例明显较高（比电子问卷高 15.13 个百分点）。

国内旅游地产消费关注重点首先集中在度假内容、运营服务与文化内涵方面，占比分别为 80.0%、66.4% 和 57.4%，其次是地段，占比为 42.6%，表明旅游地产的开发（投资）商应更加注重对度假内容与运营服务的打造和提升，注重文化内涵的打造和服务的高品质，提高旅游地产消费者的度假生活质量和体验。纸质问卷的结果与电子问卷的选择顺序有所区别，电子问卷受访者认为国内旅游地产的消费关注重点依次是：度假内容、文化内涵、地段、运营服务、其他。

第四节　结果讨论

基于探索性因子分析，本章科学系统地剖析了我国旅游地产投资（开发）的驱动因素，同时就旅游地产投资的热点、投资方式等进行了探究，以期对未来国内旅游地产主管部门规制和管理有一定的借鉴意义。探索性因子分析结果表明：项目自身优势是驱动旅游地产投资过热的核心因素；企业外部宏观环境是导致旅游地产投资过热的重要背景；旅游地产的行业发展趋势是驱动旅游地产投资过热的直接诱因。

投资行为的调研结果表明，我国旅游地产投资（开发）处于局部过热阶段，仅局部地区存在投资（开发）过热现象，大部分地区旅游地产的投资和开发尚处于理性阶段。相较于前几年，旅游地产的开发和投资开始步入去热化周期，投资开发渐趋理性，有利于旅游地产的可持续发展和内涵式升级。同时，由于国家对土地监管力度的不断加强，借助发展旅游来圈地进行住宅项目开发的现象将越来越少，旅游地产的旅游属性将得以更多体现。

另外，我国旅游地产的发展目前仍存在诸多问题，如模式粗放、同质化严重、项目烂尾等。但国民经济的发展和我国居民休闲旅游意识的崛起，为旅游地产的发展提供了广阔的发展空间。在项目开发过程中，开发商要摒弃过去的住宅化开发思维，真正采用地产为旅游服务的开发理念，合理有效地规划整体项目，做到项目定位主题化、个性化，项目运营差异化、专业化，打造功能复合化、业态多样化、文旅深度融合的旅游地产项目。

第五章　旅游地产投资行为规制

我国旅游地产市场存在着广阔的发展前景，但在旅游地产快速发展的同时，其开发过程中也存在诸多问题。保护生态环境、合理利用自然资源、平衡旅游地产开发各利益相关者的利益诉求、规范开发企业的行为，对促进旅游地产行业健康、有序、可持续发展具有非常重要的现实意义。

第一节　旅游地产投资存在的问题

旅游地产的开发是综合性开发，本身是一个系统工程，有诸多行业、部门参与。目前，我国旅游资源存在多头管理，管理体制没有理顺，开发过程中需要政府协调各方利益以及公共伦理冲突，发挥引导作用。旅游地产一般地处偏远，基础设施落后，面临着社会资本参与度不高、市场运作程度低等问题。近年来，地方政府在地方财政收入增长放缓、财政支出压力加大的背景下，为解决社会资本"不愿进"问题，在税收优惠、土地政策等方面采取了不少有效措施，在招商引资方面取得了显著成效，有力地促进了创业创新和产业转型升级。

在开发实践中，践行功利主义的价值导向有其合理性。然而，功利主义本身存在着理论缺陷，以功利主义作为公共政策的价值导向，除了会导致一定的伦理困境之外，由于其价值分配失衡，在旅游地产开发实践中极易出现资源浪费、资源破坏、违法违规等现象，导致严重的社会冲突（王建喜，2010）。

一　局部投资过热

部分投资者对地产快进快出、低进高出的赚快钱模式的心理预期仍未消除。一些开发商假借旅游项目开发谋取住宅项目开发，房地产项目的土地占用远大于旅游项目用地，造成跑马圈地之嫌。部分开发商借旅游之名圈钱圈地，盲目砸钱于旅游地产，造成局部地区旅游地产供给严重过剩，供求脱离，烂尾项目频现。很多开发商不是旅游产业开发和运营的专业企业，不了解旅游产业的自身发展规律。他们冲着土地和旅游景观资源的垄断而来，在开发过程中往往照搬传统的住宅房地产开发模式，不舍得也没打算在旅游产业深耕细作。他们的真正目的在于开发住宅，不是经营旅游产业，而是为了套现离场（王建喜，2010）。这种本末倒置的行为使得大量土地资源和旅游资源被破坏性开发和低水平开发，造成资源占用和浪费，无法弥补。在个别经济基础较差、产业结构水平较低的地区，旅游用地增长较快，出现圈地热，如海南。近几年来，东部地区旅游地产开发用地购置也呈高速增长的趋势。地方政府为了吸引投资，推动当地的建设，会给出各种优惠条件。政府的相关激励政策有时被不法企业钻了空子，一些开发企业以增加开发旅游为名，大量圈占土地，随意开发。

二　开发模式单一

旅游地产的开发经营模式单一化，产品模式设计不合理，缺乏创新。有些还在销售环节上存在对消费者信息不对称的重大误导，项目开发经营上以旅游风景为幌子，照搬传统的住宅房地产开发模式，导致消费群体混乱，毫无章法（王建喜，2010）。大部分旅游地产，更多的是一种在景区周边的社区地产的形式呈现，产品的本质还是地产，有部分项目已经通过"分时度假""酒店式公寓"附加了一部分度假的功能，但功能还是相对简单，有些甚至只是一些开发商卖房的噱头。

伴随着消费市场的不断升级和中产阶级的不断扩大，旅游的消费空间也在不断扩容，这不仅给旅游市场注入了前所未有的动力，也对旅游地产项目创新产品和开发模式提出了新的要求。旅游地产的内容和项目不应只局限于"住"的需求，而是应该在"吃、住、行、游、购、娱"方面全方位地实现产业化的内容创新，从而吸引更多潜在的市场和消费者，提高产业活力。

三　地产反哺成为旅游投资运营的重要商业模式

旅游项目开发周期较长，一般开发期限在3—5年乃至5年以上才能形成项目规模效应，而大部分项目前期基础设施落后，受市场不确定因素影响较大。另外，项目选址的区域一般是在生态环境良好的区域，意味着大部分是"生地"，还要面临一些国家政策法规的约束，如基本农田保护政策、森林保护区、水源保护地等，以及与当地村民的沟通协商等，存在政策风险。旅游投资面临的投资环境高度复杂，资金成本高、回报率低使得旅游项目吸引力较弱，社会资本参与度低。旅游行业为了维持自身的长期运作，必须要扩展资金来源渠道，迫切需要一种反哺的形式。房地产开发资金回收较快，成为当前大家普遍的融资选择。另外，由于旅游行业的特殊性（公益性和商业性并存），旅游投资受多种条件限制（如资源保护、资本化流通受限等）。当前除地产反哺形式外，旅游投资运营的商业模式、成功案例都很少，这也在很大程度上了降低了开发商的选择余地。

当前，我国经济已由高速增长阶段转向高质量发展阶段。在这种形势下，不能再继续把地产反哺当作万能的钥匙，动辄用它来开旅游投资这把"锁"。如何积极创造"反哺"条件，大胆创新旅游投资的"反哺"形式，是政府和行业面临的十分迫切的问题。

第二节　政府规制方式

市场失灵是政府干预的主要依据。即使市场在资源配置方面没有失灵，政府仍然需要对旅游地产市场进行适度干预。主要有以下几个方面的原因：首先，旅游资源一般是由土地、景观资源和生态资源或文化资源组合而成的，这些资源本身就是稀缺的，组合起来稀缺程度更高，为了提高配置效率，需要政府干预；其次，旅游地产开发对金融业的依赖，加大了金融业风险，存在可能引发金融危机的隐患；再次，旅游资源具有公共资源的性质，是全体公民的一种休闲资源，政府应维护其公共属性，防止其私人圈占，侵犯公共利益；最后，我国的土地产权制度，即土地所有权属于国家，决定了政府干预的必然性（王建喜，2010）。

旅游地产业政府规制主要是为了弥补市场机制的缺陷，通过规制影响企业决策，增加受规制产业的运行成本，从而达到规制的目的。政府规制是经济发展"看得见的手"，而市场机制是经济发展"看不见的手"，两者同时发挥作用才能促进产业稳定发展。政府规制旅游地产开发主要从直接规制开发和间接规制开发两方面着手。直接规制开发主要通过旅游用地区域的总体规划控制、规划审核、土地供给、旅游地产开发企业的准入门槛、制定旅游地产的开发标准以及具体物业开发设限来达到规制的目的。在间接规制开发方面，主要通过规制销售和消费环节来间接规制旅游地产的开发，如旅游地产的产权制度、登记制度、交易合同、税收政策、消费者权益保护等多角度干预和规范市场（王建喜，2010）。

政府规制旅游地产业发展主要通过经济手段、法律手段和行政手段来进行。

一 经济手段

为了解决负外部性和公共品带来的环境污染问题，运用排污收费、排污收税、补贴等手段来规制企业行为。此外也可以通过国家的信贷政策、货币政策、税收政策、土地政策、产权制度等多个方面来控制企业经营成本。在我国，常常出现"高进入门槛、无后续监管"的情形。这不仅导致企业为了进入市场而致力于对行政部门审批的公关，而且导致进入市场的企业为收回前期投资而在具体提供产品和服务时偷工减料，严重损害消费者甚至国家的利益。随着我国市场经济的深入推进，自由准入的理念也逐渐贯彻到整个法制系统中，政府关注的重点将主要放在市场主体进入市场后的行为监管（王建喜，2010）。

二 法律手段

通过国家立法来维护公共利益、产业规范开发、产业可持续发展。法律规制是其他形式规制的基础和保障，无法可依和执法不严是问题的关键。资源、环境规制主要是为了克服当代市场经济中存在的资源浪费、环境污染、生态破坏等负的外部效应。资源规制是政府依据资源、土地、森林等方面的法规及国土整治规划，对自然资源的开发利用实行的规制。通过立法来对旅游地产开发中的不良行为进行限制，主要包括以下几个方面的规制：①对资源破坏、非法占用、环境污染进行规制；②产权规制，主要是通过实施一定的法律制度，保护人们的产权不受侵犯，同时监督产权的行使规则，协调产权行使过程中发生的矛盾和冲突；③对旅游消费者权益保护的规制（王建喜，2010）。

三 行政手段

行政规制是地方政府干预产业发展的主要形式，地方政府作为国家政策的执行者、法律的实施者、产业政策的落实者、市场竞争的规范者等多种身份于一身，对产业发展规制效果起到决定性的作用。

行政规制包括以下几个方面。①旅游项目审批制度。主要通过禁止特定对环境和景观破坏性开发的行为，或禁止因公共品、负外部性、信息不对称所带来的公共利益和消费权益受损的行为。②标准的制定。主要包括旅游项目施工标准、配套设施标准、产品和服务质量标准等。③数量和质量规制。由于数量控制直接影响到市场的供给与需求，所以政府对产品和服务数量的控制，有利于防止投资规模过大、过热造成价格过度波动、资源浪费，通常采取的规制手段有投资控制和供应量规制。政府对房地产业的数量规制，最直接的方法是对可供开发的土地数量进行控制。土地供给数量的限制则直接影响了旅游地产市场的未来供求关系，其结果是两方面的：一方面，对供给量的限制防止了过多资金流向这一行业，对经济过热的防治有一定成效；另一方面，供给量的减少，会对价格的上涨有一定推动作用。政府可以通过数量控制来间接控制旅游地产价格（王建喜，2010）。

第三节 规制建议

一 先铺路，再规制（先养育，再教育）

良好的营商环境是吸引众多投资者的关键因素，其中又以健全、完备、高效的政府监管与服务保障为核心的法律法规体系为首要选择依据。地方政府应首先致力于构建优质的产业可持续发展环境、营造良好的人才发展环境和更加高效的政务服务环境，为实体经济和旅游投资搭桥铺路。①优化交通环境，提升配套服务，增强地区吸引力。交通便利与否是影响企业发展和资本进入的重要因素。旅游投资更是如此，交通是旅游业发展的首要条件。旅游资源和项目依赖旅游者光顾而产生效益。没有安全便捷的交通，就不可能有规模化和长期发展的旅游经济。旅游资源潜力再大，如果没有快捷便利的交通做后盾，也将无法发挥其优势。②保障产业空间，破解企业"成长的烦恼"。地方政府不仅要提升硬件配套，还需努力提供更优质多元的增值服务，降低企业发展的用地成本和经营成本。比如，韶关市行政服务中心分别设立企业咨询窗口，为企业投资设立提供政策办事咨询，并提供帮办代办服务；设立企业开办窗口，实现企业开办"一日办结"；设立工程报建综合受理窗口，实现工程项目"一窗受理，分类审批"，工程项目全程只进一扇门；设立政策兑现窗口，将企业享受政府优惠政策落到实处，为企业创造高效优质的营商环境。

二 优化旅游业用地政策环境

旅游业是我国正在大力发展的战略性支柱产业，而在旅游业发展中用地问题越来越突出。缺乏系统性的制度安排一直是我国旅游业用地存在的关键问题，甚至影响到旅游业的持续健康发展。虽然近年来国家和地方围绕旅游业用地政策方面开展了诸多创新工作，在2015年国土资源部等部门还联合出台了《关于支持旅游业发展用地政策的意见》，但在实践中这些政策实施情况并不理想，有的政策落地难，有的政策颇存争议（如自驾车房车营地项目土地用途按旅馆用地管理），旅游业用地合理需求得不到满足，存在大量违规用地，加之现在推行土地"三权分置"改革和全域旅游发展，都使得制定和优化旅游业用地政策非常必要。

一方面，当前我国旅游业持续快速增长、大力发展全域旅游和自驾车房车营地、民宿、乡村休闲旅游养老等新业态发展对旅游业用地需求激增；另一方面"三权分置"土地制度改革、加强耕地保护和改进占补平衡等对旅游业用地供给带来的限制越来越多，需求增加和供给减少之间的矛盾越来越突出，亟须根据旅游行业自身特点和发展方向，对旅游业用地进行整合性政策设计，将旅游业用地作为土地制度改革的先行领域加快政策创新，增强旅游业用地政策的可执行性。

三 鼓励和支持旅游投资企业创新，倡导企业家精神，总结推广成功模式

激励性规制办法是为了提高产业内部效率而引进的。激励方法可分为两类：一是给予竞争刺激，二是给予企业提高经营效率的诱导，由此获得的成果便是给予企业的报酬，其主要方法有社会契约制度和价格上限规制。社会契约制度是指规制当局与被规制者之间在修订收费时，就各种成本签订合同，能够实现比合同规定的成绩好则给予企业报酬，否则给予处罚的一种方式（吴向鹏，2002）。

近年来，"创新""创业"成为我国社会不断进步和发展的关键词，越来越多的企业家日渐展现出创业的动力以适应新的发展机遇，同时也展现出了自主创新的欲望和能力，而不是简单地复制原先已经存在的东西。各地和各级政府也推出了旨在提高创业和创新能力的举措，如大大缩短了组建新公司的过程、个人可以自由地开办新公司（政府认识到了经济竞争的重要性）。当前，数字旅游时代已经到来，相关政府部门应出台鼓励和支持旅游企业的创新，切实推动消费升级和产业转型，例如苏州出台配套政策，将对投身全域旅游发展的市场主体、从业人员和开发建设的旅游新业态给予扶持奖励。其中，符合条件的旅游创新产品业态将一次性奖励15万元，具有一定标志性、创新性的精品民宿每家可一次性奖励5万元。对于新获评国家5A级景区和国家级旅游度假区的，奖励金额高达100万元。

四 分类施策，加强事中事后监管

政府要分类施策，统筹兼顾，促进旅游地产投资健康发展。对

某些挂羊头卖狗肉（借旅游之名圈地）的企业要事后惩罚；对既宜居又宜游、遵纪守法且多角度综合效益均良好的开发商，政府应支持和表彰。另外，旅游地产投资的市场主体主要有两类：一类是旅游企业，另一类是地产企业。两类企业的主业不同，开发理念和目标追求也不同，政府应加强调研，掌握各类投资主体的特点和诉求，分类引导，才能取得更好的效果。

为深刻转变政府职能，深化简政放权、放管结合、优化服务改革，进一步加强和规范事中事后监管，以公正监管促进公平竞争，加快打造市场化法治化国际化营商环境，2019年9月国务院出台了《关于加强和规范事中事后监管的指导意见》。《关于加强和规范事中事后监管的指导意见》指出，各级各地政府要夯实监管责任、健全监管规则和标准、创新和完善监管方式、构建协同监管格局、提升监管规范性和透明度。

第六章　旅游地产案例

第一节　华侨城——旅游地产"开路人"

一　华侨城简介

华侨城集团有限公司（简称"华侨城"）是国务院国有资产监督管理委员会直接管理的大型中央企业，1985年成立于改革开放的窗口——深圳。华侨城是中国首批文化产业示范园区、中国旅游集团20强、中国文化企业30强、2018年荣登福布斯最佳雇主榜单、"一带一路"中国企业20强。从2010年至2018年连续获得国务院国资委年度业绩考核A级评价，2018年营业收入为1103亿元，利润总额为202亿元，资产总额为4400亿元。华侨城位列全球主题公园4强，效益位列央企前20位，收入和利润增速位列央企前10名。

通过创造独特的生活文化来提升国人的生活品质一直是华侨城成立以来的追求，它的产业板块包括文化产业、旅游产业、新型城镇化、相关业务投资、电子科技几个方面，其中文化产业、旅游产业和新型城镇化板块联系紧密，文化产业板块包括文化主题景区、文化主题酒店、文化艺术场馆和文化演艺等，旅游产业板块在不同的省份推出了度假区，尤其是与云南省签订了长期的合作协议，不仅要发展特色的旅游小镇，更将进一步发展云南省的全域深度旅游。文化与旅游先行，为华侨城旅游地产的发展奠定良好的物质基础。30 多年来，华侨城旗下的康佳集团、锦绣中华·中国民俗文化村、欢乐谷主题公园、欢乐海岸、波特菲诺、威尼斯酒店等都取得了辉煌的成绩，已成为行业的优质品牌。

深圳华侨城旅游度假区创立 30 余年来，始终坚持以"生态环保大于天"的环保理念来进行城市建设，在 6 平方千米的土地上，建成了生态广场、主题公园、郊野公园、湿地公园、雕塑长廊、喷泉走廊、自行车绿道、创意文化园等公共人文场所，增添了城市活力；集聚了居住、文创、旅游、商业等多元化业态，堪称深圳乃至中国的理想城区。

随着华侨城的发展壮大，旅游地产与华侨城的关系也越来越密不可分，华侨城靠着"摸着石头过河"的经验和敢为人先的勇气，在其旅游地产开发的过程中成功地找到了"先发展旅游，后带动地产"的模式，打造了旅游界和地产界的神话传说，成为全国地产开发商的标杆。因此，我们有必要对华侨城旅游地产的开发投资及未来的发展进行相应的探讨和研究，尤其着重于华侨城旅游地产的运营模式。

二 主题公园——旅游地产的开篇之作

1985 年，经国务院批准，国务院侨办将深圳沙河华侨农场 4.8 平方千米土地归华侨城建设指挥部，华侨城创始人马志明先生是当时香港中旅集团的总经理兼华侨城建设指挥部的主任，而当时并无旅游地产一说。1986 年，《华侨城总体规划》制定，开辟了开发区建设"先规划后建设"的先河。华侨城初期并没有单一做工业区或者产业园区规划,而是一步上升到高端城市规划上来。因此他们聘请了新加坡规划大师孟大强先生为华侨城做整体规划。孟大强先生在规划时保留了大量的山丘坡地、海岸环境、山塘小溪和荔枝树林等自然生态环境资源,顺风顺水地布局街道、街区、绿地等系统,营造出与常规城市风格不一样的具有特色的生态社区。当时刚好赶上改革开放,政策上确实带来了很多的便利,但是也由于开放没多久,国内外对彼此的情况都不太了解,时任香港中旅集团总经理的马志明先生受到"一日游遍中国名山大川"的启发,并且在了解到港澳台同胞和海外华侨喜欢游览祖国的大好河山的情况下,开始思考如何将中国五千年的传统文化和旅游景观联系到一起。马志明先生在参观了台湾"小人国"之后,微缩版本的祖国名胜古迹的想法便油然而生,锦绣中华主题公园就此诞生。锦绣中华起初口号为"一步迈进历史,一日了解中国"。1987年9月,中国主题公园的开山之作破土动工。1988年,锦绣中华开业,锦绣中华在一年以内收回全部的投资。锦绣中华的神奇成功极大地鼓舞了华侨城开发旅游业的积极性。1991年,华侨城向全世界推出锦绣中华的姊妹篇——中国民俗文化村。中国民俗文化村以展示中国和世界历史文化与文明为主线,26个村寨56种风情,华侨城不断丰富景区品种,打造优美充满历史韵味的主题乐园。在锦绣中华和民俗文化村的成功推出后,在全国范围引起强烈反响。1994年"世界之窗"正式开业。1995年,华侨城在新时代经济社会发展的条件下,对其产业结构进行调整,并且根据新的时代要求修编完成《华侨城1996—2005年规划方案》,提出了"顺应趋势,结合产业"的总体规划核心思路。1998年,华侨城通过购买先进的游乐设备,建造了国内第一个参与性主题公园——欢乐谷。与锦绣中华、中国民俗文化村、世界之窗相比，欢乐谷有着更为先进和人性化的理念，不仅突出了它的休闲游乐性，更加突出的是它为亲子游和青年群体提供了互动的平台。该公园开业第一年，接待游客已超过 100 万人次。1999 年，开放式的休闲生态广场——华侨城生态广场正式建成对外开放，该广场占地 4.6 公顷。2004 年，华侨城获得国际公园协会授予的"国际花园社区"金奖。2007 年，华侨城在深圳东部启动一个规模更大的旅游项目，即拥有 50% 权益的"东部华侨城"。2012 年，逐步开放的"欢乐海岸"是华侨城第四代产品，是集文化、生态、旅游、娱乐、购物、餐饮、酒店、会所等多元化业态于一体的主题商业模式，2019 年开发"欢乐海岸 Plus"（见表 6-1）。

表 6-1　　　　　　　　华侨城发展的重大事件

时　间	事　件
1985 年	国务院侨办将深圳沙河华侨农场 4.8 平方千米土地归华侨城建设指挥部
1986 年	制定《华侨城总体规划》，开辟了开发区建设"先规划后建设"的先河
1987 年	开始建设锦绣中华
1988 年	锦绣中华开业
1991 年	推出锦绣中华的姊妹篇——中国民俗文化村
1994 年	世界之窗正式开业
1995 年	修编完成《华侨城 1996—2005 年规划方案》，提出"顺应趋势，结合产业"的总体规划核心思路
1998 年	建造了国内第一个参与类主题公园——"欢乐谷"
1999 年	占地 4.6 公顷的华侨城生态广场建成开放
2007 年	建设东部华侨城项目
2012 年	开发欢乐海岸项目
2019 年	开发欢乐海岸 Plus 项目

资料来源：华侨城官网，https://www.chinaoct.com。

综上所述，华侨城是一个时代对城市建设理想追求的产物，它的成长过程深深地烙下了中国改革开放和深圳城市发展的印痕，华侨城的主题公园的打造也为全国主题公园的设计树立了鲜明的模板。华侨城是国内首位将城市与旅游进行结合规划的城市运营体，如它将旅游、地产、酒店、艺术、创意、公共空间、其他生活配套资源等进行关联运营，使得城市各种生活配套设施处于相互连接的状态，为居民和游客带来便捷优质的城市体验。华侨城的发展主要是依靠主题旅游公园的开发逐步强大起来的，主题公园的开发不仅吸引了国内外大量的游客，而且让华侨城这个品牌在大众面前留下了深刻的印象。华侨城创造了特色型的产业空间和人文环境，这时，华侨城已经不再仅仅是对一般游客产生吸引力了，而是开始吸引大量的市民和居民。他们希望在这样的美好生态环境和浓厚的人文环境中居住、生活。在这种强大的市场需求引导下，华侨城的巨大创造力再一次被导入产业整合的平台上，即"旅游+地产"。

三 城旅游地产的现状

1. 华侨城选址布局

华侨城是以开发旅游房地产为主导的大型中央企业，经过30多年的谋篇布局，已经成为国内领先的企业，无论是在影响力还是其著称的创想文化方面，都独占鳌头。华侨城的选址布局不是仅仅局限在集团本身盈利，更是为中国居民舒适生活环境的营造和品质生活的提升做出了很多的考量。其目前的旅游业态主要按照四代来进行划分：第一代的微缩景观型主题公园包括锦绣中华、中国民俗文化村、世界之窗；第二代的互动游乐型主题公园——欢乐谷连锁主题公园；第三代的生态旅游度假区包括东部华侨城旅游度假区、泰州溱湖旅游度假区、昆明阳宗海旅游度假区、华侨城秦皇岛旅游度假区等;第四代的都市娱乐目的地——欢乐海岸,包括深圳欢乐海岸、顺德欢乐海岸、宁波欢乐海岸等。其中,欢乐谷连锁主题公园已经在深圳、北京、成都、上海、武汉、天津、重庆实现连锁经营,它是我国目前唯一的主题公园的驰名商标。随着旅游业务的拓展,华侨城旅游地产也在全国范围进行战略布局(如表6-2),北京华侨城、天津华侨城、陕西西安华侨城、江苏泰州华侨城、上海浦江华侨城、湖北武汉华侨城、四川成都华侨城、云南华侨城、广东东部华侨城,除了各省份华侨城的设置,华侨城还在各省份进行投资其中包括主题公园、公寓、别墅和酒店等旅游地产以及一些艺术中、创意文化园、何香凝美术馆、华侨城实业、古镇等多个大型综合性旅游项目和主题居住社区。综上,我们可以看到华侨城集团全国发展的战略布局已经形成。

随着方特、迪士尼等主题公园的不断蓬勃发展和扩张,华侨城开始进行新的战略布局,尤其是针对迪士尼和环球影城等一些国外品牌的扩张,华侨城集团提出了"东西南北中"区域发展战略,分别选择东部的上海、西部的成都、南面的深圳、北面的北京、中部的武汉建设华侨城旅游地产项目,开始进行全国区域规划布局,开创了中国"旅游+地产"的新模式。

表6-2　　　　　　　　华侨城主要项目选址

项目名称	项目区位	项目背景
北京世纪华侨城	总投资20亿元,占地1.5平方千米,位于东四环与京沈高速交接处,距CBD仅3.5公里	周边有万科、华远、SOHO中国、中海等大型开发商
上海天祥华侨城	总投资20亿元,总占地面积约2500亩,与松江大学城相邻项目位于上海松江区,初步选址佘山国家旅游度假区核心区	可满足2010年上海世博会对文化旅游娱乐项目的需求 建设集生态、旅游、娱乐、文化、居住和休闲等功能于一体的超大规模现代化旅游社区

续表

项目名称	项目区位	项目背景
成都天府华侨城	总投资 30 亿元，总占地面积 3000 亩，位于成都市金牛区西北部，处于三环路沿线	政府部门集中区，也是传统的豪宅集中区，交通环境便利，建设大型文化生态旅游城
东部华侨城	总投资 35 亿元，占地 6.9 平方千米，位于深圳盐田区风景秀丽的三洲田和大小梅沙片区	生态环境良好，交通便利，邻近深圳最好的海滨浴场，有世界茶艺博览园、公众体育公园和综合生态旅游区三大园区及度假酒店、公寓等配套设施组成的大型生态度假区
宁波华侨城	总投资 120 亿元，占地约 85 万平方米，位于宁波市鄞州区新城内江中半岛奉化，项目距离宁波市中心约 8 公里，交通便捷	打造集特色商业、餐饮、旅游、文化和都市娱乐于一体的开放性都市休闲文化综合体和城市文化客厅
江苏泰州华侨城	总投资 25 亿元，占地 3000 多亩，坐落于国家 5A 级风景区——江苏省泰州市溱湖湿地公园西侧	建设集温泉度假、商务会议、星级酒店、休闲运动、佛学文化与主题地产于一体的湿地温泉旅游目的地，包括温泉度假区、古寿圣寺区、低密度住宅区、湿地体育公园、水上乐园和水上观光线
云南华侨城	总投资 20 亿元，占地约 10381 亩，位于昆明阳宗海北岸，交通十分便利，拥有优美的自然环境，还拥有深远历史纪念意义的人文环境	项目主要包括滇越铁路主题旅游、生态旅游小镇、体育公园、国际会议中心、顶级温泉 SPA、温泉水公园、生态湿地及森林休闲公园等，建设成一个融旅游、观光、娱乐、度假为一体的高标准的国际化旅游度假胜地
西安华侨城	总投资 670 亿元，欢乐谷度假区占地约 830 亩，位于西咸新区沣东新城，唐延路向西 15 千米即可抵达，交通便利	打造集文化旅游、遗址保护、美丽乡村、新型城镇化建设于一体的沣东华侨城大型文化旅游综合项目，包含镐京国家大遗址保护项目、欢乐谷都市旅游度假区项目、国际低碳城项目、沣河诗经里文旅小镇项目、斗门历史文化名镇项目、春风十里田园综合体项目、丝路国际会议中心项目
武汉华侨城	总投资约 50 亿元，占地约 3167 亩，坐落于湖北省武汉市国家 5A 级生态旅游风景区——东湖北岸	被打造成武汉城市旅游新名片，依托东湖良好的生态旅游资源，建设成一个集欢乐谷主题公园、独立水公园、开放式的都市娱乐休闲区、主题酒店和生态人文社区等多种业态于一身，集旅游、地产、商业于一体的大型生态旅游度假区，成为华中的欢乐天堂

资料来源：华侨城官网，https：//www.chinaoct.com。

从以上华侨城的选址，我们可以看出，华侨城在选择新的城市打造"分店"时颇有讲究，首先通过"东西南北中"的战略布局，进而选择省内经济较为发达、人气旺的地区，在打造主题景区时，将周边的环境有效地利用起来，与当地的自然环境相融合，实现旅游要素融入景区开发，景区与周边社区的配套开发，改变城市发展格局，达到旅游与地产的和谐共生。华侨城在初步发展的基础上，不仅在各地建设了华侨城，按照原先的规划地块进行酒店、公寓、别墅等旅游地产的开发，并配备文化艺术中心、文化创意园、美术馆等设施，实现了旅游、地产等多种产业的融合，形成了全域性的区域社区，达到了对土地的整体运营。因为这不仅仅是华侨城模式简单的复制，还要根据当地的历史文化、风土人情来建设，但是每个地区的华侨城都秉承了华侨城的理念——"优质生活的创想家"，每个选址都是靠近环境优美的景区，或者通过造景来达到愉悦身心的生活品质。华侨城都是选择交通便捷的地区，并且其具有经济发展速度快以及较大的消费潜力的特征，如北、上、广、深等一线城市。

2019年2月中共中央、国务院印发《粤港澳大湾区发展规划纲要》。《纲要》第八章中提出，粤港澳大湾区应积极拓展文化、教育、旅游、社会保障等领域的合作，共同打造公共服务优质、宜居宜业宜游的优质生活圈（新华网，2019年2月18日）。对于宜居宜业宜游的优质生活圈的定位，华侨城集团作为发轫于粤港澳大湾区中心城市深圳的大型文旅央企，在大湾区的跨越式发展实施战略布局：其中在广州、珠海、佛山、惠州等大湾区重要城市均有文旅项目布局，落地一大批优质文化旅游项目。华侨城在东莞南城打造19.6平方千米旅游特色小镇和2259.46亩的水濂山森林公园，并签订了《战略合作意向书》《水濂山森林公园提质改造项目合作协议》，旅游小镇位于水濂山片区，合作目的是在水濂山片区首先建造水濂山森林公园，然后通过公园打造高品质生态宜居环境，再逐步建设旅游特色小镇。

2019年，华侨城还在广州、珠海、佛山顺德、肇庆、江门、中山、惠州，与当地的政府和企业开展各种形式合作，合作内容包括香雪项目、文化基地项目等一些项目合作、深化文化旅游和特色小镇的合作、打造"欢乐海岸 Plus"、建设旅游科技产业小镇等，实现粤港澳大湾区的生态休闲资源的优化配置，区域内的资源优势互补，将大湾区打造成宜居、充满活力的区域块。华侨城旅游地产的版图将进一步拓展，不再仅限于"东西南北中"，粤港澳大湾区也在迅速的发展，预示着华侨城旅游地产的蓬勃生命力。

2. 华侨城旅游地产盈利状况

2009年，华侨城全面整体上市，所以我们主要选取了从2009年到2019年的收入数据。从华侨城收入构成可以看出，旅游综合收入和房地产收入是华侨城的主要收入来源，旅游综合平均年收入150亿元（见图6-1）。

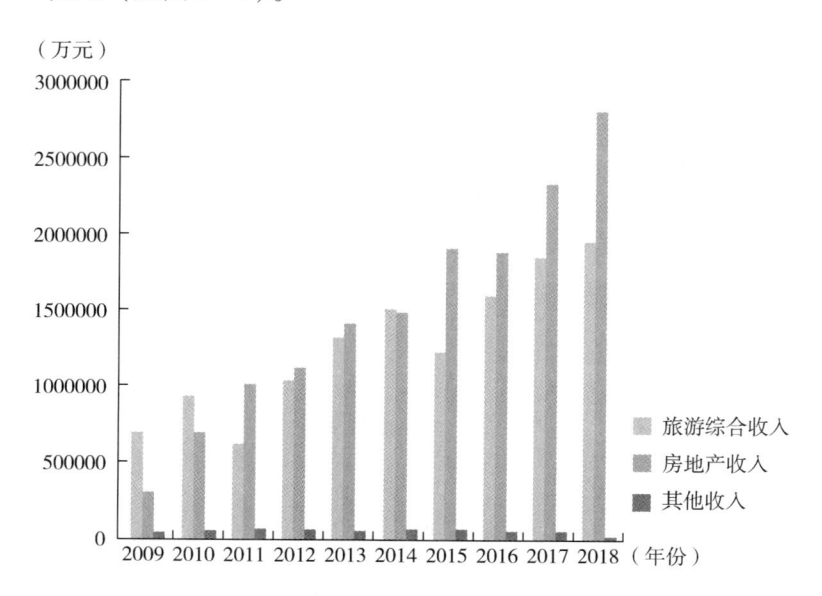

图6-1 华侨城年收入构成及增长变动情况

华侨城房地产业务占营收超80%，占净利超100%。报告期内公司营业总收入137.89亿元，其中房地产行业收入71.18亿元，占比51.6%；旅游综合行业收入64.31亿元，占比46.6%。来自广发证券的数据显示，华侨城A（000069）2016年旅游综合业务收入是160亿元，占总收入比例的45%，而房地产开发收入为189亿元，占总收入比例的53%。

总的来说，华侨城旅游综合业务与房地产保持增长态势，但旅游综合收入较房地产收入增长速度和增长量要弱一些，因为旅游投资回收期比房地产回收期更长，投资更大，这也是近几年来，大型地产企业跨入旅游地产的主要原因，他们通过打着开发旅游的名义低价拿到土地，然而并未进行真正持续性的旅游开发，而是建成商品房和别墅等进行出售，进而获得高额利润。华侨城通过打造主题公园，营造良好的休憩环境，来促进地产的开发和销售，同时通过地产的利润来反哺旅游，形成一个良性循环的盈利系统（见图6-2）。

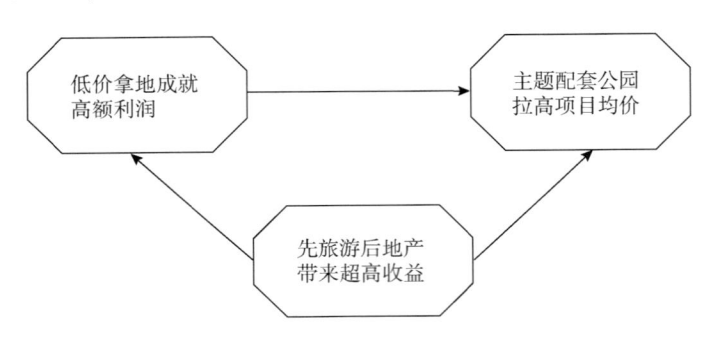

图6-2 华侨城盈利模式

近几年来，华侨城的旅游综合收入是上升的（见图6-3），2008—2009年、2012—2014年、2015—2017年增长幅度比较大，这几个时间段分别与华侨城波特菲诺面世、欢乐海岸开放、"旅游+

地产"模式的转变这几个转折点有着莫大的联系。波特菲诺不仅是华侨城旅游地产的传奇，也是整个地产行业的一大传奇，它的面世引来了无数地产企业的竞相追捧和模仿；欢乐海岸街区式的模式将旅游、商业、地产完美地结合在一起，"旅游+地产"的发展模式让华侨城的收入得到了很好的持续性增长。

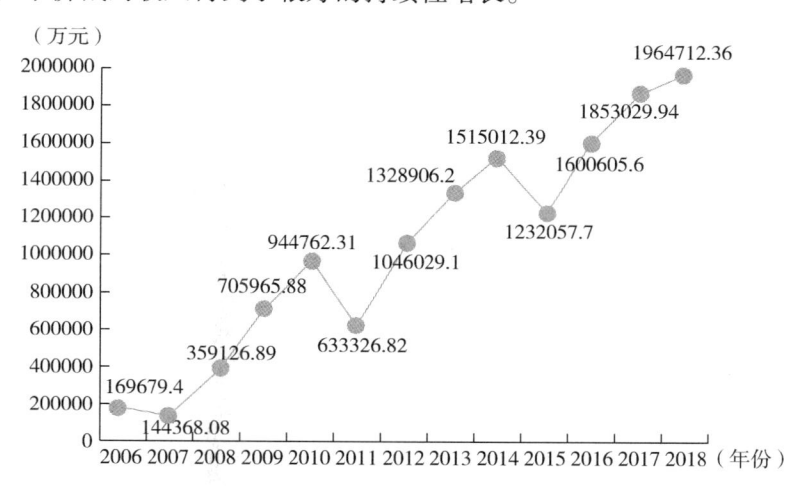

图 6-3　2006—2018 年华侨城旅游综合收入趋势

从实际运营口径来看，房地产开发业务由旅游地产（主题公园附近项目）和普通地产两部分组成。2009 年，华侨城整体在 A 股市场挂牌，当时总资产 310 亿元、净资产约 110 亿元，地产收入突破百亿元大关，在克而瑞房企销售额排行榜上位居 18 名。2016 年财报显示，房地产开发收入总规模为 300 亿元，占总营收的 84%。由此可见，房地产业务是华侨城 A 主要的营业和利润核心，而不是旅游服务业务，该部分收入占营收比重不足 12%。2018 年，华侨城销售额 282 亿元，在这份榜单中已经跌至 99 位（见表 6-3）。这也表明，随着时间的推移，华侨城的旅游地产需要进一步的更新自我，发展新业态来丰富自我。

表 6-3　　　　　华侨城销售额及克而瑞房企销售额排名

年份	销售额（亿元）	排名
2009	150	18
2010	116	27
2011	180	20
2012	258	18
2013	162.5	41
2014	187.1	40
2015	175	57
2016	275.3	62
2017	215.3	84
2018	282	99

3. 旅游地产项目

华侨城成立 30 多年来，在紧凑的空间内，开发了锦绣中华、中国民俗文化村、世界之窗和欢乐谷四大主题公园，同时配套开发了海景酒店、威尼斯酒店、华侨城大酒店等多家高档酒店，形成了国内最成功的以主题公园群为代表的旅游城，这些都为华侨城的住宅产业发展营造了良好的文化环境。华侨城的项目主要可分为两类：品质生活型和都市娱乐性（见表 6-4）。

波特菲诺是华侨城成功运作的旅游主题地产，曾连续八年名列深圳市场销售冠军。波特菲诺包括纯水岸、天鹅堡、香山里三个品牌。这是一个从整体上把意大利滨海小镇风格借鉴过来的人文社区。波特菲诺所在的华侨城地处深圳两大繁华城区（福田、南山）中间地带，属于"闹中取静"的城市居住环境风格，这就保证了它对城市的亲和性和便捷性，波特菲诺可以说是"新都市主义"的典范。波特菲诺总占地面积为 80 万平方米，建筑面积为 108 万平方米，它是以意大利的顶级沙滩小镇波特菲诺为模板，结合深圳的地方资源特色，打造了中国的波特菲诺。意大利的波特菲诺被很多国家模仿、复制，因为它很好地将景观与建筑相融合起来。经过几年的建设，深圳波特菲诺的湖畔山周边涌出独立别墅、联排别墅、小高层和多高层等其他类型的高档住宅，这些住宅不仅仅是简单的住宅，它与周边的景观和谐共生，一起构成了可供欣赏的景致，这样的波特菲诺让旅游地产不再只是在景观旁边的住宅，而是通过造景将住宅和景物完美融合，互为衬托，熠熠生辉，旅游地产的含义也由此变得更加丰富。旅游休闲空间是人居的一种特殊环境，华侨城使用优美的环境打造高档地段，将居住环境与旅游地产产品相结合，地产不再简单地依靠景观的衬托，而是将其突破性地营造成为一个开放、休闲、宜居的生活场所。

表 6-4　　　　　　　　华侨城旅游地产项目

板块	城市	项目	项目信息
品质生活	深圳	波特菲诺	纯水岸（占地面积：46386 平方米；建筑面积：93700 平方米） 天鹅堡（建筑面积：210000 平方米，占地面积：111000 平方米） 香山里（占地面积：17579.9 平方米，建筑面积：91000 平方米）
		四海云亭	占地面积约 2 万平方米，总建筑面积约 12 万平方米
		四海锦园	占地面积约 15000 平方米，总建筑面积约 57000 平方米
		侨城馨苑	占地面积 6389.9 平方米，建设用地面积 6275.25 平方米，总建筑面积 43537.83 平方米
		曦城	总占地 2.3 平方千米，共提供 3000 套别墅，有独立别墅、双拼别墅、连体别墅三种形式
		燕晗山苑	占地面积：6156.46 平方米；建筑面积：33100.00 平方米
		燕晗山居	占地面积：12255.23 平方米 建筑面积：17858.97 平方米
		香山美墅	香山美墅花园分为三区开发，首期面市的一区和二区，主要产品包括联排、合院、叠拼、小高层，是珍稀的城市核心墅级大宅
		东方花园	占地面积：18705.00 平方米 建筑面积：9780.00 平方米
		锦绣花园	占地面积 11.5 万平方米，建筑面积 33 万平方米，由 11 栋高层、2 栋多层住宅组成

续表

板块	城市	项目	项目信息
都市娱乐	深圳	欢乐海岸	总占地面积125万平方米，滨海商业项目
	顺德	欢乐海岸Plus	总面积约4100亩，其中水域面积1500亩，总投资120亿元。主要由滨水休闲主题商业区及精品欢乐谷主题乐园两大部分组成

资料来源：华侨城官网，https://www.chinaoct.com/.

华侨城在国内旅游地产方面做得风生水起之时，也一直想寻找机会将中华民族的优秀传统文化传播到世界各地，所以逐步将视线转到了国外的市场。华侨城在多次考察美国的著名迪士尼乐园之后，结合自身发展的需要品牌效应的扩张，在美国佛罗里达州投资1亿多美元修建美国区锦绣中华项目，成为当时在美国最大的中方投资商。开业初期，华侨城在美国的首次尝试大获成功，世界各地的华人都为中国欢呼。然而由于出演人员的不可控因素，导致后期演出队伍不稳定，人文艺术表演的减少加之"水土不服"，锦绣中华项目吸引力逐渐下降，最终遗憾退出美国市场。依托主题景区，在锦绣中华周边借景造高级别墅、兴建房地产的台湾经营者已将其房产顺利高价出售，获得高额的收益。这位台湾经营者利用锦绣中华打造的绝佳人文居住环境，将原本低价的土地资源摇身一变成为美国人争相购买的旅游地产。当然华侨城在后期的经营过程中，也将在美国的教训转化为在国内各省投资经营时的经验。

四 华侨城的运营模式——"旅游+地产"

1. 运营模式形成的促进因素

旅游地产的核心是把旅游资源与地产相结合开发，而旅游地产的开发和建设大部分是借助旅游资源的吸引力，依靠不同的形式对旅游资源进行开发与旅游地产的运营模式形成有着莫大的干系。旅游地产的运营模式主要为两种：先旅游后地产和先地产后旅游，两个模式的构成要素和影响因素各有不同，也各有特点。华侨城首先是通过打造旅游吸引物，使其成为旅游资源，进而发展旅游地产，所以华侨城属于先旅游后地产的运营模式。

先旅游后地产运营模式是通过打造自然景观、人文景观、主题公园等旅游产业来带动周边的配套设施的建设，进而提高本区域的土地价格，给企业带来高额的回收率，目前该模式已经在国内的地产企业广泛应用。华侨城算是旅游地产模式的典范，通过造景，建设主题公园等来带靓环境，从而提高周边地产的身价。华侨城的运营模式的形成过程中，存在着很多的影响因素，它主要包括政府政策扶持、旅游业的发展、企业自身运作能力、融资平台这四个方面。

（1）政府政策扶持。

政府在旅游地产发展前期需要投入大量的基础配套设施建设，来吸引企业的投资，尤其是在土地的价格和税收方面出台一定的优惠政策来吸引企业参与旅游项目的开发，因为旅游项目的开发不仅前期需要高投入，而且后期回收时间较长、风险大。华侨城模式不需要大量自然资源，多是利用城郊较为偏远的大片土地，充分利用土地的价值，完善当地的基础设施，营造良好的居住环境，提升片区的价值，由此带来良好的经济效益，使城市长期受益。因此华侨城可以形成强大的议价能力，使公司能够在土地资源获取上享受更优惠价格。与当地同期土地售出楼面价相比，华侨城拿地折价比例一般在 16.99%—33.96%，这也是华侨城地产毛利如此之高的重要原因。

（2）旅游业是旅游地产发展的根基和核心。

旅游地产的开发和建设都是围绕旅游资源来开展的，旅游地产与其他形式的地产最鲜明的特征就在于旅游地产的发展是以旅游业的发展为基础的，旅游地产的发展离不开旅游业的扶持与影响力，无论是依靠纯天然自然景观开发的旅游地产还是依赖后天人工建造的主题公园等旅游地产，本质上都是在打造当地的旅游资源平台，然后借助这个平台进行旅游地产的开发和运营，以东部华侨城为例，首先通过建设主题景区"大峡谷、茶溪谷、云海谷"来打造吸引游客的平台，然后配套酒店（茵特拉根酒店、城堡酒店、黑森林酒店、房车酒店等）、公寓（天麓地产）来进行旅游地产的运营。当然不可忽略的还有当地的经济发展水平和旅游业的发达程度，这些都影响着旅游地产产品的组合形式和类别，旅游业发展水平高，当地的居民消费能力高，则独立别墅和联排别墅、小高层、多高层的旅游地产项目会更多。

（3）企业自身运作能力是旅游地产成功的关键因素。

企业自身的运作能力是整个旅游地产经营成功的灵魂，但是许多企业由于自身运营不当，很快就夭折在市场上。企业自身的运作能力不仅是简单地体现在短期的盈利上，我们更要从长远的角度来看，企业的管理水平、运营模式、企业规模大小都会或大或小地影响着旅游地产是否能够成功运营。从华侨城的成功运营来看，旅游的快速发展不仅为华侨城区积攒了超高人气，旅游流带来的还有不同区域之间的合作，让整个片区成块发展，从而使得整个城市的价值得到提升。华侨城首先通过合理的规划和设计各个板块的布局，其次打造具有吸引力的人文景观和主题鲜明的主题公园来营造文化艺术氛围，将旅游与地产有机结合发展，实现旅游的多元化发展。

（4）融资平台随着旅游业发展而拓宽。

旅游业的发展需要长期且连续不断的资金支持，所以旅游业的发展需要稳定的融资平台来实现。华侨城的健康运行不仅需要其旅游地产反哺旅游，还需要大量的资金投入来保障不断的扩张和创新。我国对旅游业的发展有一定的政策支持，所以在融资平台方面，政府政策的出台促使各大金融机构便利旅游项目的融资，来确保旅游项目的快速发展，加快当地基础设施的建设和完善步伐，以此来提升当地经济发展速度，带动整片区域的发展。融资平台随着旅游业的发展而得到极大的拓宽，同时融资平台的拓展也为后期旅游业的平稳发展提供了稳定的资金支持。

2. 华侨城旅游地产模式的核心内容

华侨城的旅游地产模式的核心内容主要包括：以旅游为主题创造自然环境和人文景观；旅、居在空间结构上的有机渗透；以旅游文化来营造城区的文化氛围；旅游地产与旅游形成可持续发展的生态系统。华侨城不是单一的大片开发土地进行售卖，而是通过高雅的文化艺术和旅游吸引元素对地产进行品牌包装，使得地产富有文化内涵，而获取高收入的旅游地产对旅游业进行稳定的资金输入来保障旅游业的健康平稳发展。

（1）硬件建设——以旅游为主题创造和谐的自然环境与人文景观。

华侨城在进行主题公园和地产开发建设之前，都会首先对整个区域进行考察，再对其进行长期的规划，规划时会遵循自然的原则，最大限度地保留原有的自然风景面貌，如山丘、小河、树木等，对当地的资源进行可持续性开发和利用。在人文景观方面，华侨城则会注重将人文景观与主题公园的开发相结合，如主题公园的微型建筑，绿化艺术设计、公共区域的建设等利用高效的管理方法将其应用到整个区域的设计中去，让其成为各个城市区域中华侨城特有的标志，也让城市变得更加美好和便捷。再者华侨城对道路的系统规划上使用自由式的道路选线，为后期旅游地产的布局创造了良好的先天性基础设施环境。其次华侨城投入不菲的资本打造集休闲、生活、文化、旅游于一体的开放性公共区域，来满足当地居民与游客对文化活动的需求，无疑我们可以窥探出华侨城不仅是在斥巨资建设主题公园，在华侨城区的公共文化休闲设施上，它也是按照高标准高要求来建设。其打造的公共文化休闲空间如：何香凝美术馆、华夏艺术中心、华侨城当代艺术中心、华侨城传媒演艺、华侨城创意文化园等在不同程度上满足了社会群体的多元化需求，华侨城通过其创想文化，成功地塑造了不同的自然景观和人文景观，形成了以旅游为主体的多元化旅游地产和谐共生体，而综合这些因素，使得华侨城顺理成章地成为高档住宅。

（2）空间布局——旅、居及其他功能在空间上相互渗透与有机结合。

华侨城是集旅游、地产为一体的综合型企业，其打造的城区也是一个融旅游、生活居住、商业、工业为一体的多功能型区域，这些区域在功能上相互独立但是又相互渗透，各个区域在空间上互不交叉，但是在功能上不同的区域相互弥补各自的不足和填补彼此的需求空缺，如将商业区与旅游、居住等相结合，不仅方便了当地居民的购物需求，也便捷了游客的购物环境；将工业与旅游相结合，华侨城将老旧的工业区改造成为新的旅游观赏景点，让传统失去活力的工业区重拾生命力和朝气。旅游与各个区域的结合，不仅为外来的游客提供良好的游玩环境，也为当地的居民提供了多种不同形式的休闲娱乐选择。旅游使地产富有文化内涵，延伸了居家生活的空间边界。

（3）软件建设——以旅游文化来营造城区的文化艺术氛围。

华侨城自创建以来已经举办了数不清的艺术展览和文化艺术活动，其举办的主题也在随着时代的更换迭代更新，如华侨城旅游狂欢节、华侨城创意文化展、华侨城创意园灯光、雕塑展、个人艺术品展览等,这些文化艺术活动将文化内涵一点一滴地渗透到当地的社区中,让居民和游客时时刻刻感受到华侨城所独有的创想文化魅力,这也是对华侨城区进行的一次完美的形象包装,让华侨城区给大众呈现出是一个包容的、开放的居民社区形象。

(4)经营运作——旅游地产为旅游业在资金投入和风险规避方面提供支持。

华侨城的经营运作主要依赖其高超的规避风险技术和强大的资金支持,在规避风险方面,华侨城旅游地产的快速发展为其旅游后期的发展提供了资金支持,降低了风险。众所周知,旅游业尤其是主题公园,前期的投入额度大,中间经营回收成本速度慢,并且还要保证在经营期间对一些基础设施设备的维护和修缮,所以经营这种人造的人文景观等吸引物的主题公园,难度大,且风险高,华侨城需要长期的投入资本来维持旅游业的进一步发展和创新。旅游地产的投资相较于旅游业的投入较少,且回收周期短,效益好。华侨城在入驻一个新的城市时,往往是以低廉的价格获取大量的土地进行开发,而华侨城经过科学的规划和设计,整体提升当地的土地价值,从而获取高额的收入,实现为旅游的创新发展提供稳定的资金支持。

3. 华侨城旅游地产模式特点

华侨城的旅游地产模式和其他的旅游地产模式不同之处在于其将旅游与地产稳稳地绑定在一起,利用二者的优缺点进行互补,相辅相成,成为一个良性发展的循环生态圈,旅游地产的投资不再是简单地进行资本的投资获取收益,旅游地产的投资对当地的生活品质的提升、生态环境的保护等方面都很有显著的影响。

（1）旅游与地产是一个有机结合体，华侨城不是单一的将地产或者旅游的主题公园作为经营目标，而是将旅游与地产进行整合，作为一个整体呈现在市场上。前期规划时，华侨城就已经将优化当地居民的生活环境放在考量的范围内，所以华侨城的入驻使当地的基础设施设备更加完善。在地产的设计方面，华侨城巧妙地将旅游吸引元素加入地产建筑的设计中，地产不仅可以提供舒适的居住，建筑本身也是一道亮丽的风景，这充分体现了地产与景区的有机结合。

（2）华侨城之所以会如此的成功，关键因素在于它的科学规划，首先它设立一个长期规划来确定总体的景区未来发展方向，然后再进一步细化发展旅游地产，前期将旅游业所获取的收益用于旅游地产的开发，后期将旅游地产的资金回报用以反哺旅游业，以此来造就一个良性的旅游地产运营模式。

（3）华侨城的运营模式本身对企业来说具有极大的挑战，在战略规划、管理水平、企业规模等方面都是对企业的高度考验，它需要综合的运营旅游和地产如度假区、主题公园、公寓、酒店等形式的复合型开发。在发展前期，对旅游项目的投资较大，且回收期长，风险较大，但是随着旅游资源吸引力和影响力的增强，当地的人气得到了极大的提升，本区域的价值得到体现和提高，旅游地产则能为企业带来高额的回报。

五 小结

旅游地产是旅游业和地产业相结合的一种新兴产业，依靠两者的相互推动来促进旅游地产业和所在地区经济的快速发展。旅游业的快速发展有利于促进旅游地产的发展，同时对于整个房地产市场也有十分重要的意义，目前房地产市场竞争激烈，旅游地产是房地产转型的最佳选择，华侨城旅游地产的发展模式为房地产市场的发展提供一个很好的借鉴素材，加快建设休闲度假型住宅步伐，从而实现旅游业和地产行业的有效整合，形成良好的发展态势。华侨城的旅游地产成功发展离不开前期的科学规划，包括前期的城市和景区规划、后期旅游地产项目的规划，完善的旅游地产市场监管体系为华侨城的健康发展提供了良好的运营市场，其自身在项目定位上也做出了正确的决策，在不同的区域布局华侨城的"分店"时，注重因地制宜，因时而变。总的来说，尽管旅游地产在我国仍旧是一个新兴的产业，但是它的发展态势蒸蒸日上，可以预见的是，随着我国经济的快速发展，我国旅游地产的发展前景将更为广阔。

第二节 曲江新区——全域旅游、地产开发并驾齐驱

一 曲江新区简介

1. 曲江新区概览

西安曲江新区是中国首批国家级文化产业示范区，前身是陕西省人民政府 1993 年批准设立的西安曲江旅游度假区，其 1994 年被批准为省级旅游度假区。2003 年，西安曲江旅游度假区在西安市政府的批准下，改名为曲江新区。曲江新区的全域旅游开发和建设是整个西安旅游产业发展战略中文化产业和旅游产业的核心所在，其中曲江新区包括建设国际旅游名城、华夏历史文化园两个板块，由核心区和辐射区（曲江文化景区、大明宫遗址保护区、临潼国家旅游休闲度假区、楼观中国道文化展示区、西安城墙·曲江城墙景

区、法门寺文化景区六大板块）组成，核心区域面积为 51.5 平方千米，辐射区面积达 126 平方千米。西安曲江新区在 2002 年确定将文化产业和旅游作为建设和发展的主导产业，曲江新区成立以来，把保护利用好珍贵历史文化遗存、展示好中华民族独特的精神标识作为使命，遵循"以文塑旅、以旅彰文、文旅兴商"指导方针。2008 年曲江新区完成科技教育产业区、景观住宅区、杜陵生态林区、乐游园民俗博览区和农村安置区的五大区域的建设。2011 年曲江新区将文化和旅游高度融合打造其全域旅游的目标，成功打包将整个区域升级为 5A 级景区，实现了区域的整体优化，也顺理成章地成为西安旅游发展的主力军。2011 年至今，曲江新区不断突破自身地域范围的限制，逐步扩大范围，分别与复地集团、华侨城集团、华润置地等旅游地产公司签约，发展文化旅游带动地产开发项目。在加强自身旅游建设的同时，提升了曲江的地域价值，让曲江整体的全域发展得到了充分的基础保障。我们将对曲江新区的"旅游 + 地产"开发进行相应的探讨和研究，来挖掘其模式的核心之处，进而便于其他地区借鉴曲江模式来进一步发展。

2. 曲江历史文脉

曲江在最初的历史发展过程中并非现在的"曲江"之名，在历史的长河中，曲江已经有 1300 多年的历史，其自秦汉开始兴起，汉朝时皇帝在此地建有行宫名为"宜春苑"，在此看到水流蜿蜒曲折、神似广陵的江水，由此慢慢地演变成了现在的"曲江"。唐朝时，曲江达到了鼎盛时期，此地被修建为皇家园林，而后大雁塔、芙蓉园、青龙寺等也逐步依傍水景而建，矗立在这座极具代表"盛唐气象"的土地上。文人雅士聚集在此地曲觞流饮，留下超过 2000 多首描绘曲江美景的美篇佳作，为曲江的文化底蕴画上厚重的一笔。

二 曲江"旅游+地产"发展模式的形成

曲江"旅游+地产"发展模式的形成与其历史的积淀，文物遗存的保护和旅游开发有着密切的联系。在曲江加速发展步伐的过程中，旅游为当地的地产腾飞带来极佳的机遇。曲江在其旅游地产的开发过程中"走出来"的独特模式——城市型旅游地产，即通过借景开发当地的旅游地产。2003年，大雁塔广场向大众开放，大雁塔广场是由当时的段先念主导修建，广场建设共投资5亿元，广场开放当日就获得了热捧，广场周边2万多平方米的仿唐商业铺面的出让为曲江新区挣到了支撑后期继续发展的第一笔储备金。由此从2003年开始，曲江的地价就像打开了一道口子，成倍甚至数量级翻番，曲江的旅游加地产的开发模式也就此揭开了序幕。2005年大唐芙蓉园修建完毕，正式宣布对外开放。大唐芙蓉园是由中海地产集团投资12亿元建设，曲江新区为了吸引投资商的目光，大唐芙蓉园周边约1400亩的土地开发权以28亿元交予中海地产集团。2006年中海地产对曲江新区再次投资100亿元用于地产开发。2008年，占地1500亩、投资19亿元的曲江池遗址公园及唐城墙遗址公园免费开放。该项目由金地集团投资建设，同时金地集团摘牌拿到曲江池周围1200亩土地的开发权，金地集团后续也投入了140亿元用于在曲江新区的地产开发。2009年大唐不夜城对外开放。大唐不夜城是由美国华平基金投资60亿元打造，由此华平基金也获得了曲江新乐汇的经营权。曲江新区通过招商引资，合理运用社会资本，使西安曲江老城区焕然一新。其以旧城改造与主题文化公园结合为纲，充分发挥政府的组织、协调、引导的功能，成功地向世人展示了曲江新区全域旅游城市的形象。

三 发展现状

曲江新区起初是秦汉唐文化并举，形成区域的联动开发，但随着时间的推移，曲江已然形成了以唐文化为主打来大力发展文化旅游产业，成为国内最大的文化 IP 周边产品生产、消费、经营基地，影视剧拍摄基地，其自身特有的文化也逐步向国际舞台迈进，成为国内外具有影响力的文化品牌。2016 年曲江在结构形态上逐渐地形成"两心、三轴、四大功能板块区"的分布形式。大雁塔和曲江南北湖是整个曲江发展的核心，此为"两心"；雁塔南路旅游商业发展轴线、芙蓉东路生态休闲发展轴线和曲江路景观轴线，此为"三轴"；旅游商业板块、休闲娱乐板块、会展商务板块和科教文化板块，此为"四大功能板块区"。

文化为魂，景区先行，地产开发紧随其后。曲江"两心、三轴、四大功能板块区"的规划为曲江后期旅游地产的开发奠定了良好的规划基础。曲江的旅游地产属于城市形态，它集旅游度假、影视、教育、科技、电子竞技等功能于一体，旅游地产是其必定要重点发展的产业。

表 6-5 是西安市从 2013 年至 2018 年的旅游业接待情况，旅游人次和旅游收入稳定迅速增长，2017—2018 年旅游收入和旅游人次增长的速度最快，其同比增长分别为 56.42%、36.73%。西安曲江新区管委会下设有曲江文化产业投资有限公司。曲江文化产业投资有限公司在 2004 年建立曲江文化旅游企业集团。该集团负责大唐芙蓉园、大雁塔景区、曲江池遗址公园、慈恩寺遗址公园等一些文化主题公园的运营和管理。表 6-6 信息摘自曲江文旅集团（2013—2018 年）年报，从表中我们得知，2013 年到 2015 年，

曲江的旅游收入呈现下降趋势，2016年到2018年逐步增长，这与曲江文旅集团的可持续健康发展的运营模式是密不可分的。

表6-5　　　　　　　　西安市旅游业接待情况

年份	旅游收入（亿元）	同比增长（%）	旅游人数（万人次）	同比增长（%）
2013	811.44	24	10130	26.97
2014	950	17.10	12000	18.50
2015	1073.69	13.02	13600.80	13.34
2016	1213.81	13.05	15012.56	10.38
2017	1530.52	34.15	17450.61	20.52
2018	2554.81	56.42	24738.75	36.73

资料来源：西安市文化和旅游局（市文物局）。

表6-6　　　　　　　曲江文旅集团收入　　　　　　单位：元

年份	收入
2013	1297658670.66
2014	1082227597.14
2015	989365476.42
2016	1048395242.98
2017	1132206742.29
2018	1344846452.31

1. 选址布局

曲江新区的整体布局利用陕西、西安历史文化，旅游资源等优势，以项目为发力点促进城区建设，公共服务事业等产业快速发展，呈现出协调、持续、健康、和谐等特点，成为西安甚至全国文化产业的亮点。定位为国家级文化产业示范区、西部文化资源整合中心、西安旅游生态度假区和绿色文化新城。

曲江新区以"三城两产"（"三城"即老城改造、新城建设、城乡统筹，"两产"即文化旅游产业、现代服务产业）为发展思路，在借鉴老城镇的发展思路和优势的基础上，充分发挥创新思维，重点提升市场经营能力和治理能力，立足于经济社会发展质量，统筹各方经济要素，始终走在全国文化建设和城乡发展的前列，在"丝绸之路经济带"新起点建设中发挥别具一格的功效（如图 6-4）。

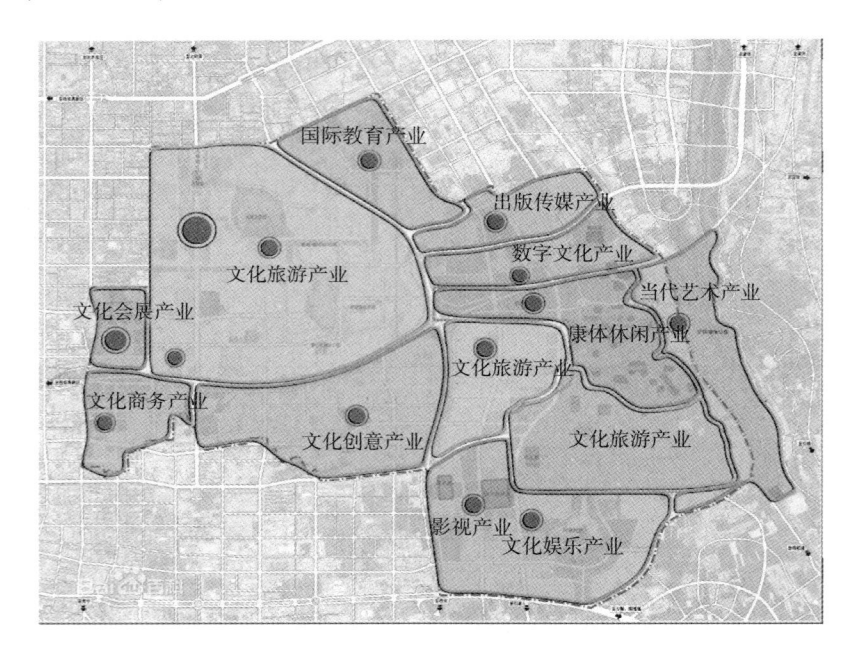

图 6-4 曲江新区产业布局规划示意

"三城两产"发展思路主要包括以下几个方面。一是以继承和发扬老城区的历史文化为目标，在尊重历史的基础上实现老城区的现代化改造。使南门新景区成为西安的重要窗口，打造西安北部新城的商业中心和文化艺术中心，策划规划丝绸之路申遗永久会址并使之成为丝路文化交流的国际平台。二是以改善民生为目标，以人民为根本，建立人性化的新城镇，创建全国绿色城乡统筹重大示范工程。始终坚持生态文明和人性化都市两个主题，将临潼国家旅游度假区率先建成以文化休闲和温泉疗养为特色的国际一流旅游目的地（如图6-5）。三是建设西安国际化大都市的主功能区和主要承载区。打造彰显国际化金融商务中心和文化产业新城；以雁翔路国家级文化产业聚集区（QCIC）建设为抓手，实现文化产业园区化、聚集化、创新化发展。四是以"国家队、国际牌"为目标，坚持"引进来、走出去"战略，使曲江旅游和服务产业取得新的突破。

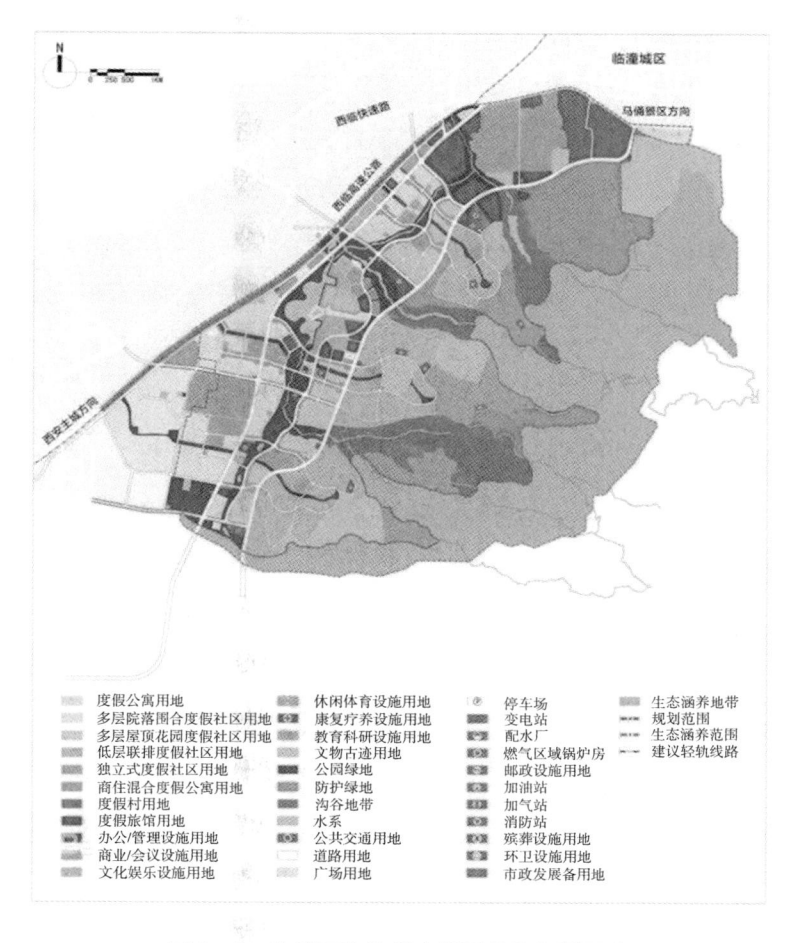

图6-5 临潼国家休闲度假区总体规划示意

曲江作为首个国家级文化产业示范区、大西安文化产业发展的主力军和大西安文旅万亿级大产业主要承载区，曲江新区与复地集团就投资开发大明宫遗址保护区签署合作协议。文旅蜂巢项目位于太华路与含元路十字东南角，围绕"大华1935"工业文化遗存为核心，建设成为汇集休闲商业街区、品质购物中心、艺术LOFT、高尚住宅社区为一体的区域内特色鲜明的商业地标。

城墙板块启动顺城巷（南门至朱雀门段）项目建设、加快推进小雁塔历史文化片区、碑林博物馆改扩建及碑林历史文化街区建设工，继续推进护城河及环城公园综合改造工程等；在占地面积约635亩的小雁塔历史文化片区，以成都太古里为模板，以更高标准打造西安唐朝文化展示区和丝路文化示范基地。在占地面积约540亩的碑林历史文化街区，以成都宽窄巷子为模板，以更高标准打造古都风貌聚集区和文旅融合新地标。在占地面积约806亩的七贤庄历史文化片区，打造西安红色经典文化传承中心和现代化红色文化展示基地。

西安中央文化商务区（CCBD），占地1.8平方千米，规划建设面积2700亩，是曲江新区的战略规划布局。其借鉴香港IFC及上海外滩BFC的成功经验，加快整村拆迁进度，规划建设世茂701米、华润666米地标性建筑，打造集现代化、国际化、人文化、绿色化为一体的文化商务区。引入智慧城市等新理念，打造园区企业"一站式服务"智慧平台，以建设现代化地表建筑、丝绸之路国际会展中心、丝绸之路国际自由贸易区等为重点，打造国内外首个"高端商业+城市功能集群+超级枢纽"的国际化、综合性文化商业聚集地，形成集文化休闲、文明传承、低碳和谐、生活宜居的现代产业聚集高地和高品质生活新城，构建文化产业一体化的绿色格局，打造西安文化旅游产业发展新的增长点和对外开放的国际新城。

2. 旅游地产项目

（1）大雁塔商贸区。

大雁塔广场位于西安的标志性建筑之一的大雁塔的周边，它一经问世，就被评为亚洲最大的唐主题文化广场。大雁塔广场围绕着大雁塔，由北广场、南广场、雁塔东苑、雁塔西苑、雁塔南苑、慈恩寺、步行街和商贸区等组成，是一个开放式的广场，以大雁塔为中心。小店铺，经营各类具有陕西特色的工艺品和小饰品，其次就是各种饮品零食店以及唐装摄影店。在满足游人购买需求的同时，还设有一些提供小型游戏的店铺以及一些快速画像店。在街区尽头，有少量的陕西特色小吃店。大雁塔商贸街是集购物、休闲、餐饮、旅游为一体的小街区，以外国游客、外地游客消费为主。

大雁塔商贸街是以千年古刹大雁塔为依托，利用其聚拢人气。来此参观的游客以外地游客为主，还有周边亲子出行的居民。商贸街消费品的价格在同类商品中价格较低，但极具陕西特色。该商贸街主要是向来曲江尤其是大雁塔的游客销售各种陕西纪念品，街区较长，街区中设有多处可供休息纳凉的石板凳，以及多家饮品店，游人在游览大雁塔的美景之后可以在广场小憩，此举能够延长游客的停留与观赏时间。由于临近大唐不夜城新乐汇中餐饮一条街，因此商贸街设置了较少的陕西小吃店。商贸街周围虽然有多处知名的旅游景点，但是由于相应的配套设施不够完备，不能有效地产生消费行为。同时经营环境与周边其他商业区相比较差，缺乏统一的管理引导。这主要表现在：一是，大雁塔广场商铺同质化现象十分严重，容易形成激烈竞争，使得商品价格上升空间不大，利润不高，影响产品质量；二是旅游产品结构单一，差异性不突出，仅仅是卖陕西特色旅游礼品（兵马俑、埙、蓝田玉、皮影等）的小商铺就有将近百余家，数量众多，品种单一。小礼品价格低廉，有些礼品制作稍显粗糙，游客购买兴趣不高。即使是娱乐类的消费也局限于快速画像、唐装摄影等项目。这极大地浪费了附近的旅游资源。雁塔广场商贸区的环境优雅、富有文化特色，来此游玩的首先为周边地区居民，多在雁塔广场纳凉休息；其次为参观大雁塔的外地游客，外国游客人数相对较少，境内旅游人数与境外游客数量比例悬殊。因此雁塔广场商贸街应减少陕西特色礼品店的数量，针对游客需求调整业态种类，适当增加休闲游戏类业态。大多数周边居民会带着小孩来此游玩休息，可以适当增加一些针对幼儿的业态种类，还可以针对参观大雁塔的游客专卖一些和大雁塔、佛教等相关的纪念品，而不仅仅是卖些随处可见、泛滥制造的兵马俑、蓝田玉等大众化产品。随着收入水平的提高，人们在购物时更注重环境的舒适性，因此营造较好的环境、丰富业态，是提高雁塔广场商贸区旅游收入的关键。

（2）大唐不夜城。

大唐不夜城以大雁塔为核心，南北长 1500 米，东西宽 550 米，总占地面积为 967 亩，总建筑面积为 65 万平方米，是由美国华平基金投资开发完成，目前是由曲江文化产业集团运营管理。大唐不夜城是以曲江文化和旅游产业为基础，主要由一条商业步行街、古唐城墙、六个仿唐街区组成。景点包括开元广场、贞观文化广场、雕塑等，大唐不夜城不仅仅是旅游、购物，更多的是给游客提供盛唐时期的视觉冲击和穿越的游玩体验等元素融合在一起的旅游商业地产（见表6-7）。根据西安的城市定位和发展规划，将其功能定位为三大核心区，分别是商业核心区、文化核心区和商务办公核心区。其中商业核心区位于大唐不夜城北部，占据 A、B 两个区域，是集购物、餐饮、娱乐休闲为一体的商业中心；文化核心区位于中部，包括 C、D 两个区域，以大唐不夜城的贞观文化广场为中心，由西安音乐厅、电影城、西安大剧场和艺术家展廊以及一个中心广场组成，这是不夜城的文化基石，是盛世文明的再现，也是不夜城的标志性建筑；商务办公核心区在贞观文化广场以南，为较低密度办公区，主要以商务休闲、酒店为主，包括邮局、银行、诊所等一些辅助服务机构，为商务人士提供舒适的低密度办公区和商务居住区。该项目是亚洲规模最大、街景最长的旅游景观步行街，最具特色的文化商业街区，为中外游客提供全方位、多层次的消费模式。

表 6-7　　　　　　　　　大唐不夜城区域概况

区域	总面积（平方米）	建筑面积（平方米）	商业定位	业　态
A	136	128600	时尚唐文化街区	餐饮、购物、百货、娱乐休闲、超市
B	140	120000	美食、精品酒店	商务中心、购物中心
C	88.7	55750	酒店、公寓	精品酒店、商务公寓、写字楼、配套商业
D	120	80700	文化、艺术	美术馆、大剧院、工业品店、艺术展廊
E	90	58050	文化、商业	商务办公、产权式酒店、商场
F	123	75900	文化、娱乐	康体、娱乐、酒店式公寓、古玩店

2009年西安新乐汇在大唐不夜城盛大启幕。它位于曲江新区大雁塔南广场南侧，是西安市"皇城复兴计划"的重要组成部分。新乐汇是大唐不夜城的核心商业区，已经引进了精品百货、大型连锁超市时尚餐饮、娱乐休闲中心以及儿童体验中心等业态，是由美国华平集团投资1亿元人民币与曲江新区管委会联合打造的核心商圈的组成部分，其物业公司为戴德梁行房地产投资顾问公司。目前已有40多家国际知名商家携手1000多家商业品牌进驻西安新乐汇。该项目商铺采用只租不卖的模式，商铺出租率达到80%。地下一层租金在50—80元/平方米·月），其余商铺根据楼层与位置租金在100—200元/（平方米·月）不等，年营业额达到2亿元。新乐汇入驻

大唐不夜城，政府也给予了相应支持，在地段以及地价方面给予优惠，对新乐汇的招商及运营进行了整体规划，在办理各种手续时简化流程，提高效率，并返还一定数额的资金以支持项目的开展。

（3）区域酒店。

西安作为世界闻名的旅游胜地，近年来每年接待来自国内外游客超过 3000 万人次，而曲江新区作为政府规划的省级旅游度假区，更是受到中外游客的青睐。旅游资源为酒店业的发展带来了巨大的机遇，酒店业是旅游业的支持产业。西安酒店接待的客人主要是旅游客人和散客，因此酒店的入住率、经营情况受到旅游季节变化的影响十分明显，淡旺季之间差别巨大。近年来西安的酒店数量与规模飞速扩张，随着西安经济的快速发展，越来越多的国家和地区与之建立了商务合作关系，来西安参加会议、进行商务会谈或培训的客户也日趋增多，酒店业的抗压能力大大增强。政府对曲江新区的规划和大力投入，使得曲江得到许多旅游团体和商务人士的青睐。他们在西安的短期居住都是在中高档酒店中，强大的市场需求促进了曲江地区酒店业的发展。鉴于曲江新区极其具有盛唐文化的人文环境，加之当地的居民消费能力强，曲江酒店业的发展依托这丰富的旅游资源得到有利的发展。

①唐华宾馆。

西安唐华宾馆是一座园林式仿唐建筑的饭店，建筑风格融盛唐风韵与中国传统园林艺术于一体，是唐风建筑的典范之作。它是世界金钥匙组织成员，东依大唐芙蓉园，西临大雁塔，紧靠大唐不夜城。交通便利，距离市中心 5 公里。唐华宾馆共有房间 238 间，餐饮设施齐全，多功能厅可以接待中、西式宴会，会议厅可以举办各类培训会议及研讨会。以"观大唐盛景、听千年唐音、品唐宫珍馐、居盛世唐华"为底蕴的文化特色，受到广大游客的欢迎。

②御宴宫。

御宴宫是大唐芙蓉园对外经营的独立项目,位于园区的西部,是可提供多种菜系和特色服务的大型餐饮饮食宴席园。御宴宫是以唐文化为包装,以 Party 文化为特色的体验式餐饮食府。御宴宫共有大小包间 21 间,大厅可容纳 1200 人同时用餐,菜肴精致,仿唐菜还配有典故讲解,但御宴宫的特色还有其就餐的环境,有身着唐服的侍女弹琵琶、仿唐餐具及桌椅,营造出盛唐氛围。御宴宫以唐文化为包装、以现代科技光影餐厅文化为特色,市场定位以婚宴、商务宴请为主。

③西安赛高国际街区。

赛高国际街区位于西安市未央路与凤城五路黄金十字,两面临街,占据经开商圈核心。该项目是由陕西富力房地产开发有限公司开发,GVA 公司营销。随着政府北迁,未来的城市中心将在此确立。多路公交可以直接到达,地铁 2 号线也在此设站,交通极为便利。赛高国际街区周边设施主要有:雅荷幼儿园、西安中学、各大银行分理处、长安医院、市图书馆、西奇酒店等,从而形成丰富而完善的高端生活配套。该项目汲取了世界先进的 Block 城市人居模式,以城市综合体的形式包容了旗舰级住宅、国际公寓、CEO 商务写字楼、商铺以及世界步行街等,形成了自由开放的城市新生活地标。其总建筑面积为 26 万平方米,其中商业营业面积 80000 平方米,共包含五层商铺,地下一层与地铁 2 号线连接在一起,同时设有 1000 个停车位。该项目目前已经引进了占据四层的高端购物中心——世纪金花,营业面积达到 25000 平方米。主体部分通过几个空中走廊与赛高国际街区其余商铺主体连通。在赛高国际街区的二层与三层还引进了沃尔玛超市,营业面积达到 15000 平方米。沃尔玛超市外围绕了多个餐饮店,在购物的同时让人们品尝到美食。赛高国际街区四层引入了营业面积 6000 平方米的五星级影院——奥斯卡影城以及营业面积 4000 平方米的音悦汇 KTV。整个项目采取主力店结合散铺的营销手段，散铺面积大都在 70—80 平方米。

（4）金地集团相关项目。

金地集团在曲江旅游发展初期，投资 140 亿元用于房地产开发，表 6-8 是根据金地集团西安业务统计的资料。2015 年，金地在曲江池遗址公园建立的西安金地广场占地面积约 3 万平方米，建筑面积约 9 万平方米，为西安的游客提供了良好的休闲娱乐的消费体验中心。金地·南湖艺境是金地集团开发的商品住宅房，项目总占地 340 亩，包括三期，分为小高层、高层、洋楼，其位于曲江新区，而曲江新区已经作为一个整体被评为 5A 级景区。这为金地集团地产的顺利开发奠定了极好的基础。

表 6-8　　　　　　　　　　金地曲江项目

时间	项目	项目区位	规模	功能定位
2015 年	西安金地广场	位居西安著名曲江新区核心区域，依曲江池遗址公园而建，位于西安曲江新区大型综合性商业板块核心，辐射约 120 万平方米国际居住区、高新产业区、历史旅游景区和五星级凯悦酒店	占地面积约 3 万平方米，建筑面积约 9 万平方米，地上 4 层，地下 2 层	集精品超市、轻奢品牌、休闲娱乐、特色美食于一体的区域型消费体验中心
2016—2021 年	金地·南湖艺境	曲江二期 CCBD 东板块，处于曲江一期和曲江二期交会处，地理位置优越	项目总占地 340 亩，一期为褐石公馆，占地 95 亩，二期为南湖艺境一期，占地 135 亩，三期为南湖艺境二期，占地 110 亩，其中一期，8 栋纯高层；二期，9 栋高层，12 栋洋房；三期为 5 栋高层，10 栋洋房	商品住宅房

(5) 中海集团项目。

2003年中海地产进驻西安，是早一批进驻西安的品牌房企，从楼盘分布来看，中海走的是"深耕曲江、全城布局"的路线。2006年，中海地产斥资百亿元强势进驻曲江，开启曲江品质住宅时代，在曲江，中海先后开发中海曲江国际社区、中海紫御华府、中海御湖1号、中海御湖公馆、中海凯旋门等楼盘。从表6-9中我们可以看到，中海集团在曲江新区多为投资商品住宅房以及洋房、别墅。

表6-9　　　　　　　　　　中海曲江项目

时间	项目	项目区位	规模	功能定位
2006—2012年	中海铂宫	西安市曲江区芙蓉东路	14.52万平方米	商品住宅房
2010—2015年	中海百贤府	西安曲江南湖	3.8万平方米	商品住宅房
2006—2012年	中海国际社区	曲江新区的北部、大唐芙蓉园的北面以及曲江海洋世界东面和北面	总占地面积约66万平方米，总建筑面积约120万方米	别墅、多层洋房、小高层、小高层纯复式楼、高层、沿街式商铺、大型集中商业
2004—2006年	中海华庭	项目北侧紧邻南二环路，东临区域内主要次干道群贤路；南临高档住宅小区群贤庄，西侧紧邻规划中城市绿地公园，东北隔着二环为新建的大型综合生态公园丰庆公园（占地400亩）	占地面积82亩	由高层和小高层两种物业形态组成
2010—2013年	中海曲江碧林湾	位于城南唐城墙遗址公园和曲江芙蓉东路交会处，近邻曲江双湖，风景优美，12栋ART DECO现代风格高层建筑错落分布。零距离对接唐城墙遗址公园、得曲江公园群扇形环守	占地面积141亩	商品住宅房

续表

时间	项目	项目区位	规模	功能定位
2006—2013 年	中海御湖1 号	位于曲江大唐芙蓉园北侧		商品住宅房
2010—2013 年	中海御湖公馆	项目北临曲江大道、东南被唐城墙遗址公园零距离环抱，项目东、南、北分别规划有新开门北路（建设中）、芙蓉东路、曲江大道三条市政路纵横贯通，确保住户便捷的交通出行		商品住宅房
2010—2014 年	中海紫御华府	项目北侧紧邻曲江主干线——曲江大道；南临芙蓉中路、唐遗址公园，西南临芙蓉东路；西临中海国际社区东郡项目；东南向与中海碧林湾隔园（唐遗址公园）对望	占地面积逾 14 万平方米，总建筑面积达 50 万平方米	商品住宅房
2013—2016 年	中海开元壹号	毗邻公园——大明宫国家遗址公园，是二环内规模的品质社区。项目西侧太华路，3、4 号线（在建）贯穿，交通便捷	占地面积 411 亩，规划建筑面积近 100 万平方米	商品住宅房
2013—2016 年	中海城	靠近曲江文化运动园、秦二世陵遗址公园	占地面积 400 余亩，总建面约 100 万平方米，建面约 25.8 万平方米	商品住宅房

四 曲江"旅游+地产"运营模式

　　旅游地产的开发模式一般是伴随其发展和成熟逐步形成，其运营模式也需要经过一个稳定的运营时间段才能形成。旅游地产开发是一个系统的过程，开发商的介入不仅仅是住宅和商业区的建设，环境配套设施的建设，政府对当地资源的重整和优化利用，都是实现区域价值和社会效益提升必须经历的过程和环节。曲江模式主要是以政府主导，通过与地产开发商签订合约以配套设施建设或者当地的景观建设来给予其土地开发权，但是在此之前，政府对曲江进行整体的合理规划，在规划范围内交予开发商开发权。由此可见，旅游价值的挖掘和资源的合理分配需要在旅游开发前期做好全面的规划，才可在后期选择合适的旅游地产开发商来对当地进行可持续的合理开发。旅游地产的开发既要保证经济效益的提升，同时也要注重地产开发对当地的社会效益和环境效益。

曲江模式主要是依托本地文化遗产，整合历史资源，通过创意包装和策划、实施一批重大项目，带动其他产业门类发展，最终提升城市价值。在这个模式下，曲江管委会拨付资金给园区开发公司做基础设施，园区开发公司通过出售、出租土地给入园企业、地产商或直接以土地抵押贷款获得资金进行再投资建设（见图6-6）。

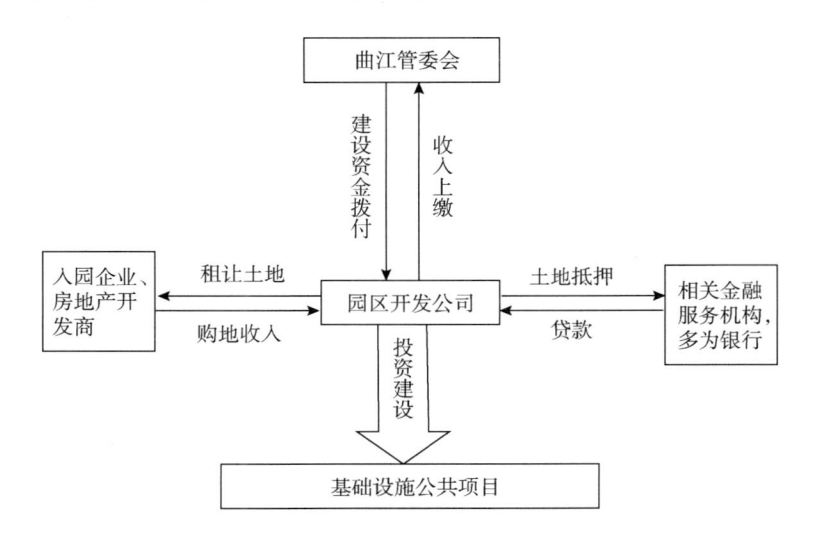

图6-6 曲江新区管理模式

1. 运营模式的形成

（1）政策优势。

曲江新区的发展离不开政府的主导作用，政府在曲江模式的形成过程中担任着城市运营者的角色。近年来国家出台的《国务院关于试办国家旅游度假区有关问题的通知》《国家税务局关于国家旅游度假区有关税收问题的通知》等在前期曲江新区旅游度假区的建立起到了引导作用，并且为其发展提供了便利性措施。除此之外，陕西省政府也出台了许多优惠政策，如《西安市鼓励外商投资优惠政策》《中西部地区外商投资优势产业目录》《西安曲江新区优惠政策》等在一定程度上帮助曲江新区实现全域旅游发展。

（2）文化资源优势。

曲江新区在历史的长河中，经历了周、秦、汉、唐几个朝代，毫无疑问，在文化资源上占有绝对的优势。曲江池遗址、大雁塔、青龙寺、寒窑等遗迹都是曲江新区的著名景点；唐朝上巳节、中和节、重阳节时的巡游活动，新科进士的曲江宴饮、杏林宴饮、雁塔题名等著名的历史文化活动也比比皆是；在文学方面，可谓盛唐造就了曲江，曲江文化完美地表达了盛唐。《史记》《汉书》《西京杂记》《太平御览》《旧唐书》《新唐书》《唐摭言》等文学著作中关于曲江的高达110多篇。《全唐诗》中关于曲江的诗词也高达520多首，唐诗曲江，曲江在历史文学的海洋里，找到了自己的那一份独有的天地，这为曲江的文学资源储备提供了一个极好的先天性平台。

（3）产业基础优势。

由上述我们可以得知，曲江不仅拥有良好的政策优势，还身处富有历史文化资源的大背景下，旅游产业的发展可谓前途一片光明。曲江新区也不仅仅只局限在文物古迹如秦二世陵、唐代城墙遗址、大慈恩寺、曲江寒窑等，通过后期的建设和发展，曲江新区也增添了一些新的地标建筑和景观吸引物（如大雁塔南北广场、陕西戏剧大观园、老西安博物馆、陕西历史博物馆、唐代艺术博物馆、大唐芙蓉园、曲江海洋世界、大唐通易坊、曲江宾馆、曲江惠宾苑宾馆、曲江商务会所、曲江旅游服务中心、湖滨花园、中伟外商俱乐部、西安国际会议中心、泛美花园、曲江六号、曲江春晓园、丰景佳园等）一些旅游地产配套项目。

（4）社会旅游需求。

曲江新区不仅是国内声名赫赫的旅游目的地，国外的旅游需求也是曲江旅游不可忽视的重要组成部分。尤其是在近几年，国民生活水平的提高，居民收入的增长，可支配收入的增多，全球经济平稳运行，社会的旅游需求逐渐进入佳境。

（5）区位优势。

曲江新区位于西安的东南部，由于其丰富的旅游资源，西安市也对其寄予旅游兴业的厚望，并且曲江新区邻近西安市，曲江新区能够依托西安市提供的客源，不仅可以为西安市民提供不同的旅游和商业空间，而且可以承担西安市休闲度假商务区的功能。曲江特殊区位优势决定了其成为西安地区的最佳人文休闲地带，其生态环境和人文环境都给市民提供了良好的居住环境，完善曲江的城市功能。

2. 曲江"旅游+地产"的核心内容

西安是历史文化古都，有着十分丰富的旅游资源，"丝绸之路"、张骞出使西域、唐三藏西天取经也与西安的历史紧密交织在一起，众多具有代表性的历史渊源，形成了西安发展旅游业的发展的独特优势。政府近年来着力开发曲江的旅游资源，以便培育具有深厚文化底蕴的旅游品牌。在新区建设一批综合性旅游项目，拓展旅游景点，增加对游客的吸引力，有利于旅游产业的持续健康发展，有利于建设集历史、文化、旅游、服务、休闲于一体的现代化旅游城市。在响应国家号召的同时，西安市政府对曲江新区的成功定位，给西安的旅游市场注入了新鲜的血液，极大地推动了旅游地产业的发展。其发展策略可以大致概括为以下几点。

（1）西安所处的地理位置优越，连接西北与东南，国家已批准的12个旅游度假区中没有一个在西北，在曲江开发的旅游度假区填补了这一空白，成为西部重要的游客集散地和旅游中心。

（2）通过旅游业促进地产业的发展。在大唐芙蓉园、大唐不夜城等项目建成后，曲江新区的房地产价格大幅上涨，曲江春晓苑、曲江华、曲江国际会展中心富力城等地产价格都有了50%—120%的涨幅。这些项目的建设使曲江房地产市场发展潜力上升，酒店业餐饮业购物、休闲娱乐也被带动了起来。

（3）曲江新区内有大雁塔、大唐芙蓉园、曲江海洋世界、大唐不夜城等旅游点，各个景点之间形成板块联动，项目集群和文化体系是景区开发的优势所在。西安具有深厚的文化底蕴与旅游资源，大唐芙蓉园与雁塔广场、大唐不夜城互相依托。以佛文化、唐文化为定位的雁塔南、北广场；以民俗大观园为定位的雁塔西苑，以戏曲大观园为定位的雁塔东苑，以丝绸之路雕塑园为定位的唐城墙遗址公园各具特色，代表着不同的文化需求。大唐不夜城定位为中国第一个文化 Mall。各种文化项目互相配合补充，浑然一体，共同构筑了曲江新区的文化旅游格局。曲江新区以旅游带动周边环境的改善，提高了当地居民的生活水平，改善了地区面貌，推进了城市化进展，促进了经济的发展。

（4）以西安特有的历史文化底蕴为切入点，文化是曲江度假区的灵魂，是度假与休闲娱乐等高层次需求的特殊商业业态，敏锐地把握了当今社会消费形态与观念,将单一的消费形态向综合性消费转变,将城市的历史底蕴、传统文化、民俗风情与休闲娱乐相结合,游客在观赏游玩的同时还能加深对西安民俗、特色小吃的印象,以另一种方式使观光客体验到历史人文风俗,为将西安打造成旅游古都推进了一大步。

(5)利用名人效应也是旅游景区扩大名声、吸引游客的方法。大唐芙蓉园通过在各种媒体做宣传,邀请明星参加其举办的各种节目,同时在景区拍摄了古装大戏《大唐芙蓉园》。这些都起到了很好的宣传效果。

(6)曲江新区在旅游规划方面创新性地将传统文化与现代建筑风格相融合,同时将吃饭住宿、旅游购物及娱乐集合在一起,给予游人不同于其他旅游景点的全新体验。曲江新区建筑大多为仿唐建筑,这种设计更加突出了西安的唐文化特点,容易给游客留下深刻的印象。现在的曲江新区拥有4个国家级文物保护单位、4个国家4A级景区以及3个省级文物保护单位,除此之外,它还是国家文化产业示范区及西安唯一的文化旅游新区,这样优势无疑使曲江新区成为最具有开发潜力的景区。在享受国家级文化产业示范区的优惠政策和管理权限的同时,政府还减轻企业所得税,企业也可以享受外商投资企业待遇,这些都是曲江迅速发展的重要因素。

3. 模式特点

曲江旅游新区是以浓厚的文化氛围为依托,通过分析与商业功能互补错位的对比,在满足人们的精神文化的同时,在周边建立商业类建筑,满足当地居民及外地游客的食、住、行、游、购、娱等活动。配合西安地域特色进行相关的商业活动,形成了以文化消费与休闲娱乐相结合的特殊商业形态,与其他的商业活动形成互补,成为综合型的消费场所,给顾客带来一站式的消费体验。无论是大唐不夜城街道中心的贞观广场还是大雁塔广场的仿唐餐厅、小店铺，都给人耳目一新的感觉，将传统建筑风格与当代商业氛围很好地融合起来，以期吸引外地的游客，游客消费的过程也是体验唐文化的过程。这种独具一格的运营模式是曲江新区根据自身特色而发展起来的。曲江新区的开发之初，由政府介入，同时运营商也具有一定的开发能力，因此尽管项目庞大，但是能够统一的操作运营，也为以后的发展清除了障碍。曲江新区以旅游业为发展助力，吸引了国内外知名企业的入驻，集群效应优势凸显，品牌化发展增强了其竞争力，提升了知名度。

曲江同时也是依托城市大型主题景区的旅游房地产开发类型，是以景区为中心的区域发展模式，随着与景区距离增大，加之缺乏主要交通干线，旅游房地产在定位和售价方面有着较大的变化，由远及近多由普通住宅构成，旅游经济效益不高，以景区为同心圆的模式不是唯一的，每个主题景区的地域有着不同的特点，其影响的范围也不相同。曲江新区主要景区周边区域的旅游房地产开发受此模式影响，在大雁塔北广场景区范围内主要的旅游产业为大型商贸、别墅、宾馆，而大唐芙蓉园景区50—500米范围是由别墅和高端住宅区构成。两者均价都在10000元/平方米以上。在发展主题景区中心区规划高密度住宅时应该充分考虑景区周围环境的承载力，做到统筹兼顾，绿色协调，在保证自然环境和社会安定有序的基础上发展新的产业模式。因此再规划适当数量的商贸类、别墅等低密度高档公寓，有利于主题景区与周围环境的和谐共生。既保护了景区的旅游环境资源，同时也最大限度地促进了住宅的舒适与宜居性。中、高密度住宅房地产项目布局在离主题景区较远区域，有利于缓解过高的人口密度对景区周边环境和交通带来的压力，同时又能最大限度地满足居民对主题景区的旅游观光需要。

曲江模式是突出文化主题的新型城市发展模式。以文化产业为核心发力点，以城市经营为重要途径，形成文化、旅游、商贸、公共基础设施、城市景点等的有机统一，形成强大的文化产业集群。其本质是：文化内核+价值传播+产业支撑+新城市主义的综合模式。在发展初期，以文化为立足。依托人文、区域优势，构建一批文化积淀深厚、影响深远，市场定位好的文化旅游项目，促进城市资源合理配置。在后期，曲江已经不局限于休闲度假旅游的定位，在整合优质文化资源、向文化产业转向的基础上，积极拓展文化产业门类和体系，成为整个城市经济发展的重要支撑。曲江通过旅游的带动效应，片区土地价值大幅度上升，促成地产的大面积开发。

五　未来发展方向

曲江模式与曲江文化息息相关，曲江的"旅游+地产"是先文化旅游再地产，曲江当地政府的支持也为其成长和发展做出伟大的指引作用，城市全域旅游运营下的曲江，旅游地产的开发也绽放了光芒。曲江旅游地产的发展更多的是将视角放在了曲江新区乃至整个西安市以及来曲江旅游度假的旅游者身上，政府的统一规划，量地而裁，与旅游地产开发商合作，为当地的居民和来此的游客打造一个舒适的宜居的生活环境。旅游地产开发商通过为当地提供便捷的生活设施和悦人的景观来低价获得土地开发的权利，政府通过招商引资也促进了当地的经济发展，提升了当地居民的生活水平质量。

现在曲江正在朝着综合性的发展目标前进，其综合性的提升着重在旅游综合体方面，关于旅游的规划和理解某些地区存在着一些误区，缺乏正确的认识和因地制宜的考虑。有些只顾眼前的利益而缺乏对各要素的充分把握，盲目修建旅游综合体项目，既不能发挥旅游综合体优势，还会造成资源不合理配置、生态环境恶化等突出问题。这种行为还会引发投资与经济效益不匹配，不利于现代化经济体系建设。因此，规划和建设旅游综合体一定要实事求是，因地制宜，具体问题具体分析，制定出适合当地经济发展的规划，实现资源的合理配置，建设现代化城市和生活宜居的城市生活。

第三节　恒大——旅游地产的后起之秀

近年来，随着房地产交易日益步入存量时代，传统房地产发展路径遭遇"天花板"，诸多房企纷纷谋求转型找寻新的投资途径。新型地产应运而生，其中，较之一般的住宅，旅游房地产的特点和优势在于它是旅游业和房地产业的无缝链接，具有更好的自然景观、建筑景观，同时拥有完善的配套功能和极高的投资价值，旅游地产颇受房企喜爱。旅游地产已成为地产行业的新引擎和突破口。包括万达、恒大、万科、碧桂园、观澜湖等众多房企进军旅游地产，从开发商向运营商转型。大型房地产企业大举进军旅游地产，反映了我国房地产市场的升级，地产需求从单一的居住延伸至度假旅游、生态康养等（《京华时报》，2016年9月26日）。购房者的要求越发严苛，给予了开发商创新的动力，丰富了房地产具体业态。从刚需房到改善房，然后是满足投资的公寓，再到具有文化意义的旅游地产，体现了我国购房者对住房体验的追求不断提升，开发商捕捉消费者需求的嗅觉越发敏锐。

恒大集团是以民生地产为基础，金融、健康为两翼，文化旅游为龙头的世界500强企业集团，已形成"房地产+服务业"产业布局（宾彬，2018）。恒大旅游地产采取以"6+1"模式，其中"1"是白金七星标准酒店，"6"指娱乐、运动、会议、饮食、健康、商业相关配套设施。

一 恒大集团简介

1. 恒大集团发展历程

恒大集团（以下简称恒大）于 1996 年在广州成立，依靠"小面积、低价格、低成本"的战略定位在亚洲金融风暴中抢占先机。1997 年，恒大开发的第一个楼盘金碧花园在短时间内被抢购一空，楼盘销售额达 8000 万元，这对于恒大的起步具有重大意义。1999 年，恒大地产通过战略调整，一跃成为广州地产 10 强（张憬，2018）。从 2000 年开始，恒大从企业管理入手，强调流程规范性、管理高效性和资源整合性，提升了企业实力和品牌知名度，成为广州房地产最具竞争力 10 强企业第一名。2003 年，恒大实施紧密型集团化管理模式，采取"统一规划、统一招标、统一采购、统一配送"的标准化运营模式，确立了民生地产定位。2004 年，恒大采用精品战略，加快地产产品更新换代，为下一步向全国拓展打下了基础。2006 年，恒大开始全国战略布局，地产项目在上海、成都、天津等 20 多个一、二线城市均有投放，项目数量从 2 个迅速增加到 50 多个，成为中国房地产企业 20 强。同时，成功引进了淡马锡、德意志银行和美林银行等国际投资者，是中国房企进军国际的重要榜样（刘媛，2018）。截至 2008 年年底，恒大各项主要经济指标比 2006 年都实现了 10—20 倍的极速增长，是恒大跨越式发展的重大突破。2009 年，恒大以在港市值最高的内地房企地位在香港成功上市。2011 年，恒大的全国布局取得较好成绩，开发项目达 200

多个，分布于全国的 120 个主要城市。土地储备、在建面积、建筑面积、销售面积、营业额、利润指标等核心经济指标业内第一，品牌价值超 210 亿元。2012 年，公司开始实施"向管理要效益"的战略方针，致力于基础管理、制度建设、员工综合素质培养（胡文，2018）。2013 年，恒大地产的销售额首次突破 1000 亿元。2014 年，恒大在其他行业进行摸索和拓展，尤其是通过足球运营来为恒大打造良好的品牌形象，取得较好的表现，当年销售额为 1351 亿元。多元化逐渐成为恒大的重要发展战略，涉足行业有教育、医疗、畜牧业和粮油业等。恒大坚持夯实民生地产的基础，积极推动企业多元化发展，力求在文化旅游、快消等领域取得稳步快速发展。2015 年，恒大在文化旅游方面加大投入，拓展健康养生等业务。2016 年，恒大以全球销售第一房地产企业的身份进入世界 500 强（张宁，2015）。

与万科的发展路径不同，恒大从单一的民生地产拓展到文化、旅游、体育等多领域，是从专业化迈向多元化发展。第一个地产项目金碧花园的营收是恒大发展的奠基石，当时凭借拿地成本低的优势，获得了较为丰厚的利润，为恒大后来多元化的快速发展打下了坚实的基础。恒大的低成本策略从企业成立以来沿用至今，也是恒大在房企中立于不败之地的关键因素。随着项目的不断开发，恒大的品牌知名度不断提升，逐渐走上了全国拓展的发展道路。为了保证项目的质量和运营成本，恒大建立了标准化体系，具体到开发流程的各个环节。

2. 股权结构

我们统计了截至 2017 年 11 月恒大拥有的控股企业及股权，详情见表 6-10。2014 年，恒大正式开启多元化道路，资产增长速度飞快，2015 年增长速度达 59.5%（胡顺华等，2017）。

从表 6-10 中数据可以看出，恒大多元化战略涉及地产、体育、文化、健康、保险等方面,其中恒大地产持股比例为100%。恒大以房地产为基础,努力拓展增值业务。控股公司之间有着密不可分的关系,例如恒大健康与恒大人寿的保险机构合作,开发了社区健康管理险种。恒腾网络依托地产项目形成的社区资源,为社区提供优质智能服务。

表 6-10　　　　　　　　恒大集团控股公司及主营业务

控股公司名称	持股比例（%）	主营业务
恒大地产	100	房地产
恒大淘宝体育	56.71	开展职业足球俱乐部的运营业务
恒大文化	98	广播、电视、电影和影视录音制作业
恒大健康	74.99	医学美容、健康养老等
恒大人寿	50	保险
恒腾网络	54.92	互联网社区服务
嘉凯城	52.78	房地产

资料来源：胡顺华、刘伟兴：《中国恒大的 VIE 结构及多元化投资研究》,《商业会计》2017 年第 7 期。

二　恒大旅游地产的诞生

1. 应运而生：地产加码旅游

2010 年房地产政策收缩,旅游综合体成为房地产企业谋求更多发展空间的选择。万达陆续了开发福州痕岐岛国际旅游度假区、长白山国际旅游度假区、西双版纳国家旅游度假区和武夷山国家旅游度假区,共投入 380 亿元。保利集团先后斥资 60 亿元和 100 亿元兴建保利银滩和保利生态城项目,项目选址分别是阳江和东莞（张芳,2014）。旅游地产的兴起有三点原因。第一,是政府卖地类型发生变化,不仅仅局限于住宅用地,也推出了旅游开发用地。第二，实力雄厚的房地产企业在整合资源、提升利润方面的能力比一般的旅游企业更强，在开发建设上也积累了更丰富的经验。旅游获得政府支持，地产确保投资收益。旅游与地产有机结合，这既是旅游地产的投资战略，也是其盈利的基本路线。旅游项目不仅仅能增加当地政府的收入和税收，还能对文化传承与推广、提升地方知名度等方面产生积极意义。当这类项目肩负了重要的社会公益时，政府对项目的出让往往会采取特殊的渠道。政府往往会给企业较大的让利，例如以相对低的价格甚至零地价出让土地，为项目提供一些财政补助，全力保障项目周边的基础设施配套建设，等等。第三，地产加码旅游可以降低拿地成本，获得更大的利润空间。现今地价不断上涨，政府卖地模式倾向于综合用地（经观地产，2017 年 2 月 9 日），房企进军旅游势在必然。

2. 旅游地产发展历程

2011 年 6 月 25 日，恒大地产"清远恒大世纪旅游城"在广东清远正式开业，这是当时华南地区最大的旅游综合体项目，首创以白金七星标准酒店、会议中心、饮食中心、健康中心、运动中心、娱乐中心、商业中心为一体的"6＋1"旅游城。恒大旅游集团有限公司成立于 2015 年 5 月 19 日，注册资本 200 亿元。公司前身为恒大海花岛开发建设集团有限公司，2016 年 9 月 2 日变更为恒大旅游集团有限公司，其股东为恒大集团有限公司（该公司同时为恒大金融集团和恒大健康集团的股东）。2016 年，恒大在北京北部开发建设北京恒大文化旅游城，占地 15000 亩，投资额达 500 亿元，是集超五星白金酒店集群、五国风情温泉小镇、世界儿童水上乐园、顶级商业集群等 17 大配套于一体，拥有 35000 平方米五星铂金酒店、26000 平方米欧式城堡酒店、8000 平方米世界风情酒店、10000 平方米国际级会议中心，汇聚了休闲度假、会展、游乐多功能的度假综合体(《京华时报》,2019年9月26日)。同年,恒大地产集团投资1600亿元打造中国海南海花岛,力图将海花岛塑造成为世界文化旅游城的标杆。目前恒大旅游集团共有八个旅游项目,分别位于海南海花岛、湖南长沙、贵州贵阳、河南开封、河北沧州、江苏苏州、江苏镇江和江苏启东。旅游用地方面,总储备建筑面积2664万平方米,总在建面积1188万平方米。随后,恒大正式提出"童世界计划",项目选址分别在湖南、贵州、江苏、河南等地,投资额突破1000亿元(《第一财经日报》,2017年12月27日)。恒大童世界的定位是世界一流、规模最大的主题公园,主题内容区别于迪士尼、环球影城,避免与传统的大型旅游集团竞争(经观地产,2017年2月9日)。2017年,恒大对外公布恒大童世界拿地面积共6000亩,已签约6个项目。2017年6月13日,恒大地产集团武汉有限公司与华谊兄弟(天津)实景娱乐有限公司共同成立了武汉恒谊电影文化有限公司,注册资本1亿元(搜狐新闻,2017年9月10日)。2018年,恒大在文旅综合体业绩为5511亿元,项目代表有恒大童世界、恒大水世界。2019年,恒大旅游集团收购中信嘉丽泽以及紧邻中信嘉丽泽的嵩明县住宅项目御景新城。该项目的开发商云南御行中天房地产开发有限公司的股权结构在2019年1月31日发生变更,恒大旅游出资1.26亿元获得了70%的股权。2019年8月,恒大在湖南张家界投资100亿元武陵源国际生态小镇,在吉林省投资1000亿元综合文旅项目。

三 恒大旅游地产现状

1. 项目选址

截至2018年12月31日,恒大总土地储备项目811个,分布于中国 228 个城市。土地储备总规划建筑面积 3.03 亿平方米，土地储备原值为 4962 亿元。

恒大旅游地产占集团地产业务的 20%，未来旅游地产将会是一、二线城市的主要土地储备模式。

目前已经签约的恒大童世界主题公园共有 6 个，选址基本上是有规划性地面对大的客源地和客源汇聚地，分别是长沙、苏州（面向上海）、镇江（面向南京）、开封、贵阳、惠州。未来两年内，恒大将开发建设 11 个旅游项目，五年内完成全国 20 多个城市酒店项目布局，成为旅游地产行业的领头羊。据业内人士估计，未来 20 年内在每个省会以上的城市都会有恒大的地标性旅游综合体。恒大旅游地产典型项目如表 6-11 所示。

表 6-11　　　　　　　　恒大旅游地产典型项目

项目选址	项目名称	规模	业态构成
广东清远	恒大清远世纪旅游城	建筑面积 26 万平方米	以白金七星标准酒店为主体，配有运动中心、娱乐中心、会议中心、饮食中心、健康中心、商业中心
广东广州增城	广州增城恒大山水城	建筑面积 54 万平方米	规划定位为集酒店、休闲、健身为一体的超大型原生态山林·湖泊·别墅社区，配建了五星级豪华酒店、运动中心、饮食中心等设施
海南漳州	儋州恒大·金碧天下	建筑面积 110 万平方米	超五星级会所、七星级超大购物中心、商业街、私家游艇码头
云南昆明	昆明恒大·金碧天下	建筑面积 100 万平方米	集酒店、会议、商务、休闲、娱乐、运动、保健、购物多功能于一体的超五星级、超大型综合旅游度假区
	昆明恒大童世界	投资额 220 亿元，建筑面积 4052 亩	项目规划建设酒店会议区、健康运动区、亲子游乐园、风情街、住宅及相关配套设施

续表

项目选址	项目名称	规模	业态构成
贵州贵阳	贵阳恒大文化旅游城	占地面积1300亩	项目规划有包括多国风情童话大街、双子星级酒店、国际会议中心、国际会展中心、购物中心、文化娱乐集群等文旅配套
重庆双福园区	重庆恒大·金碧天下	建筑面积83万平方米	五星级酒店及会议中心、运动中心、健康中心、娱乐中心、饮宴中心、商业中心
四川成都大邑县	成都恒大·金碧天下	投资至少100亿元，占地面积1万多亩	集酒店、会议、运动、温泉、饮食、娱乐与商业于一体的国际会议温泉旅游度假区
湖北武汉鄂州	武汉恒大·金碧天下	投资额100亿元，建筑面积50万平方米	以恒大白金七星酒店为中心，布局会议中心、健康中心、运动中心、饮食中心、娱乐中心、商业中心
江苏启东	恒大海上威尼斯	投资额100亿元，建筑面积700万平方米	集酒店、会议、饮食、娱乐、运动、保健与商业于一体的超大型综合旅游度假居住区
江苏南京溧水城区	南京恒大·金碧天下	建筑面积103万平方米	融旅游度假中心、商务会议中心、果岭公园、超五星级酒店于一体的休闲商务居家胜地
河南新乡平原新区	河南恒大·金碧天下	投资额100亿元，总面积5000亩	有超五星级酒店、国际会议中心、运动中心、健康中心、娱乐中心、饮食中心、商业中心共七大顶级配套
陕西西安西咸新区	西安恒大文化旅游城	占地面积53万平方米	项目规划有浪漫婚礼庄园、综合运动中心、文化娱乐中心、主题博物馆群和青少年成长基地、缤纷商业广场及万国美食街、国际会议中心、国际会展中心、欧式城堡酒店、动漫产业园等丰富业态

续表

项目选址	项目名称	规模	业态构成
河北保定白洋淀	河北旅游城	投资额80亿元，总用地1300亩	世界风情温泉小镇、文化娱乐区、美食文化街，酒吧文化街以及世界建筑文化酒店会议区
河北平山	恒大山水城	投资额50亿元	集五星级酒店、游乐园、国际会议中心、商业、饮食、娱乐、运动休闲于一体的超大型城市综合体项目
天津市蓟县	天津恒大·金碧天下	项目总规划面积近1万亩	配套包括超五星级酒店、会议中心、饮食中心、娱乐中心、运动中心、健康中心、商业中心
北京京北	北京恒大文化旅游城	总用地15000亩、投资额500亿元	集超五星白金酒店集群、五国风情温泉小镇、世界儿童水上乐园、顶级商业集群等17大配套于一体，拥有五星铂金酒店、欧式城堡酒店、世界风情酒店、国际级会议中心
辽宁沈阳	沈阳恒大文化旅游城	总用地大于33万平方米	融合观光、游乐、休闲、运动、会议、度假、体验、居住等多种旅游功能的旅游综合体
吉林长春	长春恒大文化旅游城	总用地大于78万平方米	八国温泉城、浪漫婚礼庄园、冰雪乐园、国际商业街、缤纷美食街、国际会议中心、现代博物馆群、欧式城堡酒店等
黑龙江哈尔滨	哈尔滨文化旅游城	总用地2776亩	文化旅游区、美食文化区、酒吧文化街、健康运动区及世界建筑文化酒店会议区
新疆乌鲁木齐	乌鲁木齐恒大·金碧天下	建筑面积140万平方米	会议中心、商业中心、健康中心、饮食中心、运动中心、娱乐中心、儿童欢乐中心、羽毛球中心、网球中心、贵宾接待中心

恒大旅游集团深入实施布局全国的总体发展战略，大力拓展长三角、珠三角、京津冀区域，围绕中心城市、重点旅游城市周边，调整优化区域资源，全方位构建项目新格局。恒大旅游集团全方位

构建文化旅游综合体版图，着重打造填补世界空白的两大拳头产品"恒大童世界"和"恒大水世界"。恒大童世界是专为2—15岁的少年儿童打造，全球唯一全室内、全天候、全季节的大型童话神话乐园，15个项目已布局完成，将于2021年起陆续开业；恒大水世界已筛选出全球最受游客欢迎的120个水上游乐项目，建设全球最大的全室内、全天候、全季节的大型温泉水乐园，未来2—3年布局20—30个（央广网，2019年8月30日）。恒大旅游集团致力于打造集主题乐园、度假酒店、购物美食、会议会展、滨海娱乐、文化演艺等于一体的一站式国际化度假目的地——海南海花岛。该项目拥有童话世界、雪山王国、海洋乐园、植物奇珍馆及顶级酒店群等28大业态，并计划于2020年正式开业。

2. 恒大旅游地产盈利状况

2016年年底，公司完成了多元化发展的产业布局，实现了由"房地产业"向"房地产+服务业"的转型。2017年，公司启动战略转型。在发展模式上，从"规模型"向"规模+效益型"模式转变；在经营模式上，从高负债、高杠杆、高周转、低成本的"三高一低"模式向低负债、低杠杆、低成本、高周转的"三低一高"模式转变（张瑜，2019）。根据2017年全年财报，恒大在2018年立下的销售目标为5500亿元。根据许家印在2017年业绩发布会上立下的"小目标"，仅时隔半年，其营业额就达到了3003.5亿元，实现年度目标一半以上，创下行业最高纪录，同比大增59.8%，净利润达530.3亿元，同比大增129.3%；现金余额充足，为2579亿元。2018年是恒大第八个"三年计划"的开局之年，公司开始实施"新恒大、新起点、新战略、新蓝图"重大战略决策，坚定不移地实施"规模+效益型"的发展模式，坚定不移地实施低负债、低杠杆、低成本、高周转的"三低一高"经营模式（朱永康，2019），全年业绩多项核心指标行业第一，世界500强排名位列第230位。2018年发布的年报显示，恒大集团本年度收入为4662.0亿元（2017年：3110.2亿元），同比上升49.9%。毛利为1689.5亿元（2017年：1122.6亿元），同比上升50.5%。据克而瑞统计，恒大上半年净利润已超过碧桂园、万科、保利、绿地等四家房企之和，稳坐"利润王"的同时领先优势进一步扩大。2018年8月恒大集团（HK.3333）发布2018年中期业绩报告，交出了地产史上最亮眼成绩单之一。其中，恒大总资产、净资产以及营销额三项核心指标均创地产行业历史新高。2018年上半年恒大净利润如表6-12所示，2018年恒大还荣登TOP30房企"利润王"榜首（如表6-13）。

表6-12　　　　2018年上半年恒大主要利润指标

利润指标	中国恒大	碧桂园	万科	保利地产	绿地控股
毛利润（亿元）	1088.6	349.7	289.9	164.8	198.0
净利润（亿元）	530.3	163.2	135.2	93.1	83.0
毛利率（%）	36.2	26.52	27.36	27.70	12.53
净利率（%）	17.7	12.37	12.76	15.65	5.25
市值（亿元）	3800	2546.2	2636.2	1432.5	764.2
动态市盈率	5.35	7.38	13.62	10.27	6.31

表6-13　　　　房企2018年利润排行榜TOP10

公司名称	净利润总额（亿元）	净资产收益率（%）
中国恒大	665.47	28.11
碧桂园	485.4	28.53
中海地产	384.38	15.84
万科A	337.7	23.24
华润置地	242.38	17.52
保利发展	188.02	16.44
融创中国	165.7	29.15

续表

公司名称	净利润总额（亿元）	净资产收益率（%）
招商蛇口	152.4	22.22
龙湖集团	128.5	19.88
世茂房地产	117.3	14.92

2011年，恒大集团首创"6+1"世纪旅游城，标志着恒大旅游地产业务正式起步。恒大旅游地产相关业务数据如表6-14所示。根据恒大集团财报数据显示，旅游地产没有作为单独收入板块纳入财报中。酒店经营与房地产开发建设、保健业务等一同归为其他业务收入。酒店经营及其他业务收入整体呈上升趋势，增速较快。截至2019年3月，恒大旅游集团资产总额1184.34亿元。恒大旅游集团2018年实现营业收入305.04亿元、净利润37.34亿元。2018年全年，恒大旅游集团实现销售面积237万平方米，销售金额254亿元。2019年，公司正式完成多元化产业布局，形成了以民生地产为基础，旅游文化、健康养生为两翼，新能源汽车为龙头的产业格局（张瑜，2019）。

表6-14　　　　　恒大集团酒店及相关业务收入情况

年份	业务	业务收入（亿元）	恒大总营业额（亿元）	业务比重（%）	业务收入增速（%）
2011	酒店经营及房地产建设	9	619.2	1.4	—
2012	酒店营运、工程建设及其他房地产开发相关业务	11.4	652.6	1.7	26.7
2013	酒店营运、工程建设及其他房地产开发相关业务	5.69	936.7	0.6	-50
2014	酒店营运、工程建设及其他房地产开发相关业务	27	1114	2.4	2600

续表

年份	业务	业务收入（亿元）	恒大总营业额（亿元）	业务比重（%）	业务收入增速（%）
2015	酒店营运、工程建设及其他房地产开发相关业务	54	1331	4.0	100
2016	酒店营运、房地产建造、金融业务、互联网业务、保健业务、物业管理服务及其他业务	49.5	2114.4	2.3	-8.3
2017	酒店营运、房地产建造、金融业务、互联网业务、保健业务、物业管理服务及其他业务	55.5	3110.2	1.7	12.1
2018	酒店营运、房地产建造、金融业务、互联网业务、保健业务、物业管理服务及其他业务	66.9	4662.0	1.4	20.5

四 多元盈利模式——以海花岛为例

旅游地产从拿地、开发建设、经营管理、品牌树立、土地增值，每一环节都可以盈利，但是最核心的盈利点是在旅游运营和地产销售上（互联网文档资源，2017）。最初的旅游地产的盈利更多的是依靠地产而不是旅游，但是随着政府卖地模式的变化，人们旅游需求的日益旺盛，旅游运营越发成为长久盈利的关键环节。单一的住宅销售只能暂时的，旅游地产能否持续健康发展依赖于旅游经营。旅游地产盈利模式如图6-7所示。

1. 海花岛简介

恒大海花岛是一座人工岛，位于海南省儋州市排浦港与洋浦港之间的海湾区域，南起排浦镇，北至白马井镇，距离海岸大约600

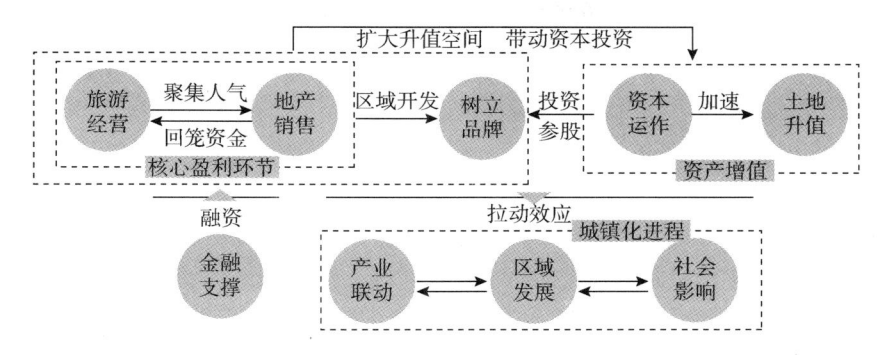

图 6-7　旅游地产盈利模式

米，总跨度约 6.8 公里（胡忠明等，2018）。该岛由三个独立的离岸式岛屿组成，规划填海面积约 8 平方千米，规划平面形态为盛开在海中的三朵花，故取名为"海花岛"。海花岛的开发历程可以概括为三个阶段：报批、填海、建设。

（1）2009—2013 年调研规划报批阶段。

在申请报批之前，对国内外填海旅游项目进行考察和研究，邀请相关专家对海花岛的开发建设进行设计。恒大在 2012 年前后取得国务院海洋功能区批复、国家海洋局的区域建设用海规划批复和用海规划海洋环境审查批复。第二年取得填海指标批复（黄河新闻网，2019 年 10 月 8 日）。

（2）2013—2015 年填海和招拍挂阶段。

海花岛于 2013 年取得海域使用权证书后开始填海，2015 年完成填海后纳入城市总体规划，恒大通过招拍挂获得土地使用权，并开始建设。

（3）2015 年至今海花岛全面建设阶段。

海花岛进入全面建设阶段，酒店、餐饮、商业会展等业态的建设工程大致完成，目前等待业态填充。海花岛由海森规划设计院、中交水运等负责旅游规划，投入金额 1600 亿元。截至 2019 年已完成 28 大业态的主体工程建设。海花岛一号岛主导功能为旅游度假、商业会展、酒店会议、娱乐休闲、餐饮和海洋运动休闲。二号岛和三号岛主导功能为居住，为居住功能区，配备一定的公共服务设施。

2. 项目建设

位于海南儋州的"中国海南海花岛"是恒大重构世界文化旅游版图之作，涵盖国际会议中心、国际会展中心、七星海岛酒店、欧堡酒店、双塔酒店、影视酒店、童话世界、水上乐园、海洋世界、珍奇特色植物园、植物奇珍馆、五国温泉城、婚礼庄园、影视基地、博物馆群、文化娱乐城、国际购物中心、风情商业街、风情美食街、茗茶酒吧街、运动健身中心及游艇俱乐部等 28 大业态，预计 2020 年正式开业。游乐项目如表 6 – 15 所示。

表 6 – 15　　　　　　　　海花岛游乐项目

游乐项目	内容
童话世界	涵盖中国神话、西欧童话、古希腊神话、美洲部落童话、古阿拉伯童话五大主题分区
水上乐园	拥有雪山探险、激流地带、极速湾、巨浪谷、合家欢五大主题分区，近 20 个游玩项目
海洋世界	拥有极地世界、深海梦幻、热带雨林三大海洋生态圈，近 30 个动物展示及游玩项目，汇聚白鲸、企鹅、海狮、白鳍鲨等万千海洋生物
游艇俱乐部	坐拥 20 万平方米码头水域，首期已兴建 80 个泊位，后期将增至 280 个泊位。俱乐部以会员服务为基础，聚焦大众游客出海需求，是一家以满足大众高品质生活需求和普及滨海生活、海洋文化为发展目标的休闲式游艇俱乐部
珍奇特色植物园	海花岛珍奇特色植物园占地面积 7.4 万平方米，汇集了全球热带珍奇植物，是世界一流的植物园。园内设有植物奇珍馆、花海主题展区、萌生植物区、热带稀有植物保育区及樱花展区五大独具海岛特色的主题展区
婚礼庄园	总占地面积 1.96 万平方米，拥有 9 栋浪漫典雅的独立殿堂，包括大、中、小型婚礼仪式殿堂和中式、欧式、韩式婚纱拍摄殿堂，以及户外婚庆草坪

续表

游乐项目	内容
中央公园	总占地面积约 120 万平方米，包括观光塔、生态剧场区、儿童游乐天地、运动休闲天地、森林区、花海区等区域。以美丽自然构建生态公园景观，配合新能源利用、新技术应用及可持续景观理念，构建一条穿越南北的"绿建之路"生态中轴，与周边各区域景观形成一个复合生态网络

（1）度假酒店。

度假酒店共有 5 个：七星海岛酒店、双塔酒店、影视酒店、欧堡酒店和五国温泉城。

海花岛七星海岛酒店是以满足国宾接待标准打造的度假酒店，有长达 1.5 公里黄金海岸线，由 21 个别墅组团、3 栋私人会所及 1 座多功能山中娱乐配套组成，105 栋海滨私享别墅如七星伴月状分布。海花岛双塔酒店采用扭转结构的孪生塔设计，玻璃幕墙与碧海蓝天融为一体，将自然美学与建筑美学完美融合，是海花岛的入岛标志性建筑。酒店共设 408 间豪华客房，拥有 80 米全岛最高观景点。海花岛影视酒店是一座以影视文化为特色的梦幻光影电影主题酒店，毗邻集影视拍摄和观光于一体的影视基地。酒店共有 710 间影视主题客房，房内备有特色影音设备，具有浓浓的电影工业元素。海花岛欧堡酒店是国内罕有的欧式城堡主题和自然主题单体酒店，规模体量位居亚洲单体酒店前列。酒店由森林、海洋、沙漠、冰川 4 栋不同自然主题的欧式塔楼连接而成，观景视野绝佳。酒店共有客房 5121 间，可同时容纳 1 万多名游客入住。海花岛五国温泉城是荟萃世界沐浴文化精华的温泉度假胜地，设有泰式温泉馆、日式温泉馆、意式温泉馆、土耳其式温泉馆、芬兰式温泉馆及飘香温泉湾六大温泉区。温泉城源自海底深层品质纯正的碱性温泉，拥有 122 个特色温泉池，57 间 SPA 房，23 栋集泡汤、SPA、住宿于一体的特色汤屋。海花岛运动健身中心由国内外知名设计大师主笔，是目前海南较大的综合类运动健身中心。内设游泳馆、篮球馆、网球馆、健身房、击剑馆、射箭馆八大运动功能区，集休闲、竞技与培训于一体。健身设备将由奥运会合作体育器材品牌供应商提供，130多项专业运动设施可满足全方位运动健身需求。

（2）购物美食。

打造八大美食街：明清美食街、苏州风情美食街、岭南风情美食街、川西风情美食街、东南亚美食街、德国格林风情美食街、日本京都风情美食街、法国美食街。六国风情商业街，特别打造地中海、德国黑森林、美国奥兰多、意大利、俄罗斯、中国徽州等多国元素特色建筑群。茗茶酒吧街，包括荷兰风情酒吧街、沙滩酒吧、茗茶海岸。海花岛国际购物中心建筑设计灵感源自海浪，外观如流水般婀娜婉转。近15万平方米的购物空间汇聚了全球近300家高端品牌，更有近3000平方米室内奇幻冰雪乐园、400米超长滑道、全国罕有的冰屋。

3. 盈利模式分析

（1）利润源。

利润源是项目面向的客户群体，筛选并精准定位目标市场是盈利的关键环节。只有符合期望值的消费者，才能为项目创造出可观的价值。海花岛的利润源主要是消费游客和入驻居民。海花岛的目标市场是亲子家庭和年轻情侣等热爱童话王国故事的群体（吴侃，2017）。同时海花岛不仅有游乐园、海洋世界、特色植物园等，还有度假酒店、商业街和购物中心等一系列配套设施，不仅满足一日游或停留时间较短的游客，也能满足旅游度假游客和入驻的商户、居民。

（2）利润点。

利润点是指能够满足市场需求、用户愿意支付的产品和服务。在旅游地产中，利润点包括但不局限于房地产销售收入、土地升值、景点门票收入和商铺租金等。海花岛的利润点主要来自两个方面：一个是童话王国、水上世界等游乐项目的盈利，另一个是房地产的物业增值盈利。海花岛的前期盈利主要是房地产销售，凭借低价拿地建设的优势，能够首先获得较为可观的利润。后期所有业态的主体工程建设完成，海花岛游乐园开业后，将会吸引大量游客前来，提升住宅用房和商铺的附加值（吴侃，2017）。

在游乐项目的运营中，海花岛采用了多元化经营策略，并且加强了产品开发投入。海花岛致力于营造出童话般的梦幻王国，设置中国神话、西欧童话、古希腊童话、美洲部落童话和古阿拉伯童话五大主题分区，对儿童形成巨大的吸引力。水上世界和海洋世界等休闲游乐园区也能满足成年人的需求。海花岛游乐项目丰富，体验感强，其定位是打造一个能满足游客游玩 3—7 天的综合文化旅游城。其游玩项目的丰富性与可玩性能吸引大量的人流，并且能够延长游客在海花岛的停留时间，增加酒店、餐饮、纪念品商店、博物馆等其他业态的收入。

商业街区招商方面，海花岛积极吸引众多品牌商家进驻，丰富业态，增加商铺租金收入。从表 6-16 中可以看出，商业街区不仅有地方特产、特色商品等面向游客的商铺，也有超市、便利店、药房等满足住户的生活配套条件。其中，文化创意和动漫 IP 倾向于吸引青年游客群体。海花岛商业街区招商类别如表 6-16 所示。

表 6-16　　　　　　海花岛商业街区招商类别

招商种类	细分
特色餐饮	全球米其林星级餐厅品牌及米其林推荐餐厅品牌、全球知名主题餐厅、中华特色及各省区市老字号餐厅、特色餐饮、地方特色小吃、海南本地名菜、海鲜大排档、中西式快餐、休闲简餐、甜品烘焙、果饮水吧等
风情服饰	海南当地民族服饰、国内各民族服装服饰、国外各地区服饰

续表

招商种类	细分
进口超市	各国代表性产品跨境电商，例如荷兰母婴产品、法国香氛化妆品、美国保健品、德国生活家居等
主题酒吧	各类慢摇吧、清吧、足球吧、演艺吧、红酒庄、红酒体验馆等
特色商品	意大利手工制品、威尼斯面具店、法国薰衣草饰品、俄罗斯套娃、德国啤酒、苏杭丝绸、油伞、古玩字画、海南椰雕、珍珠、水晶饰品、沉香、黄花梨及其他特色饰品和用品等专卖店
民俗文化	剪纸、风筝、中国织绣、泥人面塑等民间工艺、中国戏曲及国外歌剧的相关商品
地方特产	海南本地特产、全国各地代表性特产商品、各国知名特产商品
旅游纪念	全球各地知名旅游纪念品、各类旅游特色玩具、文具、装饰品、家居产品、日用品等
文化创意	主题书店、欧式占卜店、旅游手信产品店、中式主题书画展、西式主题油画展、各国手工艺制作
生活配套	超市、便利店、药房、俱乐部、SPA、美容、美甲、会所等
茗茶咖啡	国内外茗茶、茶具、茶文化体验馆、咖啡店等
动漫 IP	美国、日本以及国内外知名动漫主题类相关商品

2015年12月28日，海花岛开盘前3小时，已经有两万人在等待摇号抢房，售楼处门前排起数十米长的队伍。当天，成交金额定格于122.05亿元。恒大海花岛以"3.2秒卖出一套房"的速度，成为当年国内房地产市场最火爆的项目。

海花岛盈利模式主要是造城，依托海花岛优质的旅游资源，完善旅游基础设施建设，开发时地产优先，旅游配套。前期收入依靠房产销售，后期依靠地产物业与旅游经营获利（彭书炳，2018）。旅游开发在低价拿地、树立品牌、后期利润保障方面有着非常重要的作用。但是海花岛并非单一的重地产、轻旅游，游乐园的经营与销售在集团中的战略地位将会越发重要。

海花岛的童话王国开业后，在恒大的大力宣传下，一定会吸引青年群体和亲子家庭。大批游客的涌入，一来可以带来景区门票收入，二是可以带动海花岛28大业态的快速发展，增加酒店、餐饮、会展、体育、文娱等方面的收入。随着旅游运营模式的成熟，能够树立良好的品牌知名度，进而吸引非目标市场和其他业态入驻。

海花岛盈利模式如图6－8所示。

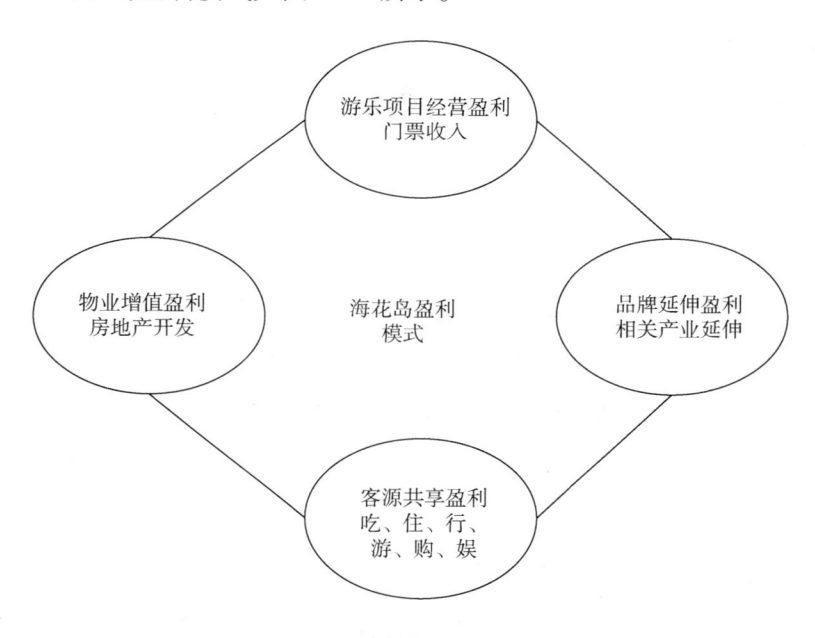

图6－8　海花岛盈利模式

五　运营模式

恒大一直强调标准化运营及集约化采购。节约成本方面，实施严格的成本控制方法，缩减拿地成本；产品质量上，加强把控产品品质，在大批量开发时更加不能忽视产品的性价比。同时，和供应商达成协议，集中采购以最大限度降低成本。

海花岛旅游项目立项时，和政府签订相关协议，以较低的价格拿到一定的旅游用地，而恒大则提供满足地产和旅游需求的基础设施配套。这样一来，海花岛总体的开发建设成本降低，恒大能获得较为客观的地产销售收入。除此之外，旅游相关收入也是重要的利润来源。地方政府的配套设施在海花岛的开发建设中得到完善，增加税收收入，旅游景点的建成也会聚集不少的人气，提升地方的曝光度和知名度。旅游区与地产可以共享客源，旅游者可以提高旅游区人气，提升地产价值，同时一部分旅游者也可能转化成置业者、投资者，而置业者、投资者也可以享受旅游区相应的服务，成为一名旅游者。

房地产企业在开发旅游地产时应该考虑两点：一是自身的实力，比如所拥有的资源、产品线的深度、运营能力等；二是旅游与地产孰轻孰重，旅游是目的还是手段。地产和旅游两手抓，对房地产企业提出了较高的要求，所以企业要根据自身的实力和卖点发展旅游地产。虽然打造海花岛投入大，开发耗时长，短时间内资金难以回收，但是恒大集团实力雄厚，整合资源能力强，管理经验丰富，有足够资金和能力运转其他业务。当海花岛运营成功后，能够提升恒大旅游地产的品牌知名度，获得游客、住户和投资者的认同。当树立良好的品牌后，海花岛模式可以对外输出，异地复制。

六 旅游地产发展趋势

目前我国旅游地产是由地产企业主导的，旅游企业更多的是充当合作者的角色。这种关系在短时间内不会发生太大改变。在城市用地面积趋紧的背景下，旅游综合用地越来越受各大房地产企业的青睐，涉足旅游的企业也会不断增多。不过，旅游地产的准入门槛也将会越来越高，要求地产企业具有丰厚的流动资金和先进的管理经验。在旅游地产开业之后，如何使地产和旅游经营持续获利对企业也是一个重大的挑战。未来20年我国旅游地产的发展趋势如下。

1. 项目个性化、特色化

早期我国的旅游地产是以地产开发为主，旅游开发为辅。旅游开发大多数是选择一块自然资源丰富、风光优美的地方，依托已有的资源进行简单的景观打造，满足置业者和投资者的需求。实际上是借着旅游的名义，使旅游地产更容易落地。当地产销售完成之后，旅游的配套设施基本上很少跟进，旅游环节也不会设置太多与游客互动的情景与体验。但是未来随着旅游在旅游地产中的地位不断提高，同质化的旅游地产将会被淘汰，取而代之的是个性化、特色化的旅游地产项目。

2. 地产跨界普遍化、项目功能多元化

如今单一功能的旅游地产将难以满足人们的消费需求，集观光、休闲、教育、科技功能于一体的旅游综合体将会成为新的消费热点。旅游综合体仅仅依靠地产开发商和运营商的力量是不够的。一个高质量高品质的旅游项目需要地产开发商与旅游运营商强强联合，引进科技、教育、商业等新的合作者，保证项目持续健康的运转。2015年，万科与华侨城合作开发打造宁波欢乐海岸，可谓地产与旅游的强强联合。龙湖地产旗下的古北水镇文旅地产项目是和中青旅合作建设的（陈志翔，2017）。未来旅游与地产的融合将会更普遍，也更有黏合度。

3. 文旅融合新趋势

文旅融合是最近热议的话题。文化是从地方孕育出来的风俗、伦理和精神，是一个地方区别于另一个地方的属性。文化可以作为地方旅游资源，吸引异地游客前往感受和体验。旅游则依托文化培养出独立的品牌，同时也有利于文化的输出。加之文旅融合的公益性，国家和社会的大力支持，文旅融合映射到旅游地产是必然的趋势。旅游地产项目为避免同质化竞争，就必须输出自己的主题和品牌，文化的注入则可以实现这一点。文旅融合有利于提升旅游地产项目层次，打造属于自己的品牌。

4. 去地产化

早期的旅游地产最主要的运营模式之一是先地产、后旅游。旅游地产项目建设周期长，需要前期销售地产才能使大量资金回笼以维持企业的运转。后期则通过旅游配套设施和运营服务树立品牌。但是这种模式在未来将难以为继，项目运营才是未来的发展趋势。以吃、住、行、游、购、娱为核心的旅游六要素形成的产业链将会成为行业的竞争点。去地产化是不可逆转的趋势，项目运营才是旅游地产的核心价值所在。

5. 养老地产兴起

我国人口老龄化问题严重，老年群体的比重不断增加，同时收入和社会福利条件不断改善，养老地产开始兴起。养老地产最早兴起于欧美，选址一般位于风景优美、空气清新、生态环境好的郊外。在我国秦皇岛等一些旅游城市也有养老地产的开发建设，未来在其他的二、三线城市也会不断增加。养生、养老是人人不可避免的问题，尤其是随着经济水平的不断提高，人们对高质量生活的追求愈加强烈，养老与旅游地产的结合会有一个非常广阔的市场。

6. 多主体资本融合

旅游地产是重资产行业，目前资本来源主要是企业投资。当企业投资旅游地产项目时，为了在短时间内收回大量资金，急于出手房地产存量，这一方面对企业是一个巨大的风险，另一方面资金利用效率低。随着旅游地产行业逐步发展和成熟，多主体资金融合将会出现。例如，民营企业与政府合作，企业主要负责项目运营，政府和社会资金配套基础设施。

第四节 开元旅业集团——复合旅游地产开创者

一 开元旅业集团简介

开元旅业集团（以下简称开元）是一家持续追求价值领先的旅游产业投资与运营集团，以酒店业为主导产业、房地产业为支柱产业、兼具物业、工业等辅助性产业。截至目前，开元拥有总资产260多亿元，员工28000多名，在营下属企业近300家，分布在北京、上海、浙江、广东、江苏、天津、河北、河南、山东、吉林、辽宁、内蒙古、陕西、湖北、湖南、安徽、江西、四川、广西、云南、贵州、福建、海南、重庆、甘肃、青海等地，集团位列"中国民营企业500强""中国旅游集团20强"。从1988年到2019年，从杭州萧山县宾馆到开元，从单一经营到连锁发展、多元扩张、品牌输出和资本化运作，开元已然成长为秉持"住宅＋商业＋旅游＋酒店"复合发展模式的大型民营企业，其成长与蜕变与时代变革紧密相连。

1. 开元旅业集团发展历程

（1）第一阶段（1988—2000年）——从萧山宾馆到连锁经营酒店集团。

20世纪80年代改革开放浪潮席卷全国，浙江较早迈出改革步伐，涌现"新中国第一份个体工商业执照""第一个私营经济试验区"等首创先例，开元也是我国经济体制改革的弄潮儿。1985年，时任萧山物资管理局金属公司经理的陈妙林接受上级任命，改造萧山招待所。1988年，萧山宾馆正式开业，成为萧山第一家涉外旅游酒店。虽然此时的萧山宾馆是国有体制，隶属于萧山市政府办公室，但在改革开放的政策环境下，萧山宾馆被列为"旅游饭店"，并被给予充分自主权。第一代开元人创造性地提出了"不要政府投资""实行全员劳动合同制""走自主经营、自负盈亏的企业化运作之路"等举措（李志刚，2018）。开业半年后，萧山宾馆的营业额达到1800多万元，创利税248万元，位居全国同类饭店前列。

20世纪90年代正值股份制改革，这也是国企改革的重要内容。萧山宾馆也搭上了这趟改革列车。为了进一步明确产权关系，建立现代企业制度和有效的运营机制，萧山宾馆于1994年开始实施股份制，允许个人持股，并向社会募集资金。1994年7月，浙江萧山宾馆股份有限公司成立，此时个人和社会资金占比30%。在单体酒店取得成功经营的基础上，利用募集到的资金，从1994年到1999年，开元先后参股、收购并全权管理杭州阳光休闲山庄、萧山开元美食城、萧山开元城市酒店等多家酒店（马宁，2013）。加之1999年宁波开元大酒店开业，开元初步建立了饭店连锁化经营的雏形，为集团进一步发展搭建良好的平台。并且随着改革开放的不断深入和市场经济的发展，国际知名酒店管理集团开始进军中国市场，90年代末中国本土饭店业的不足逐渐展露；开元应时而变，进一步进行改制，建立了"产权明晰、权责明确、政企分开、管理科学"的现代企业制度。这使集团实现质的转变，奠定了开元此后快速稳定发展的坚实基础。2000年，萧山宾馆搭上国企改革末班车，以管理层收购的方式实现股份制改革。随后集团制定了"以饭店业为主导,实施连锁化经营,积极寻求高效投资项目,以促进主导产业发展"的发展战略。

(2) 第二阶段(2001—2005年)——"酒店+房地产"联动发展。

开元实现改制后,面临饭店业市场发展瓶颈,并且在当时房地产业如火如荼的发展背景下,制定了"依托集团的综合管理和投融资平台,以饭店业为主导产业,塑造强势品牌,实施连锁化经营;积极发展房地产产业,形成具有竞争力的房地产业务特色,实施产业互动"的战略方针,大力进军房地产产业。2001年,以萧山新区"开元名都"项目开启了酒店业与房地产业嫁接的发展道路,并成功实施了"以酒店创品牌形象,以房产创经济效益,综合开发,互动发展"的品牌战略(张艳,2012)。此后,先后开发千岛湖开元度假村项目、上海松江开元新都项目、江苏徐州杏子山项目、河南开封金明池项目,成为酒店产业与房地产产业联动发展的成功典范,也促使一批五星级酒店迅速崛起。

开元是最早一批开创酒店、地产复合开发模式的企业,这类模式结合酒店、商业配套、公寓,对资金投入要求高,但同时也有助于扩大品牌影响。在以地产反哺酒店的战略基础上,2004年,开元房产销售收入与酒店业务持平,但利润远高于酒店业。2005年,开元房产规模和万达相当。在主导产业的选择上,集团内部出现了争论。鉴于开元在国内外酒店业务上的知名度、品牌影响力和社会地位远高于房产,并且相比于酒店业,开元房产尚未形成完整的制度体系,仍以酒店业为主导产业。

(3) 第三阶段(2006年至今)——"住宅+商业+旅游+酒店"复合创新。

改革开放的推进,极大促进了国民经济的发展,民营经济在国民经济中的重要地位越发突出，利好的宏观政策为民营企业提供了更加广阔的发展空间。在这一背景下，开元制定了"依托集团的综合管理和投融资平台，以饭店业为主导产业，塑造强势品牌，实施连锁化经营；积极发展房地产产业，形成具有竞争力的房地产业务特色，导入和孵化相关产业，强化产业组合优势，构建产业联动发展体系"的战略方针，逐渐形成开元酒店、开元房产、开元物业、开元工业、开元旅游、之江清洗六大产业集团（孙雯筱，2017）。

随后开元房产提出"住宅+商业+酒店"的联动开发模式，房地产业与酒店产业双轮驱动，在业界独树一帜。2006年上海松江开元地中海商业广场开业，这标志着商业地产成为开元地产继酒店开发、住宅开发后的又一驱动力，开元房产从酒店复合地产模式向酒店复合地产、商业复合地产以及精品住宅项目多种开发模式并存转变（赵伟强、陈丽，2011）。此后开元先后投资建设德清杭州开元后街、杭州开元加州阳光商业广场、开元名都家具广场等商业地产综合体项目。

2016年前后，在度假旅游市场持续升温的推动下，开元开始进行旅游度假市场布局，开启了"住宅+商业+旅游+酒店"的复合发展模式。从2016年下半年开始，开元分别在湖州德清和杭州湘湖投资建设森泊度假乐园，发布新品牌芳草青青房车营地、芳草地乡村酒店，推出绍兴大禹开元度假村、宁波十七房开元观堂等文化主题酒店。

2018年，文旅融合产业热度迅速攀升，开元也开始投资建设大型文旅综合项目，向轻资产和文旅产业转移。开元文旅地产专注于古城古街文旅产业保护、修复和改造运营，创新田园浓绿综合体的开发运营以及城市大型度假乐园运营。通过文旅资源优势整合，将文化旅游产业的融合发展纳入城市更新、乡村振兴的文旅大版图。

在投融资方面，2005年至今，开元旅业集团积极谋求上市，以打通国际融资渠道，实现资本国际化，以"走出浙江，走出中国"，提高品牌国际影响力。2013年，开元酒店REIT在香港联交所主板上市；2015年，开元物业在新三板挂牌上市。此外，集团积极开拓海外市场。2013年4月，开元旅业收购了德国法兰克福市的金郁金香饭店，后更名为法兰克福开元大酒店，标志其品牌走出国门。2016年7月，开元产业信托公司收购了荷兰埃因霍温市的假日酒店（如表6-17）。

表6-17　　　　　　　　开元旅业集团发展大事记

时间		标志性事件	意义
第一阶段	1988年	萧山宾馆开业	萧山首家涉外旅游饭店
	1991年	参股改造杭州之江度假村	浙江第一家度假型酒店
	1994年	浙江萧山宾馆股份有限公司成立	
	1995年	萧山开元旅游公司成立	浙江省优秀旅行社
	1996年	参股投资并全权管理萧山红宝石休闲山庄	
	1998年	先后兼并、收购了萧山大厦等三处房产，改造成萧山开元城市酒店、萧山开元美事娱乐城、萧山开元保龄球中心	开启酒店跨区域连锁经营
	1999年	宁波开元大酒店开业	
第二阶段	2001年	浙江萧山开元旅业总公司成立	
		投资开发萧山新区"开元名都"项目	"酒店+地产"联动发展
	2002年	公司更名为开元旅业	
	2003年	租赁经营宁海开元新世纪大酒店	集团连锁经营模式多样化
	2004年	杭州千岛湖开元度假村和浙江开元名都大酒店开业	国内民营五星级饭店连锁经营第一人
		集团正式管理青田正达开元大酒店	集团迈入输出品牌管理新阶段

续表

时间		标志性事件	意义
第三阶段	2006年	上海松江开元地中海商业广场开业	开启"住宅+商业+酒店"联动开发
	2008年	北京歌华开元大酒店成为奥运会指定酒店	开元成功进军中国重要城市
	2013年	开元酒店REIT在香港联交所主板上市	开元第一家上市子公司
		收购了德国法兰克福市的金郁金香饭店	开拓海外市场
	2014年	开元收购法国波尔多碧萝酒庄	
	2015年	开元物业在新三板挂牌上市	开元第二家上市子公司
	2016年	开元产业信托公司收购荷兰埃因霍温市假日酒店	开拓海外市场
	2017年	湖州德清和杭州湘湖投资建设森泊度假乐园	开拓度假旅游市场，"住宅+商业+旅游+酒店"复合发展
		发布全新品牌芳草青青房车营地	

2. 开元旅业集团业务板块

开元旅业集团从饭店业起家，以饭店资源为其优势资源和核心竞争力，充分利用品牌延伸效应、服务延伸效应和产业延伸效应，在"强化产业组合优势，构建产业联动发展体系"战略方针的指导下，已经形成了开元酒店、开元房产、开元物业、开元工业、开元旅游、之江清洗六大产业集团。

（1）开元酒店集团。

开元酒店集团起步于1988年开业的萧山宾馆，现规模位列全球酒店集团前30位，中国饭店集团前20位，是中国领先的酒店集团之一。2019年3月，开元酒店在香港联合交易所主板成功上市。开元酒店集团旗下拥有开元名都、开元度假村、开元大酒店、开元观堂、开元曼居、开元名庭、开源芳草地乡村酒店、开元颐居、芳草青青房车营地、开元森泊、开元美途和阿缇客等12个品牌。在酒店品牌化发展过程中，开元酒店集团聚焦国内重点区域和城市进行布局，稳健发展高星级酒店，快速发展中端酒店，以实现"开元"酒店品牌全面提升。

（2）开元房产。

杭州开元房地产集团有限公司成立于1998年，是一家融房地产投资开发、装饰工程为一体的综合性集团企业，具备国家城市综合开发、装饰工程两个国家一级资质。开发轨迹正以长三角为中心向周边辐射，并逐步进军全国市场。

公司致力于旅游房产和商业复合地产开发，融合商业地产、旅游地产、养老地产等多元化业务组合模式，并提炼出了"住宅＋商业＋旅游＋酒店"复合联动开发模式，实现了房地产业与酒店产业、旅游产业多轮驱动。开元房产综合实力位居浙江省房地产开发企业前列，拥有千岛湖度假村、森泊度假乐园、宁波镇海十七房等旅游综合体；开元名都、开元观堂等酒店以及地中海商业广场、杭州开元加州阳光商业广场、德州开元杭州后街等商业物业，形成了多元的物业形态。（孙雯筱，2017）。

（3）开元物业。

浙江开元物业管理股份有限公司于2010年组建，为国家一级资质，全国首批物业管理新三板挂牌上市企业（股票代码：831971），位列中国物业服务百强企业第27位。旗下拥有开元医养家（医院物管）、雅望（小镇物管）、金键智能、开元银艺、放学堂、开元文化、开元文旅、点点爱家、开元资管、开元安保、开元蜂鸟、开元会展等十余个品牌。具有物业项目委托管理、物业管理早期顾问、物业企业合作、楼宇智能、园林景观、教育培训、剧院经营、文化旅游、居家服务、资产管理、安保服务、客房服务、会展服务等众多业务。

（4）开元工业。

浙江开元新墙体材料有限公司是开元旅业集团根据"产业联

动"发展战略，于 2004 年 12 月在德清县雷甸镇临杭工业园区投资组建的现代化新型墙体材料生产企业，总投资 2 亿元，注册资金 9170 万元。公司占地 100 亩，员工人数 180 余人。

（5）开元旅游。

开元旅游创建于 1995 年，控股杭州开元国际旅行社，现已发展为区域内规模最大、实力最强的旅行社企业。公司制定入境游、出境游、国内游"三游并重"的企业发展战略，继续全力打造和提升"开元旅游"品牌，提高企业软实力与综合竞争力；同时积极为开元旅业集团做好服务延伸。

（6）之江清洗。

杭州开元之江清洗连锁有限公司成立于 1993 年，是开元旅业集团旗下的一家独立法人单位。公司成立初期，旨在为集团公司内部各星级酒店提供配套洗涤服务，现已发展成为提供全方位清洗服务的连锁有限公司，业务遍布萧山、杭州、绍兴、余杭、富阳等地。公司现有 19 家连锁门店，总部占地面积 20 亩，建设面积 23000 余平方米。

3. 开元旅业集团旅游地产项目

（1）项目介绍。

经过 30 余年的探索与发展，开元开创了自身独特的复合旅游地产模式，即"住宅+商业+酒店"联动开发，在业界独树一帜。在这种开发模式中，开元的特点在于：依靠房地产业与酒店产业联动发展，充分发挥酒店产业优势，以"酒店、住宅、商业、物业联动"的开发思路，从事复合旅游地产开发，实现两个产业双轮驱动。除了房地产业和酒店业的驱动，开元商业地产运营业逐渐成熟，成为开元集团继酒店开发、住宅开发之后的第三驾马车。结合开元旅业复合旅游地产的开发特点，按照物业形式对开元复合旅游地产项目进行梳理，可以分为"酒店+住宅"、"商业+住宅"以及"住宅+商业+旅游+酒店"的旅游综合项目（见表6-18）。

表6-18　　　　　　　　开元旅业复合旅游地产项目

物业形式	项目	开业时间
酒店+住宅	千岛湖度假村	2004年
	开封开元名都	2007年
	宁波九龙湖度假村	2009年
	杭州天域·开元	2015年
商业+住宅	上海松江开元地中海商业广场	2006年
	德清开元杭州后街	2008年
	杭州开元加州阳光商业广场	2012年
	开封开元广场	2013年
住宅+商业+旅游+酒店	杭州森泊度假乐园	2019年
	柯桥古镇历史文化街区	建设中，预计2020年
	宁波镇海十七房	二期工程在建

（2）项目选址与布局分析。

开元旅业集团主要以长三角为中心向周边辐射，开元旅业凭借突出的区域优势以长三角核心城市为突破口，通过以点带面的形式向周边城市推进，加大项目开发力度，拓展业务版图。随着规模的扩大，开元旅业逐渐跳出区域，进而放眼全国进行布局。开元首先选择上海和北京两个一线城市作为发力阵地，同时瞄准发展潜力大的二、三线城市全面铺开。开元重点着眼于非核心区域的地块，版图布局有序推进，从而开辟出有别于竞争对手的独特发展道路（张艳，2012）。

（3）典型项目解析。

a）上海松江开元地中海商业广场——复合地产的开元样本。

上海松江开元地中海商业广场坐落于松江新城CLD（中央生活

区)、CRD（中央休闲区）和 CBD（中央商务区）正中央，南邻区政府，北依松江大学城。整个项目以新松江路为界分南、北两区，北区为开元新都高档住宅区，以多层花园洋房及叠加式、独立式别墅为主，构成一派名邸风情；南区为上海市首座地中海主题一站式购物广场和五星级上海开元名都大酒店。

开元地中海商业广场项目于 2002 年破土开工，是开元集团首个"酒店+住宅+商业"的复合型商业地产项目。总建筑面积 26.8 万平方米，包括三幢 18 层单身公寓、三幢 18 层酒店式公寓、一幢 20 层写字楼、一座超豪华酒店及 8.6 万平方米一站式地中海主题购物中心。

2006 年 12 月 16 日，开元地中海商业广场联袂松江开元名都大酒店正式开业，作为上海市首座地中海主题的一站式购物广场，引进 Shopping Mall 模式，在整个广场的室内设计引入了地中海主题概念，以创造性的手法把购物、休闲与娱乐结为一体。2010 年 12 月 10 日，开元地中海商业广场被评为 2010 年上海市社区商业示范社区，这也是迄今上海为数不多地处市郊的商业示范社区。

开元地中海商业广场在项目定位之初，便以松江第一座五星级酒店、新城规模最大的综合性购物中心以及高档人文小区为宣传亮点，广受市场追捧。尤其是五星级酒店的入驻，不仅大大提升了城市形象，同时使得开元新都和购物中心的档次明显提升，带动房产销售。一般的商业广场通常在项目建成前便开始销售，或边销售边招商。而地中海商业广场经过多次考察上海及周边一些在售商业项目，最后决定成熟经营后带租约销售，这样业主不仅节省培育期的资金、精力和时间投入成本，更大大降低了经营风险，直接分享经营成果。开元房产经受住短期利润的诱惑，投入重金悉心培育开元地中海商业广场，待入住率达到 90% 以上，于 2008 年年底创造性地进行了商铺的带租约销售，长期稳定的租金回报为投资客户吃下了定心丸。十年统一返租加约定的固定回报意味着再大的风险开发商与运营商都会来承担，正是这种敢于承担风险、深谙商业地产运营之道的"带租约销售"，统一经营、统一管理的模式创造了开元复合地产的奇迹（陈杭花等，2012）。

b）千岛湖度假村——高档旅游房产项目的成功密码。

千岛湖度假村是开元房产集团开发的第一个别墅项目，于2002年开工，立足高端定位，属于高档滨湖类旅游房产项目。千岛湖开元度假村坐落在千岛湖镇麒麟半岛之上，毗邻杭州市区、上海，交通区域优势明显。项目占地302亩，由88幢半岛度假别墅和面积近33000平方米的夏威夷风格五星级标准度假酒店组成。酒店为别墅生活提供丰富的度假休闲设施和生活配套，包括商场、中餐厅、西餐厅、休闲吧、足浴、桑拿、KTV包厢、SPA、游艇俱乐部、美容中心、桌球室、乒乓球室、棋牌室、儿童戏水池、室内恒温游泳池等。此外，千岛湖开元度假村耗资1000多万元从英国进口"曼哈顿56号"超豪华游艇，酒店、游艇以及千岛湖的自然风光构成其度假体系。其度假一级客源市场以杭州为主，二级客源市场是杭州周边城市，三级客源市场为长三角区域及境外人士。其高端别墅客户分为投资和自住两种；其中将高端别墅用作第二或第三居所的自主客户主要是杭州以及周边城市高新人群，而投资型客户以追求稳定回报率为目的，覆盖面较广（姜若愚，2013）。

千岛湖开元度假村半岛别墅于2003年底开盘，开盘10个月即完成95%的销售。开元集团在新涉足的领域仍得以保持"高调姿态"，这与其应时而变的开发模式相关。作为开元房产集团对地产业与旅游业复合开发模式的尝试，在中国旅游业从观光型向度假型转变的背景下，千岛湖开元度假村将"文化、休闲、度假、观光、游乐、生活"等融入项目的每一个细节，满足了度假旅游者对休闲度假生活的需求。千岛湖开元度假村以五星级度假酒店结合超豪华游艇为启动引擎，同时依托千岛湖优越的自然风光和自然环境催热市场，将旅游资源转化为地产资源，最终带来房地产客户，完成产品消化，从而实现地产盈利。

c）宁波镇海十七房——旅游综合体的新布局。

2012年年底开元酒店集团与宁波郑氏十七房景区管委会合作，双方签订了"十七房·开元"项目，这是开元酒店打造的又一家文化主题酒店，也是宁波首家博物馆式文化主题酒店。开元投资5亿元，对十七房景区进行整修。整个工程耗时两年，达到了"修旧如旧"的效果。整个景区由开元酒店集团运营管理，采用自主经营和租赁经营相结合的经营方式。其中自主经营部分包括由老房子改造而成的十七房开元观堂大酒店和十七房名宿，如月客栈、郑氏小厨以及"远洋"自主餐厅；租赁区域为拍摄《郑氏十七房》时增建的明清街，街内有民宿、酒吧、咖啡吧、茶馆、服装店、古玩店等。这种"古建筑景区＋酒店"的组合，在服务上具有明显的优势，同时把游客留在景区，打破依靠门票单一盈利的僵局，拉长旅游产业链，实现可持续发展。

2018年1月8日，开元与安道签署合作协议，共同成立宁波开元安道文化旅游发展有限公司，合资运营宁波镇海十七房项目。宁波镇海十七房项目是对2012年"十七房·开元"项目的深化和拓展，利用镇海农郊结合的优势条件，围绕"民俗文化＋休闲农业"打造田园旅游综合体。这一项目总占地面积近300亩，总投资近2亿元，涵盖了新建十七房·开元酒店二期、十七房4A景区游客服务中心、青少年农耕文化体验中心、农业田园综合体、社区旧改、采摘园及乡村改造等内容。项目融合了农、旅、文、学四大产业要素，补充现有仿古客房，延伸明清街、创意集市等业态，拓展乡村旅游板块、民俗文化商业街区。这使得十七房突破景区界限的限制，在规模和。

d）杭州森泊度假乐园——全新度假品牌开拓。

开元森泊度假乐园是开元在30多年酒店开发和运营的基础上，通过引入流行欧洲的短期度假生活方式、结合当下中国游客度假需求而创新研发的"酒店+乐园"，全天候一站式休闲度假综合体。致力于为游客创造全新的休闲度假生活方式，旨在打造一个轻松抵达、舒适完美的度假目的地，成为国内极具影响力的休闲度假综合体标杆。目前开元投资建设的两处森泊度假乐园均位于杭州，包括位于杭州市萧山区湘湖景区的杭州开元森泊度假乐园和位于德清的莫干山开元森泊度假乐园。

"森泊"即森林和湖泊，首家开元森泊度假乐园选址于杭州市萧山区湘湖景区，森林与湖泊接壤之处，占地300亩，距离杭州市中心约20分钟车程。以"大自然"为原点，创新衍生出"精品度假"与"奇趣游乐"两大核心板块。不仅为游客提供了亲近自然的独家木屋体验，更提供了全年恒温水乐园、超大型儿童乐园、户外探索游乐、亲子自然课堂、地道当地美食等丰富多彩的休闲项目。森泊水乐园占地9200平方米，是整个乐园中央设施的核心。其中室内水乐园是一座摆脱四季晴雨束缚的大型恒温水乐园。以波利尼西亚海岛风情为主要风格，透明穹顶与全玻璃墙面的独特设计。园内有国内首条激流河、超级大滑道组合以及适合全家共享的漂流河等30项水上游乐项目。儿童乐园占地3000平方米，拥有9米高大型探索城堡以及梅花桩、蜘蛛塔、模拟实验室、迷你卡丁车、蹦床、泡泡工厂等23项主题游乐项目，小朋友们在此游玩可以充分释放爱玩的天性。杭州森泊度假乐园拥有415间客房，分为森泊度假酒店和特色度假屋两个板块。森泊度假酒店拥有湖景大床房、亲子特色房等 174 间客房；241 间特色度假屋坐落于自然之中，分别散落在湿地、山林和湖边，真正实现了和自然的亲密接触和游客的多元度假需求。

开元森泊度假乐园不同于开元早期的地产项目，而是在自身发展积淀以及宏观环境变化双重作用下对原有开发模式的突破。开元自 1999 年开始涉足房地产业，酒店和房地产是开元的两大业务板块，其旅游地产业主要是针对酒店、住宅、商业的复合，而开元森泊项目在打造精品住宿的同时，开拓了乐园游乐度假的业态。在全新的设计概念下，开元森泊项目将"精品住宿"与"自然游乐"融为一体，高配特色住宿，力作畅玩乐园，巧思教育课程，将多重业态完美融合，一站式满足旅客"住宿，美食，游乐，教育"的四大高品质高标准度假需求。

开元进行度假产品多元化布局，瞄准亲子度假市场以及"90 后""00 后"度假市场，这是其转型升级的重要战略布局。

二 开元旅业集团盈利状况分析

1. 业务运营及盈利模式

开元旅业集团下辖酒店经营、普通住宅开发、商业地产运营、物业管理、旅游和贸易六大业务板块，其中酒店经营、普通住宅开发和商业地产运营是主要业务板块。

酒店板块主要运营主体为浙江开元酒店管理股份有限公司，采用自营和托管业务结合的经营模式。其中，自营物业包括自有酒店和租赁酒店。截至 2018 年 3 月末，公司自有及租赁酒店共 44 家，其中 33 家已经开业投入运营，包括 6 家自营酒店及 27 家租赁酒店，主要分布在浙江、江苏、北京、上海等地。酒店托管方面，公司向托管酒店输出成熟的酒店管理模式和管理系统，并收取管理费，利润空间较大，盈利能力较强。作为酒店起家的开元旅业集团，历经30余年发展，位居最具规模中国酒店集团前列，规模和品牌优势明显。并且，公司持续对酒店产品结构进行优化与调整，结合其"酒店+住宅+商业+旅游"的复合地产开发模式，酒店发展重点向休闲度假和中端商务产品转移。

住宅和商业板块主要运营主体为杭州开元房地产集团有限公司，采用酒店和综合物业结合的开发模式，坚持酒店、住宅、商业和旅游的综合开发。2017年以来，公司商业地产重点发展商业综合体，呈现立足长三角区域并逐步向国内其他一、二线城市辐射的战略布局。公司的商业地产的运营主要包括租赁模式和经营模式，租赁模式是通过签订租赁协议，将自持物业租赁给目标客户使用并收取租金；经营模式是指在一定区域内向目标客户收取管理费实现收益目标。截至2018年3月末，公司在运营的商业地产项目有上海松江开元地中海商业广场、杭州开元加州阳光商业广场、德清开元杭州后街和开封开元广场（豆丁网，2016年1月14日）。

2. 盈利状况分析

2015年至2017年，开元旅业毛利润呈逐年递增的向好趋势（见表6-19）。2017年，公司毛利润为25.46亿元，同比增长6.00%。其中，酒店业务毛利润同比增长5.16%，主要是出租率上升推动毛利润增长；普通住宅业务毛利润同比下降26.26%，主要是结转项目同比减少，销量下降所致；商业业务同比增长46.23%，主要是商业地产结转项目同比增加；贸易业务盈利能力较弱，基本对毛利润无贡献（见图6-9、图6-10）。

表 6-19　　　　　　　　　　开元旅业营业收入及毛利润

项目	2018 年 1—3 月 金额（亿元）	占比（%）	2017 年 金额（亿元）	占比（%）	2016 年 金额（亿元）	占比（%）	2015 年 金额（亿元）	占比（%）
营业收入	10.84	100.0	81.26	100.0	103.89	100.0	68.25	100.0
酒店	5.10	47.07	19.63	24.16	20.53	19.76	18.67	27.36
普通住宅	0.09	0.83	22.94	28.23	29.54	28.43	15.32	22.45
商业	2.51	23.17	13.42	16.51	11.13	10.71	7.82	11.46
贸易	1.36	12.52	17.00	20.92	36.96	35.58	22.11	32.39
其他	1.78	16.41	8.27	10.18	5.73	5.52	4.33	6.34
毛利润	4.85	100.0	25.46	100.0	24.02	100.0	12.36	100.0
酒店	3.71	76.50	15.68	61.59	14.91	62.07	6.19	50.08
普通住宅	0.03	0.62	3.37	13.24	4.57	19.03	2.63	21.28
商业	0.67	13.81	4.27	16.77	2.92	12.16	2.17	17.56
贸易	0.00	0.00	0.00	0.00	0.01	0.04	-0.01	-0.08
其他	0.44	9.07	2.14	8.40	1.61	6.70	1.38	11.17
毛利率	44.74		31.33		23.12		18.11	
酒店	72.80		79.88		72.63		33.15	
普通住宅	33.33		14.69		15.47		17.17	
商业	26.69		31.82		26.24		27.75	
贸易	0.00		0.00		0.03		-0.05	
其他	24.72		25.88		28.05		31.87	

数据来源：大公国际资信评估有限公司《开元旅业集团有限公司主体与相关债项 2018 年度跟踪评级报告》。

2017 年，公司毛利率为 31.33%，同比上升 35.51%。其中，酒店业务毛利率同比上升 10%，主要是公司将人工成本调入销售费用核算所致；普通住宅业务毛利率同比下降 5%，主要是尾盘销售所致；商业业务毛利率同比上升 21.27%，主要是商业地产和商业运营利润空间扩大所致；贸易业务毛利率较低，拉低整体毛利率。开元商业地产运营创新取得较好效果，销售和出租率表现良好（见表 6-20）。

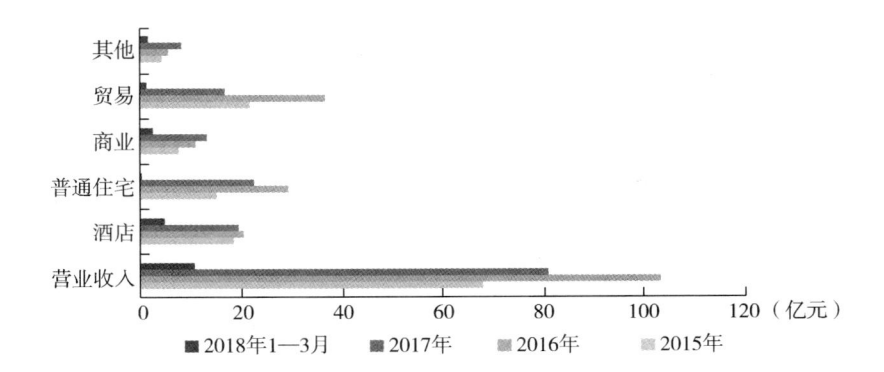

图 6-9 开元旅业 2015—2017 年及 2018 年 1—3 月营业收入构成

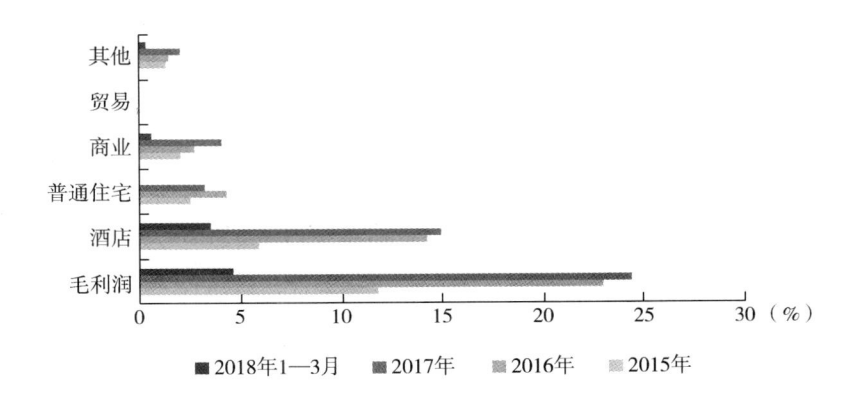

图 6-10 开元旅业 2015—2017 年及 2018 年 1—3 月毛利润构成

表 6-20   2015—2017 年开元旅业主要商业地产经营情况

单位：万元

商业地产名称	项目	2015 年	2016 年	2017 年
上海松江开元地中海广场	租赁收入	782	1113	1034
	经营收入	9470	9608	9282
	出租率	107	109	102
杭州开元加州阳光商业广场	租赁收入	2592	2913	3193
	经营收入	1315	1555	1770
	出租率	95	101	96

续表

商业地产名称	项目	2015 年	2016 年	2017 年
德清开元杭州后街	租赁收入	2339	2041	1986
	经营收入	4	6	5
	出租率	96	92	96
开封开元广场	租赁收入	1687	1882	1522
	经营收入	732	768	681
	出租率	99	100	100

资料来源：大公国际资信评估有限公司《开元旅业集团有限公司主体与相关债项2018年度跟踪评级报告》。

3. 各业务板块盈利能力分析

根据开元旅业集团营业收入及毛利润构成情况，我们发现，酒店业务是公司主要利润来源，其中酒店托管业务是盈利主力。开元酒店品牌和规模优势明显，特色酒店和托管酒店业务规模持续扩大，竞争力持续提升，尤其是乡村度假酒店作为开元旅业开发的新型特色业务模式，有助于公司进一步提升品牌竞争力和开拓度假旅游市场。贸易业务规模持续缩小，盈利能力较弱。普通住宅和商业业务坚持综合开发，其中商业地产开发和商业运营在拉动公司利润增长上的作用较为明显。

旅游地产的盈利主要集中在旅游经营、地产销售、品牌树立、资本运作、土地升值五大板块，其中旅游经营与地产销售是最基础的核心盈利环节（前瞻产业研究院，2019）。随着大型房地产企业的长成，资本运作与土地升值逐渐被作为实现资产增值的有效途径，并成为基础环节盈利的重要驱动力（见图6-11）。

综合来看，开元旅业是采用地产销售和物业经营相结合的盈利模式。一方面，对物业进行销售和预售来快速回笼资金，有利于资金周转，从而保证地产项目在开发过程中有充足的资金来源，应对项目回报周期长的难点，同时也为后续项目开发提供资金支持。另一方面，部分物业可以通过自持获得经营性收入，例如度假酒店、度假公寓、商业中心等。此外，土地增值也是收益来源之一，旅游开发和知名品牌的建立将成为区域的无形资产，促进区域形象优化和价值提升，这有利于旅游地产后期土地二次结转的进行和良好投资合作环境的营造（左清兰，2018）。

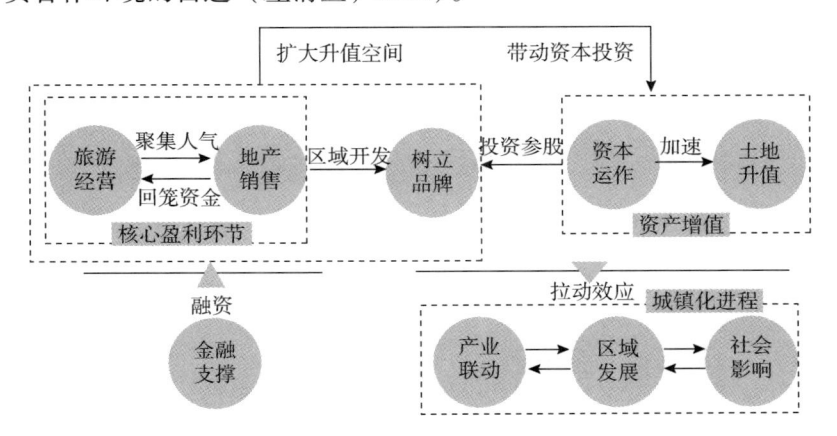

图 6-11　旅游地产盈利产业链分析

三　开元旅业集团旅游地产运营分析

1. 运营环境

（1）相关行业发展势头强劲。

近年来，我国旅游业发展势头良好，国内旅游收入逐年递增，连续 10 年同比增长率超过 12%。2018 年全年中国实现旅游总收入 5.97 万亿元，同比增长 10.5%，占 GDP 总量的 11.04%，旅游业在国民经济发展中的重要作用越发显著，已然成为国民经济的重要组成部分。近十余年来，我国房地产业的发展也是热度不减。"炒房热"的膨胀，带动房价持续走高，尽管国家对楼市的调控政策从未懈怠，房地产开发投资依然占据重要市场。2018年全国房地产开发投资总额达12.03万亿元，比2017年增长9.5%。

随着城市化和城镇化的推进以及人们住房需求的变化和消费升级，房地产业过往跑马圈地的盈利时代已经进入尾声，旧有模式不再灵验，"旅游+地产"的模式更加适应当下市场环境的变化。一方面旅游业的发展可以作为房地产业的有力引擎，提升区域价值，聚集人气；另一方面，房地产业为旅游业引入资本，从而实现新的发展。一方面旅游业为房地产业聚集人气，另一方面房地产业为旅游业引入资本，从而达到双赢局面（前瞻产业研究院，2019）。

（2）旅游地产产业竞争加剧。

随着中国高端消费群体对生活方式和生活质量要求的提高，旅游地产、休闲地产也逐渐升温。截至2018年年末，我国开发和运营旅游地产项目的企业共有5403家，其中2018年新增106家；累计旅游地产项目8918个，投资额高达12997亿元，创历史新高。根据诸葛找房数据，2018年全国旅游地产城市群分布于东北、环渤海、长三角、东南、两广、西南、海南，占比分别为4%、15%、17%、6%、14%、12%、12%。总体看来，地方的旅游特色特点决定了该地区旅游地产项目发展的方向和特点。值得一提的是，自旅游地产转型分化以来，国家出台多项政策推动特色小镇快速发展，碧桂园、恒大、华夏幸福、华侨城、绿城等地产巨头纷纷涉足布局。旅游特色小镇已成为一个实实在在的集产业、文化、旅游和社区功能于一体的经济发展引擎。截至2018年，全国特色小镇一共403个，其中第一批127个，第二批276个。从人口规模来看，人口数量超100万的特色小镇有32个，人口数量超20万的特色小镇有6个。旅游地产业在中国正处于高速发展阶段，有强大的市场需求支撑，相对丰富的旅游业和地产业的生产要素资源，同时国家在政策方面先后出台了刺激和拉动旅游及相关产业发展的新政策，为我国旅游地产的发展提供了一个广阔的发展平台（万俊利，2013）。

2. 运营模式

旅游地产开发的核心要素包括引擎资源、产品配套和客源导向，其中，引擎资源是旅游地产发展的基础，包括自然人文景观、人造景观、主题公园等；产品配套是旅游地产功能和盈利的载体，主要为酒店、别墅、公寓、商业街等各类产品；客源导向是旅游地产成功的关键，通过准确的客户定位，合理的客源导向，引导足够的客户，旅游地产才能运用。

目前旅游地产企业的产业对接扩张模式主要分为三种："主题公园＋地产"；"自然资源＋地产"；"特色酒店＋地产"。除此之外，一些相对新颖的对接扩张模式也逐渐跨入旅游地产领域，如"旅游风情小镇＋地产""城市特色商业街＋地产"等。开元旅业的产业对接扩张主要为"酒店＋地产"和"商业＋地产"两种模式，2018年以来，在文旅融合发展的势头下，文旅项目和大型旅游综合体也逐渐纳入开元的产业布局版图，成为开元转型升级的新增长点。

3. 运营核心要素

（1）品牌建设。

品牌作为一种全新的经营理念从20世纪80年代末传入我国，90年代已经被大多数企业采用，成为企业发展一个必备的无形资产（豆丁网，2011年3月28日）。开元属于国内较早一批进行品牌建设的企业，并经历了从单一酒店品牌到多元品牌建设的战略历程，也是从萧山宾馆到开元旅业集团的蜕变历程（见表6-21）。作为一家以酒店业为主导产业、房地产业为支柱产业、兼具物业和工业等辅助产业等的多元集团，其品牌建设需要考虑到集团、产业和产品三个层级品牌之间的关系。多元发展集团品牌架构决策的核心原则就是各个层级品牌联想尤其是核心价值之间的兼容性，以及集团品牌联想与产业、产品的属性是否吻合；此外，品牌架构的形成还受到集团整体的品牌战略目标、产业和产品的竞争格局、竞争品牌的品牌战略等综合变量的作用（沈清，2015）。开元旅业集团的品牌发源于集团旗下的酒店品牌，从萧山宾馆到连锁酒店集团，逐渐形成连锁化品牌模式。开元酒店业务的发展如日中天，而其领导人也审时度势，及时作出战略调整，意识到要获得长足有利发展，多元化道路是必由之路，通过产业带动和互补是实现开元酒店的可持续发展。因此，开元走出了酒店业、房地产业和商业"三驾马车"共同驱动的复合模式，通过酒店业的品牌效应带动房地产业以及其他辅助产业的发展，再利用房地产业和商业的收益反哺酒店业。开元也因此树立了自己的旅游地产产品品牌，包括商业和地产复合的地中海商业广场、酒店和地产复合的开元名都以及最新投资建设的开元森泊综合体。纵观开元旅游地产的发展历程，可以看出开元在发展过程中越来越注重品牌建设与宣传。

表6-21　　　　　　　　开元旅游地产发展大事记

时间	标志性事件	意义
1988年	杭州萧山宾馆开业	开元从酒店业正式起步
1991年	开元参股改造杭州开元之江度假村	迈出连锁酒店运营第一步
2000年	浙江萧山宾馆股份有限公司成立	开元开始第二次创业
2001年	杭州开元名都大酒店（五星）动工	开启"酒店+地产"复合模式
2002年	千岛湖开元度假村项目开工	开元开始涉足旅游地产综合开发

续表

时间	标志性事件	意 义
2006 年	上海松江开元地中海商业广场开业	开启"住宅＋商业＋酒店"联动开发
2007 年	开元引入战略投资者——凯雷（Carlyle）	加速了企业的资本化运作
2015 年	杭州天域·开元酒店开业	开元文化地产开发领域标志性项目
2016 年	开元旗下全新品牌"芳草地"首家酒店——长兴开元芳草地开业	开元在乡村度假领域开始全新尝试和探索
2019 年	开元全新乐园产品——杭州开元森泊度假乐园开业	开元首个结合主题乐园的大型文旅综合项目

以上海松江地中海商业广场为例，品牌建设贯穿于商业运营的各个环节。首先，向内加强制度建设，加强员工对品牌的理解；向外融入社区，广泛开展社区文娱活动，积极倡导公益，树立了良好的品牌形象和增强了顾客黏性。开元地中海通过项目的开展，不断完善自己，提升自身的核心竞争力和软实力，逐渐形成其商业地产产品的品牌化效应。最新开业的森泊度假乐园则是对开元度假产品的多元拓展，是全新度假品牌的建立。开元在进行产品多元化发展的同时，也实现了品牌架构的完善和升级。

（2）新锐选址。

开元最初涉足房地产业和旅游地产，从之江度假村到千岛湖度假村，实际上是避开了主流市场，而在不同级别的市场联结处寻找机会。这种做法与开元旅业集团进入市场的时机和务实的经营作风相关。而开元旅业集团的规模和开发能力正好在二线、三线甚至四线城市这些非主流市场中形成比较优势，从开元项目的运营情况来看，其于市场间隙间开拓机会的做法对作为市场新进入者的自身来说是非常有利的。但随着市场边界的动态变化，主流市场中的开发商也逐渐将目标向非主流市场区间转移。开元旅业集团也应时而变，逐渐形成了围绕长三角核心城市向周边辐射的格局，并在上海、北京等一线城市进行业务拓展。

（3）多元战略。

开元旅业集团经过长足发展，旗下酒店品牌已经成为集团核心竞争力，这为开元集团产品多元化提供了战略基础，并且随着产品的多元开发和布局，开元也形成了多样的盈利模式。从酒店住宿、度假休闲、景区到文旅综合，开元将房地产业同越来越多的旅游业态结合，实现多元业态的协同发展。这使得在应对传统旅游升级和生活方式转变背景下消费者对度假、休闲、养生、养老等多重需求以及个性需求上表现出明显优势。

四 开元旅业集团旅游地产发展展望

1. 优化多元战略布局，寻求差异化竞争优势

对于企业来说，市场机会有时就是至关重要的战略机会，有效把握机会实施多元化可以实现企业的关键性战略转型升级。进入21世纪以来，开元经过循序渐进的战略调整已经初步形成了以酒店业为主导产业、房地产业为支柱产业，兼具工业、物业、旅游等业务的多元产业格局（百度文库，2019）。但是在旅游地产呈现井喷式发展的背景下，项目雷同现象普遍存在；并且随着生活方式转变和消费升级，消费者旅游需求表现出差异化和个性化，追求更高的品质和沉浸式的体验，这对旅游地产开发商来说是挑战也是机遇。开元应抓住机遇，应时而变，通过复合模式多元覆盖，产品多元创新，对自身优势资源紧跟需求变化实现优化利用，从而引领产业潮流。在个性化打造方面，需要加强能力建设，打造优质个性化精品项目，深耕体验，形成差异化竞争优势（百度

文库，2019）。

2. 加强品牌建设，培养旅游地产品牌忠诚度

我国目前旅游地产项目遍地开花，但鲜有享誉世界的旅游品牌项目。国内旅游地产企业两极分化明显，旅游地产各大巨头竞争激烈，小型企业很难在夹缝中生存。对于开元这类大型旅游地产开发商来说，建立知名品牌，培养客户和旅游者的品牌忠诚度有利于在竞争的激流中站稳一席之地，实现企业的可持续发展。同时，树立高质量的龙头品牌，也有利于化解旅游地产市场"野蛮生长"难题，实现有序发展。

借用旅游者空间行为规律这方面来说，当多个旅游地产项目在同一地域出现时，旅游者往往会选择地位级别、知名度较高的项目，因此努力提高品牌在消费者心中的形象和品牌受欢迎程度是旅游地产可持续发展的有利路径。消费者的品牌忠诚度一经形成，就很难受到其他旅游地产竞争品牌的影响。开元在品牌建设方面具有一定的优势，长期经营建立起来酒店品牌可以和旅游地产形成协同，相互配合，产生互利效应，杭州开元千岛湖度假村、天域·开元可以说是开元以酒店品牌为基础建立的成功产品品牌。目前开元又打造全新度假品牌森泊度假乐园，但是开元旅游地产产品品牌知名度尚有待提升，需要加强品牌形象塑造和宣传，并利用多种营销手段培养顾客的品牌忠诚度。

3. 创新盈利模式，加强运营能力建设

我国旅游地产正在从观光旅游形态向休闲度假形态转变，旅游产品不断升级，旅游地产向复合型发展。除了华侨城为代表的传统旅游地产企业，万科、恒大、绿城等大型品牌地产企业也积极进入旅游地产市场，开发出众多旅游地产项目，市场处于快速发展时期。在这一背景下，开元作为从酒店跨界的大型企业，更应当利用

自身优势资源，加强运营能力建设。

开元采用了多元的复合模式，在"商业+地产""酒店+地产"方面探索出了适合自己的开发运作模式。其最具代表性的千岛湖度假村突出对湖泊资源价值的实现和表达，打造显著的区域品牌优势，购入豪华游艇，开发亲水类项目，以高星级酒店为引擎带动项目朝高端化方向发展。但随着产品的多元化，运营模式和盈利模式也需要进行创新，尤其要在运营上形成独特优势。

4. 整合产业价值链，形成产业聚集优势

尽管旅游地产投资热度不断攀升，但整个产业仍然面临盈利模式不清，旅游产业链未形成完整体系，项目发展缺乏后劲，投资与运营双方未能有效整合资源等问题。旅游地产需要承担兼顾日常生活需求和旅游休闲需求双向功能，未来"借旅游之名，做地产之实"的模式将难以为继，旅游地产的竞争最终将表现为整条产业价值链上的竞争。着重打造产业链，形成独具特色的运营模式，并且根据主题项目运营构建各个环节细分领域的链条是旅游地产核心竞争力形成的关键（李克纯，2017）。

第五节　阿那亚——"始于度假，终于社区"

一　阿那亚简介

1. "网红地产"阿那亚的诞生

阿那亚位于河北省秦皇岛市北戴河新区，由秦皇岛天行九州旅游置业开发有限公司开发，在2013年正式开盘，占地面积3300亩，现已成为中国北方地区知名的滨海度假社区。阿那亚是Aranya的音译名，取自梵语"阿兰若"，意指寂静处，远离人间热闹。阿那亚坐拥北戴河新区黄金海岸2.5公里的海岸线，同时项目内保留了原生态湿地公园，自然生态资源优越。另外，阿那亚还建设有马会、水上中心、业主食堂、Club Med、孤独图书馆、海边礼堂、美术馆等生活配套和精神建筑，完整覆盖了业主从日常到精神、个体到社群的多元需求。

2015 年，一条《全中国最孤独的图书馆》的 5 分钟短视频在网络上掀起热潮，几个月内点击量超过 2000 万次，目前视频播放量已超过 5.3 亿次。作为阿那亚旅游地产社区配套之一的孤独图书馆，以其独具创意的艺术设计吸引了当下年轻人的目光，一时成为"网红爆款"，不仅短时间内为阿那亚带来了知名度和形象上的迅速提升，更引发了旅游地产业内对其商业模式的探讨。如今阿那亚的住宿产品相较于周边已产生较为明显的品牌溢价，楼盘和酒店的销售业绩遥遥领先，拥有很高的客户口碑和忠诚度，2017 年销售额创 30 亿元，2018 年服务型收入超过了 5 亿元。在北戴河新区大获成功之后，阿那亚品牌创始人马寅将目光聚焦于河北承德市滦平县的金山岭区域，继续规划、建造"山居版阿那亚"。

2. 阿那亚的发展历程

阿那亚的前身是被亿城股份"判处死刑"的旅游度假地产项目，位于距离北京 300 公里的秦皇岛北戴河新区黄金海岸，容积率为 0.53，规划建筑面积约 64 万平方米，物业类型为酒店、别墅、公寓等，分多期开发。因其开发周期长、花费资金多、位置偏远，所以销售速度不尽如人意，开盘的 2012 年项目销售额仅为 4000 多万元，在 2013 年被亿城股份当作"不良资产"变卖处理。2013 年 9 月，马寅从亿城股份辞去总裁职务，并接手了阿那亚项目，成为阿那亚项目开发公司——秦皇岛天行九州旅游置业开发有限公司——总裁。2015 年，因《全中国最孤独的图书馆》视频，阿那亚逐渐被人们熟知，几年时间，通过不断的迭代升级，阿那亚从卖房子到卖服务，从卖服务到卖生活方式，从卖生活方式到卖价值观，演变成了国内旅游地产界的一个新物种、新模式。目前阿那亚的核心营业收入主要来自三大方面：房产销售、社区服务以及文旅小镇的度假体验。2012年，阿那亚项目年销售额仅4000多万元，2016年整体销售额达10亿元，2017年、2018年均为30亿元，销量占区域总量的70%，平均25000元/平方米的房价为周围项目的两倍以上，总价则可以达到最多四到五倍；服务收入方面，2018年阿那亚服务收入达5亿元，2019年预计8亿元，2020年预计11亿至12亿元，现已发展成为旅游地产行业的翘楚项目和典型案例（见表6-22）。

表6-22　　　　　　　　　阿那亚发展历程

年份	主要发展历程
2007	亿城股份开始获取阿那亚的土地权益，马寅担任阿那亚项目开发公司总裁
2012	下半年开盘，销售额4000多万元，投入高尔夫，土地债务高
2013	销售惨淡，难以维持，业内公认为"死盘"；亿城抛售阿那亚，马寅从亿城辞职，接手阿那亚项目
2014	发展转型，拓展收益点：销售3亿元
2015	《全中国最孤独的图书馆》视频火遍全网，整体销售额达8亿元
2016	整体销售额达10亿元
2017	整体销售额达30亿元
2018	服务收入5亿元，整体销售额达30亿元

3. 阿那亚的配套设施

阿那亚的酒店业态丰富，有民宿、度假村和精品酒店。目前，阿那亚建成的酒店包括安澜酒店、隐庐酒店、璞澜酒店、Club Med度假村等。这些酒店充分满足了外界访客对于阿那亚的住宿体验需求。安澜酒店、隐庐酒店、璞澜酒店等精品酒店在夏季往往一房难求，销售火爆。在淡季，入住率通常在50%左右。Club Med度假村是由世界名师设计，风格独特，特定时间向业主免费开放。

基本生活需求配套方面，阿那亚设置了众多邻里中心：包含便利生活超市、咖啡店、洗衣店、保健站、生活用品商店等，涵盖衣、食、住、用、行等各方面，满足客户便利生活的基本需求。度假娱乐配套方面，阿那亚马会作为中国首个社区马会，引进了不同类型的世界著名马种，充分满足了社区度假人群的多层次需求。三联海边公益"孤独图书馆"，独特的建筑风格、免费的运营模式，是阿那亚沿海标志、文艺范气息的人文场所。孤独图书馆作为与鸟类亲密接触的观赏场所，定期举办动物论坛。观鸟屋、礼堂是具有仪式感的文化艺术空间，与度假娱乐、社群生活三位一体。海风酒吧与海上驿站，定期举办海滩篝火晚会、主题酒会等活动。开心农场、生态农场提供农作物种植、家禽散养，并导入卡通元素，增加农场的趣味性和体验性。阿那亚在配套设施方面提供了一系列的生活度假解决方案，不再限于旅游地产项目，而是打造一个美好生活的社区。

4. 阿那亚的项目扩展

阿那亚成功建设的第五年，马寅及其团队开始了建设山居版阿那亚——阿那亚金山岭项目。2019年首期开盘后旋即告罄。阿那亚在大获成功之后并没有急于简单地异地复制扩张项目，而是继续走创意发展之路，精心选址并最终将地点定在了河北省承德市滦平县境内的金山岭。阿那亚的金山岭项目样本间展示了对于房子的刻画，高达6米的书架、壁炉、日式泡汤、榻榻米的悬挑空间等，既表达了马寅个人对山居生活的感悟，也是对于安静舒适的山居生活的诠释。

二 阿那亚旅游地产项目解析

近几年，旅游地产的开发模式逐渐由粗放型、同质化过渡为精细化、专业化。传统的旅游地产行业在经历互联网思维洗牌后已逐渐转型为服务业。一次性、赚快钱的商业模式已转为长期可持续性的赚慢钱模式。阿那亚作为新时期旅游度假地产领域的领路者，其成功之处主要归因于全方位服务、高精度定位、社群化运营、多元化营销。

1. 全方位服务

亚伯拉罕·马斯洛于 1943 年提出马斯洛需求层次理论，其基本内容是将人的需求从低到高依次分为生理需求、安全需求、社交需求、尊重需求和自我实现需求。阿那亚将其发展目标定位为环渤海区域复合型多维度度假休闲胜地，因此以高品质的服务满足业主的多层次需求对于阿那亚的发展至关重要，阿那亚在转折的探索过程中也选择服务作为其主要的卖点和商业模式，不断深挖各种软硬件服务，获得了业主较高的满意度（见图 6-12）。硬件服务方面，满足身体需求的业主食堂、咖啡馆、商业街、邻里中心、医疗救护站、湿地公园、生态农场、足球场、海岸跑道一应俱全，满足精神需求的免费图书馆、阿那亚礼堂等更是让业主的精神需求得到充分满足。在软服务方面，阿那亚尤其注重对软服务的品质打造。从组办九州会由 D.O 提供服务到业主自行组织兴趣论坛、主题晚会、小剧场活动等活动，形成以业主为主导的社区建设，并通过业主群的方式让其主动为社区营建出谋划策、组织活动、发起公益捐助等。对于周末往返阿那亚与原住地的业主和酒店住客，阿那亚提供了悉心的接待和送站服务。2018 年，全年共接待业主回家约 25 万人次，接待业主回家 36670 户、120428 人次，园区总接待车辆达 77555 辆，餐饮接待总量约为 150 万人次。

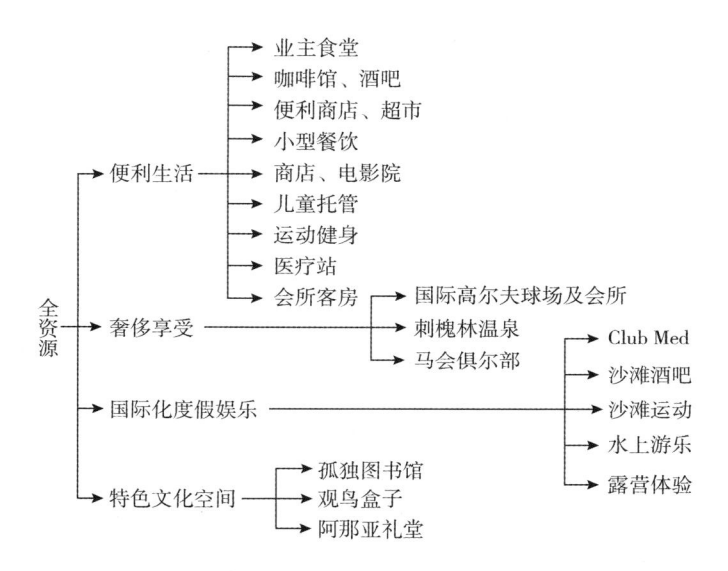

```
                    ┌→ 业主食堂
                    ├→ 咖啡馆、酒吧
                    ├→ 便利商店、超市
                    ├→ 小型餐饮
           ┌便利生活┤→ 商店、电影院
           │        ├→ 儿童托管
           │        ├→ 运动健身
           │        ├→ 医疗站
           │        └→ 会所客房
全         │                      ┌→ 国际高尔夫球场及会所
资─────────┤奢侈享受───────────────┼→ 刺槐林温泉
源         │                      └→ 马会俱尔部       ┌→ Club Med
           │                                          ├→ 沙滩酒吧
           ├国际化度假娱乐─────────────────────────────┼→ 沙滩运动
           │                                          ├→ 水上游乐
           │                      ┌→ 孤独图书馆       └→ 露营体验
           └特色文化空间──────────┼→ 观鸟盒子
                                  └→ 阿那亚礼堂
```

图 6－12　阿那亚全资源服务树状图

阿那亚项目内的所有服务都没有采取外包的方式，均是园区自己解决。如在二期邻里中心员工众筹的精品超市，通过业主互利原则，将业主变为阿那亚服务的提供者。阿那亚的物业服务一直是业主交口称赞的亮点。过去几年，社区物业费的收缴率不仅均为 100%，还有一个由业主共创建立、奖励服务人员的社群。近年来，阿那亚物业推出的阿那亚业主家史计划，即由阿那亚家史团队协助业主进行家史研究与记录，并遵照业主的意愿进行分享、交流或收藏。所有业主的家史都将入藏孤独图书馆，其公共部分成为阿那亚社区记忆博物馆，其私密空间则成为缅怀亲人、祭奠先祖的业主家庙。阿那亚业主家史计划引领业主"存根""扎根"，帮业主获得归属感，背后折射的则是阿那亚物业的高品质、人性化服务。

阿那亚服务团队在日常工作时笑容朴实、态度友善，将专业服务做到极致，从基础上点滴化解着物业痛点。在阿那亚，日常运维事无巨细，水、电、暖、燃气等，会定时定点检测维护。无论业主是否在家，门、窗、露台都会被细致检查，每周通风、杂物清理，遗忘在阳台的衣服也会被妥善收纳。做好基础服务只是工作的 50%，更重要的 50% 是关注"隐形"需求。周末很多业主从北京回来，临近傍晚时，保安就会格外关注行李多、开车疲累的业主，随时帮忙。一位业主是多肉爱好者，一次大雨，细心的管家想起满院的植物，很快赶到，及时将植物收回家中。阿那亚所有服务前提，都是围绕人展开的。关注每个人的细微需求，用专业能力与人情温度，给予"安全"与"温暖"的双重满足。正如希腊哲学家所言，人是万物的尺度。阿那亚正是坚持做到了这一点，一直提供超过预期的服务体验，才将行业痛点步步拆解，构建起新的社区温度。董欣（2018）依据麦克米兰和查维斯评测居民社区归属感的四项指标，在阿那亚业主微信社群中做了社区归属感的问卷调查。结果显示，阿那亚居民的社区归属感非常强。超过 70% 的参与者非常认同自己的阿那亚成员身份，没有人选择"不"或"非常不"的选项，只有少数人选择了"一般"，这相比传统旅游地产是个非常惊人的结果。

2. 高精度定位

传统的文旅地产，往往定位在"50 后""60 后""70 初"的客户，因为这一群体的大部分人已经拥有了较高的社会地位，积累了较多的资源与财富，并开始享受生活，但这套逻辑在阿那亚效果并不好。原因在于，这一类人群已拥有多套房产，全球视野比较的情况下，阿那亚打动不了他们；或已经是离场心态，不愿意再为了一瓶牛奶而买一头奶牛，更愿意做旅行的背包客，这同样是其他文旅地产面对问题时的通病。因此，阿那亚将其目标客户重新定位为年轻的北京新中产阶级。区别于传统地产老少通吃的模式，重新定位后，阿那亚主要目标客户有着这样的人物画像：

①从年龄来看，以 30—45 岁为主；

②从收入来说，是新的中产阶级，处在人生的上升阶段，财富绝对值不高，但他们对国家经济、对自己未来的挣钱能力充满信心；

③从生活态度来说，愿意与家人分享美好，同时需要边工作边享受生活；

④从身份上来说，则为各个领域的专业人士；

⑤从精神层面来讲，共同点是有着自由精神；

⑥从地域上来说，主要来自北京。

从目前购买物业的业主来看，这个定位被证明是精准的，阿那亚老客户推荐购买率超过 95%。而阿那亚的社区打造与配套建设，在创意与风格上均高度契合了目标人群的精神需求，成为北京新中产阶级休闲度假的乌托邦。

3. 社群化运营

在旅游地产行业，对于空间和生活方式的运用，很长一段时间只是停留在"住宅+商业配套"的模式。因此，阿那亚的关注点从户型、外立面的优化上，转移到了邻里关系、商业形态的营造上。

人人都是群主的社群才是好社群，人人都可以为品牌创造价值的社区才是好社区。阿那亚的社群化运营起源于一次无意间的探索。2014 年底，为解决一期交房问题，为解燃眉之急，马寅尝试建立了业主群，商讨解决事宜，主动把项目各专业负责人和业主们拉到一个群里，自任群主，给出了 5 分钟内回应业主问题、一天内拿出解决结果的承诺。并要求工作人员陪客户收房时，客户提的任何问题不能辩解只能记录，最多的一个客户提出了 500 多个问题。每天管家会和客户汇报当天的工作进展，解决了多少问题，还有多少问题，大概需要多长时间解决。马寅及其团队用真诚换来了业主们的信任。业主不再有对立的情绪，而是用平等友好商量的方式去处理各种问题。随后，社群里的氛围越来越好，话题涉及生活的方方面面。随着业主越来越多，到目前为止，阿那亚有近 100 个社群，包括话剧群、跑步群、马术群、民艺群、摄影群、芭蕾群、诗社群、风筝冲浪群等，还有 7 个大业主群作为大家探讨社区事务的地方，这些社群已演进为资源整合平台和社区自治平台，增强了业主间的黏性，对业主形成了无形"感情吸引力"。阿那亚的社区文化主要是通过兴趣活动进行传递。从公益、话剧、时尚、投资，到美食、团购，业主们用社群连接一切，从社群里建立关系、深化关系，分享并获得社群归属感。

阿那亚业主在业主群里自发讨论形成了《阿那亚业主公约》，包括村民守则、养犬公约等，这是来源于共同身份与价值观之下最基本的契约。《阿那亚业主公约》强调热爱生活，关爱友邻，提倡低碳，传递正能量。

阿那亚拆分营销团队，加强运营团队、弱化销售团队，使运营团队考核不再与销售业绩挂钩，真正实现无功利心为业主设计度假生活；而业主和开发商之间，则是平等民主、扁平亲密的客户关系。阿那亚注重打造社区活动，这让业主养成了来社区的习惯，可以用来消费社区内的酒店、会所、餐饮等，带活了各类配套。同时，以老带新也成为常态化。从 2015 年开始，阿那亚 90% 的房产销售是通过社群推荐转化的。此外，阿那亚成功地在业主中实现了项目后续的部分融资，甚至有业主投资 2 亿元成为酒店的股东，投资之后还对项目的传播起了积极的作用。

4. 多元化营销

阿那亚的社群化运营思路也为其带来了多元化的营销模式，其中包含了体验营销、圈层营销、关系营销、跨界营销、微信营销、意见领袖营销等。而其营销的内容已不再是传统意义上的商品，而是文化。阿那亚社区文化是企业为解决生存和发展的问题而树立形成的，将一种生活方式变成了文化品牌，其精髓和内涵在于植入企业生产的商品中，天行九州集团在打造阿那亚的过程中处处体现的是如何把生意做成文化的理念（张俊谈等，2018）。

首先，互联网时代，可以轻而易举地令所有个体的能量变得前所未有的强大。阿那亚正是充分利用移动互联网这一强大的营销势能，先后打造了孤独图书馆、观鸟屋、海上礼堂等一系列直击现代城市中产心灵的建筑标签，这些强大的建筑 IP，在网络上快速传播，成为阿那亚的特殊标签。阿那亚任何一个独树一帜的标签，唯一海上教堂、首座滨海马场、最纯正地中海俱乐部、亚洲第一难度高尔夫球场等，都是产品与项目相结合，让人们由一个产品联想到一个项目，实现营销效果最大化（林志宪，2019）。其次，阿那亚跳出了一般意义上的营销手段，在营销战略上输出了社区营造和价值观的营销方式。

阿那亚的成功实践在业界产生了很大反响。业内把阿那亚看作旅游地产行业中的神话名盘。阿那亚与杭州良渚文化村、成都麓湖生态城、广州美林湖一起被誉为"中国四大社群神盘"，成为备受瞩目的文化旅游地产项目。

参考文献

白浩：《中国旅游地产开发模式研究》，硕士学位论文，天津大学，2009年。

百度文库：《2017—2022年中国旅游地产市场评估研究报告（目录）》，https：//wenku.baidu.com/view/686ff1b5c67da26925c52cc58bd63186bceb92e2.html，2017年1月20日。

百度文库：《多元化战略利弊及其适用条件》，https：//wenku.baidu.com/view/9a4012b55e0e7cd184254b35eefdc8d376ee14a2.html，2019年4月20日。

百度文库：《开元旅业公司战略研究报告》，https：//wenku.baidu.com/view/f620c2d118e8b8f67c1cfad6195f312b3169ebb0.html，2017年7月7日。

百度文库：《万达恒大两巨头 文化产业布局大比拼》，https：//wenku.baidu.com/view/4a8ecea4b04e852458fb770bf78a6529647d359c.html，2018年9月29日。

包振宇、王思锋：《旅游城市住宅市场负外部性及其矫正策略研究》，《人文地理》2011年第2期。

操文：《中管院专家为海南房地产大数据营销支招》，http：//www.

hainan. gov. cn/hn/yw/jrhn/201512/t20151223_1736167. html，2015 年 12 月 23 日。

曹锦文：《公路货运景气指数系统研究》，博士学位论文，长安大学，2011 年。

曹晓雪：《海南省旅游地产分销渠道策略研究》，硕士学位论文，海南大学，2013 年。

陈超、郭鲁芳：《中国分时旅游的发展困境及其消除》，《旅游学刊》2003 年第 1 期。

陈果：《浅析实施房地产信托基金对中国旅游商业地产发展的意义》，《现代经济信息》2009 年第 10 期。

陈杭花、成茂朝、方芳、金瑜：《商铺出售和统一经营的成功之道——开元地中海商业广场〈决战商场〉访谈实录》，《上海商业》2012 年第 7 期。

陈俊彬：《旅游地产运营模式及对策研究》，硕士学位论文，北京交通大学，2011 年。

陈戎：《旅游地产案例研究》，上海交通大学出版社 2011 年版。

陈卫东：《区域旅游房地产开发研究》，《经济地理》1996 年第 3 期。

陈煜蕊：《场所精神在旅游地产景观设计中的应用研究》，硕士学位论文，西南交通大学，2013 年。

陈悦、陈超美、刘则渊、胡志刚、王贤文：《CiteSpace 知识图谱的方法论功能》，《科学学研究》2015 年第 2 期。

陈芸：《我国旅游房地产开发模式研究》，硕士学位论文，华侨大学，2006 年。

陈志翔：《旅游地产发展十大趋势研判》，《中国房地产》2017 年第 23 期。

程绍文、徐樵利：《试析我国旅游房地产市场的建立与规范》，《武汉科技大学学报》（社会科学版）2013 年第 2 期。

大连银行博士后工作站课题组、徐文、朱天星：《我国房地产市场现状及运行特点——以大连市房地产市场为例》，《银行家》2010 年第 11 期。

戴斌、周晓歌、李仲广：《中国旅游经济监测与预警研究》，北京旅游教育出版社 2013 年版。

戴学峰：《旅游业高投资低效益之谜分析》，《财经智库》2018 年第 5 期。

丁姗：《中国旅游地产开发研究》，硕士学位论文，复旦大学，2009 年。

丁少华：《区域旅游地产发展研究》，硕士学位论文，云南财经大学，2011 年。

董欣：《文化旅游地产模式下新型社区邻里关系培育机制研究——以秦皇岛阿那亚项目为例》，《度假旅游》2018 年第 7 期。

董莹：《旅游地产借景开发的五种模式》，《中国房地产报》2013 年 12 月 2 日。

《开元旅业集团有限公司 2016 年度第一期超短期融资券募集说明书》，豆丁网，http：//www.docin.com，2016 年 1 月 14 日。

《浅析开元旅业集团的品牌建设》，豆丁网，http：//www.docin.com，2011 年 3 月 28 日。

樊志勇：《关于当前旅游房地产热的思考》，《湖北社会科学》2003 年第 12 期。

方玲梅、郑焕友、彭陈艳：《国内旅游房地产研究述评》，《资源开发与市场》2009 年第 2 期。

封季媛、王宁：《桂林国家旅游综合改革实验区发展策略》，《商》2013 年第 7 期。

付海燕、桑广书、许靖：《旅游房地产概念探析》，《山西建筑》2011

年第 30 期。

付艳芳：《外资流入旅游房地产中的问题及监管建议——以秦皇岛市为例》，《河北金融》2012 年第 10 期。

高永臻、徐德兵：《现阶段我国发展分时旅游的条件分析》，《商业时代》2007 年第 10 期。

耿松涛、陈文玲：《基于多层次灰色方法的旅游地产项目开发风险评价模型及实证研究》，《旅游科学》2013 年第 5 期。

国家统计局：《沧桑巨变七十载　民族复兴铸辉煌——新中国成立 70 周年经济社会发展成就系列报告之一》，http：//www.stats.gov.cn/ztjc/zthd/bwcxljsm/70znxc/201907/t20190701_1673373.html，2019 年 7 月 1 日。

国家统计局：《固定资产投资水平不断提升　对发展的关键性作用持续发挥——新中国成立 70 周年经济社会发展成就系列报告之九》，http：//www.stats.gov.cn/tjsj/zxfb/201907/t20190729_1682435.html，2019 年 7 月 29 日。

国家统计局：《交通运输铺就强国枢纽通途　邮电通信助力创新经济航船——新中国成立 70 周年经济社会发展成就系列报告之十六》，http：//www.stats.gov.cn/tjsj/zxfb/201908/t20190813_1690833.html，2019 年 8 月 13 日。

国家统计局：《消费市场日益强大　流通方式创新发展——新中国成立 70 周年经济社会发展成就系列报告之十一》，http：//www.stats.gov.cn/tjsj/zxfb/201908/t20190802_1688781.html，2019 年 8 月 2 日。

郝彦苹：《旅游地产项目开发模式选择与评价》，硕士学位论文，西安建筑科技大学，2008 年。

何冲：《我国旅游房地产开发模式及对策》，《当代经济》2006 年第

12 期（上）。

何里文：《在国家严厉调控下发展旅游地产的战略性思考》，《中国城市经济》2010 年第 12 期。

何智虎：《我国旅游房地产发展研究》，硕士学位论文，天津大学，2005 年。

胡浩、汪宇明：《中国旅游目的地房地产开发模式研究》，《桂林旅游高等专科学校学报》2004 年第 4 期。

胡顺华、刘伟兴：《中国恒大的 VIE 结构及多元化投资研究》，《商业会计》2017 年第 7 期。

胡文：《尘埃落定，深圳悄然迎来一家世界 500 强》，http：//blog.sina.com.cn/s/blog_ 6593bccc0102x9ir.html，2018 年 2 月 20 日。

胡忠明、皮白波、肖文杰：《空间大扭曲玻璃幕墙工程设计实施及 BIM 技术运用》，《建筑科技》2018 年第 4 期。

黄健雄：《分时旅游法律模式之研究》，《中国法学》2006 年第 6 期。

黄亮、李刚：《旅游房地产概念解析及相关问题探讨》，《生产力研究》2001 年第 1 期。

黄猛：《武汉城市圈旅游地产发展态势与投资规制研究》，《湖北社会科学》2013 年第 7 期。

黄小芳、张辉、朱亮：《创新旅游房地产投融资模式初探》，《特区经济》2010 年第 5 期。

贾海：《建立全国房地产开发业发展综合指数的初步研究》，《统计研究》1997 年第 6 期。

贾小强：《西安市旅游地产开发模式选择与评价》，硕士学位论文，西安建筑科技大学，2010 年。

江贤卿：《我国旅游房地产的产业融合模式研究》，硕士学位论文，厦门大学，2008 年。

姜若愚：《滨湖类度假项目开发要点分析（旅游地产共生式开发模式）》，http：//blog.sina.com，2013年7月15日。

姜媛媛、林媚珍、刘秀青：《我国旅游房地产开发模式及其问题研究》，"2011 2nd International Conference on Management Science and Engineering Advances in Afrificial Intelligence"，2011年。

蒋文品：《我国发展分时旅游的制约因素及对策分析》，《企业研究》2012年第3期。

蒋志勇：《我国旅游地产研究及发展趋势》，《开发研究》2017年第2期。

蒋志勇、李军：《旅游地产消费意愿的影响因素——基于"推—拉—阻"模型》，《开发研究》2018年第6期。

巨鹏、王学峰、崔凤军：《景观房产研究——背景、现状与未来》，《旅游学刊》2002年第1期。

兰英英：《西北民族地区旅游产业发展投融资模式探析》，《甘肃农业》2011年第1期。

乐克敏：《上海旅游房地产问题与对策》，《上海房地》2006年第8期。

黎兴强：《包容性发展棱锥模型对海南后现代旅游房地产开发的启示》，《海南大学学报》（人文社会科学版）2012年第3期。

李飞：《山东省旅游房地产开发模式评价研究》，硕士学位论文，山东师范大学，2012年。

李克纯：《旅游地产行业投资额已达12997亿元 上半年同比增长60%"旅游+地产+X"更受关注》，《中国房地产报》，2017年。

李龙：《城市旅游房地产发展驱动机制研究》，硕士学位论文，暨南大学，2011年。

李志刚：《开元集团：乘改革开放春风　走创新发展之路》，《中国旅游报》2018年9月27日。

梁志敏：《我国都市区旅游房地产开发模式研究》，硕士学位论文，北京交通大学，2007年。

林峰：《旅游产业发展的四大引擎》，《中国房地产》2015年第14期。

林志宪：《关于秦皇岛阿那亚项目创新开发模式的思考》，《企业改革与管理》2019年第1期。

刘德超：《内部营销导向的饭店人力资源管理变革》，硕士学位论文，青岛大学，2004年。

刘德谦、高舜礼、宋瑞：《2010年中国休闲发展报告》，社会科学文献出版社2010年版。

刘睿：《基于风险矩阵模型的旅游地产开发风险评价》，《产业与科技论坛》2011年第11期。

刘晓轩：《中国房地产公共关系营销模式研究》，硕士学位论文，上海外国语大学，2013年。

刘艳红：《中国分时旅游发展研究——旅游房地产创新》，经济科学出版社2002年版。

刘玉霞：《我国旅游房地产现代开发模式研究》，硕士学位论文，华中师范大学，2013年。

刘媛：《基于竞争视角下的民营上市企业资本结构研究》，硕士学位论文，内蒙古农业大学，2018年。

刘震：《上海购物中心空间演化及区位选择因素研究》，硕士学位论文，华东师范大学，2019年。

陆岷峰、王虹：《重新认识新形势下储蓄存款的"笼中虎"问题——关于中国储蓄存款安全边界的研究》，《许昌学院学报》2011年第6期。

吕琨：《中国旅游旅游地产营销战略》，硕士学位论文，北京工业大学，2011 年。

罗玲：《区位在房地产投资中的地位与作用》，《西部资源》2005 年第 6 期。

罗守贵、张国安、高汝熹：《分时旅游在中国的市场发展分析》，《商业经济与管理》2002 年第 1 期。

马宁：《蓝海弄潮　风雨领航》，《中国旅游报》2013 年 11 月 13 日。

马勇、王宏坤：《基于全价值链的我国旅游地产投资策略研究》，《商业研究》2011 年第 10 期。

马子森：《国内外旅游地产综述》，《现代企业》2015 年第 9 期。

孟凯：《小城镇旅游房地产开发市场定位初探》，《中山大学研究生学刊》2012 年第 3 期。

彭书炳：《旅游地产盈利模式优化研究》，硕士学位论文，江西财经大学，2018 年。

皮佳倩、杜靖川：《我国旅游房地产发展与研究述评》，《桂林旅游高等专科学校学报》2007 年第 5 期。

前瞻产业研究院：《2019 年中国旅游地产产业全景图》，https：//www.qianzhan.com/analyst/detail/220/190306-778656cf.html，2019 年 3 月 6 日。

前瞻产业研究院：《我国旅游地产发展历程及产业布局现状分析——行业前景洞察》，http：//www.sohu.com/a/302317971_473133，2019 年 3 月 19 日。

丘伟萍：《YJL 旅游地产项目风险管理研究》，硕士学位论文，华南理工大学，2011 年。

邱建辉：《我国旅游地产研究方法述评与展望》，《旅游论坛》2013 年第 4 期。

邱守明：《旅游地产研究综述》，《北方经贸》2012 年第 5 期。

任唤麟：《旅游房地产与旅游旅游地产概念研究》，《旅游论坛》2013 年第 1 期。

任醒：《旅游房地产业盈利模式研究》，硕士学位论文，沈阳建筑大学，2013 年。

单文君：《旅游房地产消费者购买意愿影响因素研究》，硕士学位论文，浙江大学，2009 年。

沈飞：《旅游房地产悄然起步》，《中国经营报》2001 年 6 月 28 日。

沈飞：《旅游与房地产横向结合》，《中国旅游报》2003 年 4 月 30 日。

沈飞：《我国旅游地产行业分析与发展展望》，《城市住宅》2016 年第 11 期。

沈清：《企业多元化集团品牌战略实施指南》，《中国质量技术监督》2015 年第 2 期。

施恒裕、李辉：《我国旅游地产的前景与发展分析》，《四川水泥》2018 年第 2 期。

施金亮、周德力：《析房地产业与旅游业的结合发展》，《上海房地》2007 年第 2 期。

司成均：《旅游房地产开发项目前期策划研究》，硕士学位论文，重庆大学，2008 年。

司成均、谭春燕、李洪强：《旅游房地产发展面临的机遇研究》，《商场现代化》2007 年第 20 期。

宋丁：《关于旅游住宅地产的十点提示》，《特区经济》2003 年第 3 期。

宋丁：《旅游地产及东部华侨城实践》，海天出版社 2011 年版。

孙靳：《旅游地产发展现状及问题对策》，《旅游纵览》2014 年第 10 期。

孙雯筱:《民营旅游企业成长路径研究——以开元旅业集团为例》,《江苏商论》2017年第5期。

汤琦:《旅游房地产购买的影响因素研究——以杭州旅游地产购买者为例》,《现代物业》2012年第10期。

田磊:《全球价值链下中国旅游产业绿色化评价与升级研究》,博士学位论文,山东师范大学,2019年。

万俊利:《旅游地产同质化竞争加剧"旅居"模式或将突围》,《中国房地产报》2013年12月2日。

王恒言:《旅游房地产投资环境评价指标体系研究》,硕士学位论文,西安建筑科技大学,2011年。

王化成、蒋艳霞、王珊珊、张卫华、邓路:《基于中国背景的内部资本市场研究:理论框架与研究建议》,《会计研究》2011年第7期。

王建喜:《我国旅游地产开发及其规制研究》,博士学位论文,南京农业大学,2010年。

王洁、黄华:《旅游房地产的概念与范畴辨析》,《旅游研究》2009年第2期。

王美钰、吴忠军、侯玉霞:《基于文献计量的民宿研究综述》,《旅游研究》2019年第2期。

王瑞臣:《旅游地产"特色"立市》,《中国建设信息》2013年第15期。

王婉飞:《分时旅游在中国本土化面临的问题与对策》,《商业经济与管理》2003年第10期。

王馨、高楠、白凯:《遗产旅游研究的知识图谱分析——基于1990年以来国内外的重要文献》,《陕西师范大学学报》(自然科学版)2018年第3期。

王宇平：《我国旅游地产投资分析与发展展望》，《长沙大学学报》2013 年第 3 期。

王志坚：《旅游房地产定位影响因素研究》，硕士学位论文，东北财经大学，2012 年。

吴必虎、徐小波：《旅游导向型土地综合开发（TOLD）：一种旅游房地产模式》，《旅游学刊》2010 年第 8 期。

吴侃：《南昌万达城与上海迪士尼盈利模式的比较研究》，硕士学位论文，华中科技大学，2017 年。

吴老二、吴建华、胡敏：《发展旅游房地产的瓶颈制约》，《社会科学家》2003 年第 3 期。

吴天昊：《恒大高质量发展成效卓著　打造世界领先新能源汽车集团》，www.cnr.cn/rdjj/20190830/t20190830_524757106.shtml，2019 年 8 月 30 日。

吴向鹏：《规制重构：转型经济中政府规制改革的现实选择》，《河北经贸大学学报》2002 年第 5 期。

吴燕华：《旅游地产的法律性质与分析》，《上海房地》2013 年第 12 期。

肖练：《旅游投资模式研究述评》，《中国集体经济》2011 年第 36 期。

徐翠蓉：《关于旅游房地产基本问题的研究》，《科技信息（学术研究）》2007 年第 12 期。

徐翠蓉：《关于旅游房地产问题的探讨》，《商业经济》2004 年第 11 期。

薛诗清：《旅游房地产研究综述》，《旅游学研究》2010 年第 5 期。

阎庆民：《控制房地产投资过热，降低房地产信贷风险》，《中国金融》2005 年第 12 期。

杨建平、宿琛欣：《生态文化旅游地产开发模式实证研究》，《生态经济》2015 年第 1 期。

杨义、卜炜玮:《旅游地产概念辨析与探讨》,《中国科技信息》2012 年第 24 期。

叶胜强:《从主题公园到休闲社区——世界旅游房地产开发理念的演进过程》, https://bbs.focus.cn/cq/122749/57dc882e58b8294d.html, 2004 年 6 月 6 日。

尹薇:《华侨城多元化经营协同效应及财务绩效研究》, 硕士学位论文, 西南交通大学, 2018 年。

尤明:《基于指数合成法的北京市房地产泡沫实证研究》,《特区经济》2011 年第 5 期。

余茂生:《旅游地产营销中的常见问题以及解决思路》, http://news.dichan.sina.com.cn/2012/06/18/512088.html, 2012 年 6 月 18 日。

余艳琴、赵峰:《我国旅游房地产发展的可行性和制约因素分析》,《旅游学刊》2003 年第 5 期。

袁韶华、翟鸣元、魏静、刘勤侠:《徐州旅游房地产发展现状研究》,《湖南工业职业技术学院学报》2010 年第 6 期。

岳婷婷:《旅游房地产投资风险评价及控制问题研究》, 硕士学位论文, 华中师范大学, 2009 年。

张芳:《大型房企开发旅游综合体的盈利模式研究》, 硕士学位论文, 郑州大学, 2014 年。

张凤玲:《恒大遣将组建旅游集团发力主题乐园今年目标 800 亿》, https://chuansongme.com/n/1554600051725, 2017 年 2 月 9 日。

张金山:《旅游房地产的概念厘定与体系建构》,《北京第二外国语学院学报》2013 年第 3 期。

张憬:《H 地产集团湖南分公司多项目人力资源配置优化研究》, 硕士学位论文,湖南工业大学,2018年。

张俊谈、吴文彬、熊瑶:《细节之处皆生活——论阿那亚独特的社区文化》,《大众文艺》2018年第24期。

张丽峰:《休闲旅游型旅游地产项目风险管理》,硕士学位论文,西安建筑科技大学,2008年。

张宁:《我国房地产开发企业的战略转型研究——以万科、恒大、万达为例》,硕士学位论文,华中师范大学,2015年。

张萍:《互联网思维下的旅游地产营销》,《现代企业》2014年第4期。

张守一、葛新权、林寅:《宏观经济监测预警系统新方法论初探》,《数量经济技术经济研究》1991年第8期。

张文彤、钟云飞:《IBM SPSS 数据分析与挖掘实战案例精粹》,清华大学出版社2013年版。

张歆晨:《恒大转型元年》,finance.sina.com.cn/roll/2017-12-27/doc-ifypxrpp4355868.shtml,2017年12月27日。

张艳:《旅游地产企业扩张模式研究》,硕士学位论文,郑州大学,2012年。

张瑜:《现金流视角下房地产企业财务风险预警模型研究》,硕士学位论文,武汉科技大学,2019年。

赵伟佳:《旅游地产开发模式及其选择研究》,硕士学位论文,华中科技大学,2013年。

赵伟强、陈丽:《开元地产:让地产与酒店产业"比翼双飞"》,《城市开发》2011年第12期。

中国旅游研究院、中国旅游景区协会:《中国旅游景区发展报告(2018)》,旅游教育出版社2018年版。

中国人民银行桂林市中心支行课题组:《旅游地产的特征及金融风

险问题研究》,《广西金融研究》2007 年第 2 期。

周春香:《基于 Hedonic 模型的旅游地产关联度研究——以深圳华侨城为例》,硕士学位论文,暨南大学,2011 年。

周建成:《旅游地产运营模式和发展趋势》,《上海房地》2012 年第 1 期。

周霄、黄猛:《解读旅游地产投资的八大成功要素——以深圳华侨城为例》,《建筑经济》2007 年第 1 期。

朱大贤:《旅游房地产开发模式探析》,《中国旅游报》2003 年 12 月 31 日。

朱美羽:《旅游景区房地产开发的政府规制研究——侧重于公共旅游资源使用中的利益均衡》,硕士学位论文,西南财经大学,2011 年。

朱永康:《许家印:离开勤奋,就什么都做不成》,《中国中小企业》2019 年第 4 期。

祝晔:《旅游房地产的绿色开发和评价模型研究》,硕士学位论文,南京师范大学,2005 年。

祝晔:《旅游房地产开发的外部性及其内化途径探析》,《常州工学院学报》2009 年第 6 期。

祝晔、黄震方:《旅游景区房地产开发模式研究》,《安徽农业科学》2006 年第 21 期。

邹锦标:《从"浦东房地产景气指数"看浦东房地产走势》,《上海统计》2003 年第 9 期。

邹益民、孔庆庆:《我国旅游房地产开发前景的探讨》,《商业经济与管理》2004 年第 7 期。

祖鹏:《饭店内部营销对员工满意度影响研究》,《中国商贸》2012 年第 3 期。

左清兰：《旅游地产开发模式研究》，硕士学位论文，山东建筑大学，2018 年。

《恒大海花岛惊艳亮相 "十年磨一剑"打造文旅产业民族品牌》，黄河新闻网，http：//www.sxgov.cn/content/2019 - 10/08/content_ 96 54076.htm，2019 年 10 月 8 日。

《马化腾减持 6.4 亿，许家印盟友却增持恒大 10 亿!》，搜狐网，http：//www.sohu.com/a/190986287_ 656036，2017 年 9 月 10 日。

《房企主动转型 加速布局旅游地产》，搜狐网，http：//www.sohu.com/a/115070040_ 338078，2016 年 9 月 26 日。

《2017 年上半年旅游地产投资达 1.3 万亿元海南西线、西双版纳"逆袭"》，《中国房地产报》2017 年 7 月 26 日，http：//news.hexun.com/2017 - 07 - 26/190202799.html。

《〈2017—2018 年中国旅游地产发展报告〉在沪发布》，中国经济网，http：//www.ce.cn/xwzx/gnsz/2008/201806/09/t20180609_ 29384042.shtml，2018 年 6 月 9 日。

《2018 年文化和旅游发展统计公报》，中国政府网，http：//www.gov.cn/xinwen/2019 - 05/30/content_ 5396055.htm，2019 年 5 月 30 日。

《国务院关于加强和规范事中事后监管的指导意见》，中国政府网，http：//www.gov.cn/zhengce/content/2019 - 09/12/content_ 5429462.htm? trs = 1，2019 年 9 月 6 日。

Adamiak C.，"Cottage Sprawl：Spatial Development of Second Homes in Bory Tucholskie，Poland"，*Landscape and Urban Planning*，2016，147：96 - 106.

Alejandro Mantecón，Huete，R.，"The Value of Authenticity in Residential Tourism"，*Tourist Studies*，2008（8）：359 - 376.

Baldwin, R. E., Okubo, T., "Heterogeneous Firms, Agglomeration and Economic Geography: Spatial Selection and Sorting", *Journal of Economic Geography*, 2005, 6 (3): 323 - 346.

Barrios, S., Bertinelli, L., Strobl, E., et al., "The Dynamics of Agglomeration: Evidence from Ireland and Portugal", *Journal of Urban Economics*, 2005, 57 (1): 170 - 188.

Bradley, G. L., Sparks, B. A., "Antecedents and Consequences of Consumer Value: A LongitudinalStudy of Timeshare Owners", *Journal of Travel Research*, 2012, 51 (2): 191 - 204.

Case, B., "Residential Real Estate Investment Trusts", *International Encyclopedia of Housing and Home*, 2012, 43.

Chancellor, D., Norman, W., Famer, J., Coe, E., "Tourism Organizations and Land Trusts: a Sustainable Approach Tonatural Resource Conservation", *Journal of Sustainable Tourism*, 2011, 19 (7): 227 - 238.

Crotts, J. C., Ragatz, R. L., "Recent US Timeshare Purchasers: Who are They, What are They Buying, and How Can They Bereached", *Hospitality Management*, 2002, 21: 227 - 238.

Deller, S. C., Marcouiller, D. W., Green, G. P., "Recreational Housing and Local Government Finance", *Annals of Tourism Research*, 1997, 24 (3).

Downes, N., "More About Timeshare: Arevised Directive or a Regulation? Incidence of Other Instruments of Consumer Protection", *European Review of Private Law*, 2008 (4): 607 - 625.

Dredge, D., Jamal, T., "Mobilities on the Gold Coast, Australia: Implications for Destination Governance and Sustainable Tourism",

Journal of Sustainable Tourism, 2013, 21 (4): 557 – 579.

Ewing, B. T., Payne, J. E., "The Response of Real Estate Investment Trust Returns to Macroeconomic Shocks", *Journal of Business Research*, 2005, 58: 293 – 300.

Ford, J. S., Rutherford, R. C., Yavas, A., "The Effects of the Internet on Marketing Residential Real Estate", *Journal of Housing Economics*, 2005, 14 (2): 92 – 108.

Gallent, N., Tewdwr-Jones, M., "Second Homes and the UK Planning System", *Planning Practice & Research*, 2001, 16 (1): 59 – 69.

Garau Vadell, J. B., Juan Vigaray, María Dolores de., "International Residential Tourist Shopping Styles: A Study of British and German Citizens in Spain", *Tourism Economics the Business & Finance of Tourism & Recreation*, 2017, 23 (3): 485 – 505.

Gregory, A. M., Parsa, H. G., Nusair, K., Kwun, D. J., Putrevu, S., "Examining the Effects of Vacation Ownership Product Attributes on Customer Satisfaction", *International Journal of Contemporary Hospitality Management*, 2015, 27 (1): 52 – 70.

Gregory, A. M., Weinland, J. "Timeshare Research: A Synthesis of Forty Years of Publications", *International Journal of Contemporary Hospitality Management*, 2016, 28 (3): 438 – 470.

Hahm, J., Lasten, E., Upchurch, R. S., et al., "State of the Timeshare Industry in Aruba-A Call for Research", *Journal of Retail & Leisure Property*, 2007, 6 (3): 221 – 229.

Haylock, R., "The European Timeshare Market: The Growth, Development, Regulation and Economic Benefits of One of Tourism's Most Successful Sectors", *Tourism Management*, 1994, 15 (5):

333 – 341.

Huang, C., Pennington-Gray, L., Thapa, B., Phillips, R., Holland, S., "Timeshare Owners' Perceptions and Preferred Ways of Participating in Tourism Planning", *Journal of Hospitality Marketing & Management*, 2011, 20: 103 – 120.

Huete, R., Mantecon, A., "Residential Tourism or Lifestyle Migration: Social Problems Linked to the Non-Definition of the Situation", *Controversies in Tourism*, UK: CAB International, 2012: 160 – 173.

Johnson, S., Managing Residential Tourism in British Columbia's South Okanagan, *ProQuest Dissertations and Theses Full-text Search Platform*, 2010.

Kang, K. H., Lee, S., Huh, C., "Impacts of Positive and Negative Corporate Social Responsibility Activities on Company Performance in the Hospitality Industry", *International Journal of Hospitality Management*, 2010, 29 (1): 72 – 82.

Kim, J., Jang, S. C., "Do Hotel REIT Companies Face Investment Constraints? A Comparison with C-corporation Hotel Companies", *International Journal of Hospitality Management*, 2012, 31: 573 – 578.

Kim, W., Ok, C., "Customer Orientation of Service Employees and Rapport: Influences on Service-outcome Variables in Full-service Restaurants", *Journal of Hospitality & Tourism Research*, 2010, 34 (1): 34 – 55.

Lee, C. C., Chien, M. S., Lin, T. C., "Dynamic Modelling of Real Estate Investment Trusts and Stock Markets", *Economic Modelling*,

2012, 29: 395 - 407.

Lee, S. K. , Jang, S. , "The Real Estate Risk of Hospitality Firms: Examining Sstock-return Sensitivity to Property Values", *International Journal of Hospitality Management*, 2012, 31.

Line, N. D. , Runyan, R. C. , "Hospitality Marketing Research: Recent Trends and Future Directions", *International Journal of Hospitality Management*, 2012, 31 (2): 477 - 488.

Mantecon, A. , Huete, R. , "The Value of Authenticity in Residential Tourism: the Decision-Maker's Point of View", *Tourist Studies*, 2008, 8 (3): 359 - 376.

Marmaras, E. V. , Wallace, A. , "Residential Tourism and Economic Migration: Both Sides of the Same Population Movement on the Greek Islands of Cyclades in the Turn of the Twenty-First Century", *Journal of the Knowledge Economy*, 2016 (1): 1 - 12.

McMullen, E. , Crawford-Welch, S. , "Looking into the Crystal Ball: Vacation Ownership 2000", *Timeshare and Vacation Interval Ownership Review*, 1999, 2 (1): 82 - 91.

Nabawanuka, C. M. , Lee, S. , "Impacts of Timeshare Operation on Publicly Traded U. S. Hotels'Firm Value, Risk and Accounting Performance", *International Journal of Hospitality Management*, 2009, 28: 221 - 227.

Noguera, G. O. , "Hugo García Andreu, MaPilar Juan Palmer, et al. Epistemological and Ethical Dilemmas of Public Participation on Residential Tourism Planning", *Pasos. Revista de Turismo y Patrimonio Cultural*, 2007, 5 (3): 323 - 329.

Noorloos V. Femke, "Residential Tourism Causing Land Privatization and Alienation: New Pressures on Costa Rica's Coasts", *Development*, 2011, 54 (1): 85 – 90.

Oliveira, C., Brochado, A., Correia, Antónia, "Seniors in International Residential Tourism: Looking for Quality of Life", *Anatolia*, 2018, 29 (1): 1 – 13.

Pandy, W. R., Rogerson, C. M., "The Timeshare Industry of Africa: a Study in Tourism Geography. Bulletin of Geography", *Socio-economic Series*, 2013, 21: 97 – 109.

Penela, D., Morais, A. I., Gregory, A., "An Analytical Inquiry on Timeshare Research: A Continuously Growing Segment in the Hospitality Industry", *International Journal of Hospitality Management*, 2019, 76: 132 – 151.

Ramón-Rodriguez, Ana & Perles Ribes, José & Such-Devesa, María, "Second Homes vs. Residential Tourism: A Research Gap", *Tourism: An International Interdisciplinary Journal*, 2018, 66 (1): 104 – 107.

Upchurch, P. R. S., Dipietro, R. B., Mcleod, B., "Timeshare Owner Preferences- An Analysis of Program and Service Relationships During Recessionary Times", *Fiu Hospitality Review*, 2010: 1 – 20.

Rezak, S., "Consumer Research Sheds Light on All Aspects of Resort Timesharing Business", *Hospitality Management*, 2002, 21: 245 – 255.

Ribes, José Francisco Perles, Rodríguez, Ana Ramón, Jiménez, Martín Sevilla, "Determinants of the Competitive Advantage of Residential Tourism Destinations in Spain", *Tourism Economics*, 2011, 17 (2): 373 – 403.

Scavo, Esq J., "Marketing Resort Timeshares: the Rules of the Game",

St. John's Law Review, 1999, 73: 217 – 246.

Shucksmith, M., House Building in Britain's Countryside, London: Routliedge, 1991.

Sparks, B., Butcher, K., Bradley, G., "Dimensions and Correlates of Consumer Value: An Application to the Timeshare Industry", International Journal of Hospitality Management, 2008, 27 (1): 98 – 108.

Sparks, B., Butcher., K, Pan, G., "Understanding Customer-Derived Value in the Timeshare Industry", Cornell Hotel and Restaurant Administration Quarterly, 2007, 48 (1): 28 – 45.

Sparks, B., Bradley, G., Jennings, G., "Consumer Value and Self-image Congruency at Different Stages of Timeshare Ownership", Tourism Management, 2011, 32: 1176 – 1185.

Tang, C. H., Jang, S. C., "The Profitability Impact of REIT Requirements: A Comparative Analysis of Hotel REITS and Hotel C-Corporations", International Journal of Hospitality Management, 2008, 27: 614 – 622.

Tanguay, G. A., Rajaonson, J., Therrien, M.-C., "Sustainable Tourism Indicators: Selection Criteria for Policy Implementation and Scientific Recognition", Journal of Sustainable Tourism, 2013, 21 (6): 862 – 879.

Tuzel, S., "Corporate Real Estate Holdings and the Cross-Section of Stock Re-turns", Review of Financial Studies, 2010, 23 (6): 2268 – 2302.

Upchurch, R. S., Gruber, K., "The Evolution of a Sleeping Giant: Resort Timesharing", Hospitality Management, 2002, 21: 211 –

225.

Uric, S., Misetic, R., Misetic, A., "New Perspectives on Sustainable Development of Second Homes in Croatia: Strategic Planning or Proliferation of Building", *Procedia-Social and Behavioral Sciences*, 2016, 216: 80 – 86.

Warnken, J., Guilding, C., "Multi-ownership of Tourism Accommodation Complexes: A Critique of Types, Relative Merits, and Challenges Arising", *Tourism Management*, 2009, 30: 704 – 714.

Woods, R. H., "Important Issues for a Growing Timeshare Industry", *The Cornell Hotel and Restaurant Administration Quarterly*, 2001, 42 (1): 71 – 81.

Woodside, A. G., Moore, E. M., Bonn, M. A., Wizeman, D. G., "Segmenting the Timeshare Resort Market", *Journal of Travel Research*, 1986, 24 (3): 6 – 12.

后　记

　　本书从选题论证到完成，历时六年有余。其中艰辛，远超当初想象。近几年来，我国房地产行业政策和调控思路几经变化，从负向调控到去库存，再到"房住不炒"、因城施策，调控手段越来越多样化，房地产市场平稳健康发展长效机制方案稳妥实施。与房地产市场跌宕起伏不同，我国旅游业近年持续快速增长，一方面，城乡居民旅游消费需求旺盛，出游率不断提升；另一方面，政策引导力度持续加大，行业扶持政策不断推出。"旅游+""+旅游"正在成为推动经济转型升级的新引擎。随着新型城镇化建设和全域旅游的大力推进，"旅游+地产"成为业界关注的焦点，发展前景广阔。

　　在拙作完成之际，特向以下组织和个人表示衷心的感谢。

　　感谢全国哲学社会科学工作办公室为本研究提供资金支持。

　　感谢中共中央党校科研管理部对本研究提供的支持。

　　感谢中国国家图书馆协助资料查阅。

　　感谢丽江市统计局、秦皇岛市统计局、东莞市统计局、黄山市统计局协助提供数据资料。

　　感谢中国旅游协会、中国房地产协会商业文化旅游地产委员会、中国旅游饭店业协会、中国旅游景区协会、中国饭店协会、凤凰网房产协助问卷发放。

感谢华侨城集团的王刚先生、张树民先生、李毅先生、陈鹏辉先生、谭睿女士、年波先生、陈剑先生，开元集团的陈妙林先生，安徽旅游集团的储华先生、沈国强先生，云南世博的王冲先生、金立先生，金陵饭店集团的郭中华先生，万达集团的徐道明先生、孙耕先生，华冠文化的杨旋先生，丽江玉龙花园的李春华先生，陕旅集团的张小可先生、曲江管委会的马骐先生、卫刚先生，曲江文旅的段毓女士，杭州市旅游局的金炫先生，远洋集团的张晓岩先生等业界专家对本研究的指导和帮助。

感谢暨南大学硕士研究生孙嘉玲、中山大学硕士研究生李慕芳为本研究做了大量的数据搜集工作。感谢北京联合大学硕士研究生董月天，北京第二外国语学院硕士研究生王国权、邓巧，北京林业大学的本科生张家荣、杨文静为本研究做了大量的数据计算、问卷回收和案例资料搜集工作。

感谢中国人民大学王化成教授、中国社会科学院戴学锋研究员、张平研究员、李超博士、张自然博士、付敏杰博士、北京物资学院张军博士对本研究提供的指导和帮助。感谢南开大学马晓龙博士、北京体育大学张佑印博士对本研究的指导。

感谢中国旅游研究院（文化和旅游部数据中心）杨宏浩博士、黄璜博士对本研究的指导；感谢何琼峰博士、张佳仪对本研究的支持和配合；感谢中国旅游研究院科研管理部、行政与人事部、国际交流与财务部对本研究的支持和配合。感谢中国旅游研究院（文化和旅游部数据中心）的各位领导和同事对本研究的支持。

感谢所有帮助和支持本研究的人！

蒋艳霞
2019 年 12 月